臺灣歷史與文化 研究輯刊

二 編

第 9 冊

日治時期臺灣新文學小說中的貧困書寫
——以社會事業作爲參照閱讀的策略

石 廷 宇 著

花木蘭文化出版社

國家圖書館出版品預行編目資料

日治時期臺灣新文學小說中的貧困書寫——以社會事業作為
參照閱讀的策略／石廷宇 著—初版—新北市：花木蘭文化
出版社，2013〔民102〕
目 4+260 面；19×26 公分
（臺灣歷史與文化研究輯刊 初編：第 9 冊）
ISBN：978-986-322-233-0（精裝）
1. 臺灣小說　2. 文學評論
733.08　　　　　　　　　　　　　　　　　　102002846

ISBN-978-986-322-233-0

9 789863 222330

臺灣歷史與文化研究輯刊
二 編 第九冊　　　　　　ISBN：978-986-322-233-0

日治時期臺灣新文學小說中的貧困書寫
——以社會事業作爲參照閱讀的策略

作　　者　石廷宇
總 編 輯　杜潔祥
出　　版　花木蘭文化出版社
發 行 所　花木蘭文化出版社
發 行 人　高小娟
聯絡地址　235 新北市中和區中安街七二號十三樓
　　　　　電話：02-2923-1455／傳眞：02-2923-1452
網　　址　http://www.huamulan.tw 信箱 sut81518@gmail.com
印　　刷　普羅文化出版廣告事業
初　　版　2013 年 3 月
定　　價　二編　28 冊（精裝）新臺幣 56,000 元

日治時期臺灣新文學小說中的貧困書寫
——以社會事業作爲參照閱讀的策略

石廷宇　著

作者簡介

石廷宇，現為靜宜大學通識教育中心兼任講師，國立臺灣大學臺灣文學研究所博士生。專攻殖民地時期臺灣、滿洲國文學比較；後殖民批評與閱讀書寫、民俗學，及現當代文學批評與創作（小說為主）。共同著作有陳姃湲主編，《看不見的殖民邊緣：日治邊緣史讀本》（玉山社2012），另有單篇論文〈矛盾的殖民地文化生產：《臺灣歲時記》與《滿洲歲時記》中「和製歲時」的離地性〉、〈「覽爛查某」的性別關係：日治中期臺灣歌仔冊中女性負面形象再思考〉等篇。

提　　要

　　本書藉由爬梳日治時期臺灣社會事業的史料及論述，比較殖民者與受殖者雙方對於社會事業的認知與詮釋，策略性地重讀殖民地文學文本、開拓殖民地文學「貧困書寫」研究的可能詮釋。以「文學研究」為主，「社會事業研究」為參照框架，重新檢視殖民地社會事業與臺灣人的關聯性。文化層面上，臺灣人知識份子通過挪用帝國社會事業內部的知識體系與統治者話語，在被帝國視線所給定的「窮民」、「失業者」形象背後，重構一套透過「貧困書寫」所編碼的話語體系，迴避帝國事業通過福利話語進行的收編策略。文學表現上，殖民地文學作品中的「窮民」與「失業者」形象皆表現出與統治者社會事業期待有所差異的「貧困」形象。藉由形塑形象認知上的衝突，移植作為解讀小說內部意涵的方法論，以掌握文學創作中蘊含的精神性脫殖民意象，得出與殖民帝國所規劃、形塑的殖民地空間、受殖者形象相互爭奪的詮釋話語。

　　通過對殖民地文學中「窮民」及「失業者」形象進行認識與研究，本書試圖開啟帝國視線下殖民地受殖者形象的「複數」思考，在採取後殖民閱讀（Postcolonial Reading）的方式進行重新詮釋後，提供觀察殖民地文學中的人物形象的可能「讀法」——殖民地文學作品中所蘊含的作家群精神脫殖民的「貧困書寫」模式。

感　謝

寫在這本書即將被翻閱之前。

他花去了很多時間思索感謝的成份。

裡面包含感激、包含寬容、包含鼓勵、包含誠懇、以及內含關愛成份的數落與責難，以及完全的愛。他覺得可能不止，卻暫時想不起其他。

接著他發現到自己所能撰控的文字，似乎不足以回應這些亟待感謝的部份。只能在闔上本書之前，告訴自己，以及將來翻閱這本書的每個人，他並沒有愧對這本薄薄的書冊，在這幾年光陰，任荏苒的荏苒，如梭的如梭，因為某些東西被記載、被完成於書中，他好像也就把自己的某些部份寄託在這之中，聊以做為某種堪稱為謝辭的第一段了。

可是，在第二段的開頭，他卻突然氣起尚顯無能的自己，竟然還不能如他所仰慕的詩人白居易般，寫出讓人人得而識知之的論文，他顯得沮喪，卻也更以此砥勉自己。然後重新開始一段新的旅程。他說他有一天要走出這裡到別的地方去，不同的自己、不同的思索、不同的做法、更多更完整地和整個世界與社會融在一起。

他決定花更多時間思索感謝的對象。

那是在意識到，自己所累積的一切皆來自前人的那一刻，一篇小說、一段詩、一本論文、一個推論、一種視角。他確信他就在歷史之中。他僅是站在每一位經歷歷史現場的前人所留下的字句與思想的肩膀上，如履薄冰地捧著字句，吟詠著他們的思想與光。藉此他才能看得稍微再遠一些，或者稍微再廣裹一些。或者只是再遠一些。

然後，他想起那些曾啟發他的每一吋心智的諸位師長們、那些曾雄辯與曾真誠詰難的戰友們、那些在異地寄予關愛的友人，因為有了他們一點一滴地澆灌著自己，方才能結成眼前這片穗與實。

是你們令他成為金黃色的。他只更加感覺自己是透明的，是渺小的。

這本書原就存在。只因你們，他方能使它從無垠的文字中一一浮現。

目次

第一章 緒 論

第一節 研究動機、目的及意義

本論文的撰寫方向，分為兩部份，其一，對日治時期台灣新文學作品中的小說〔註1〕進行有系統、有方向性地重新閱讀；其二，通過重讀，參照前行學者較少觸及與比對的殖民地史料──「殖民地社會事業」〔註2〕，結合當時代的台灣文化活動、社會運動情形，提出一套重新詮釋殖民地文學內部意象的方法。

首先，在殖民地文學研究方面，對於殖民地時期台灣新文學中的小說作品研究，在探討歷史現場中作家的書寫情形時，常傾向將活動在作品中的人物（角色），視為靜止的、為議題服務性質的「物件」（object），包括如：突顯統治者暴虐與不義形象、展演殖民地文化活動情形、從故事內容向律法制度面延伸，以表現失效的殖民政策與治理瑕疵問題等。我們若是重新檢視過去以作家作品為主要討論對象的研究，大部分著力點多集中處理作家刻劃的「受

〔註1〕 本文所討論的文類，皆以「日治時期」台灣新文學中的「小說」為主，對象則是以台籍作家所創作的作品為主，以下不再特別說明。

〔註2〕 日本統治初期至1920年以前，仍因襲台灣清領時期的舊慣，對台灣下層社會的「救恤」行為以「社會救濟」稱之。由於殖民統治政策「社會事業」，有其因歷史分期的差異，而有稱謂上的區別。因此，除特定敘述需要外，本論文內所標誌的「社會事業」一詞，皆是指（1920～1937）年間的帝國經過現代化、體系化實施的「社會事業」。若有易於誤讀之處，筆者再另行加註說明。以下「社會事業」，所指稱皆為「殖民地時期的台灣社會事業」（1920～1937），以避免不必要之贅詞絮語，影響閱讀節奏。

殖者形象」這一命題。

近年來，雖然學界積極拓展多元觸角，嘗試做出更大向度跨學科、跨區域的連結比較研究如：區域性殖民地時期的東亞比較研究；或是援引社會學、心理學等方法論，使得殖民地時期文學研究的深度、廣度都有所擴充，卻連帶使得在文學文本的「文學性」分析方面，有逐漸淡化與失衡在諸多議題、理論取向的論述中的傾向。

隨著「受殖者」形象被認知的方式從早期的「壓迫／反抗」、「抵抗／屈從」的二元對立結構，到「協力」、「模糊／曖昧化」等多層化分析視野，乃至於近期學界關注的「地方文化甦生」情形，當歷史資料的出土數量逐漸完備，研究方法也逐日精進，使得殖民地現場的受殖者位置與形象，開始必須被以流動的、多變的視角多面向地切片時，作品中受殖者的身份與屬性，是否也有被重新檢視、觀看和思考的可能與必要，是本文亟待面對並跨越的挑戰。

尤其在前行學者苦心孤詣地耕耘和摸索中，有越來越多綜合性比較研究，仔細地刻畫出受殖者在承受來自殖民者的統治壓迫時，通過各種形式所展現的對話力道。其中部份力道，甚至往往在帝國殖民史的關鍵時期，造成舉足輕重的影響，如對 1930 年代台灣知識份子所興起的「鄉土文學論爭」背後動機的研究，就是一個明顯的例子。〔註3〕種種具開創性與突破性的前行研究成果，都促使後輩學者不得不持續並且更在地地思考；在這樣意義多變而流動的詮釋方法與研究環境中，對於殖民地時期文學中的受殖者形象與身份，是否還能因為研究者對史料的解讀面向與深度的不同，而產生更多閱讀與詮釋上的可能性？

第二，台灣在歷經日本初據台（1895），總督府實施軍政體系，採取一連串強有力的武力鎮壓以後，無論在經濟、政治及社會文化上，都處於疲敗與斷裂的狀態；本土領導階層與反對勢力，在經過 1915 年 5 月的「西來庵事件」後，也不再採取與殖民者正面衝突的反抗手段，轉而以深層的文化活動與統治者周旋。其中，雖然不乏有傾心日本，與日本「協力」的本地既得利益者與資產階層，但諸多有識之士，仍孜孜矻矻企圖通過文化抵殖民的方式，在殖民母國與殖民地文化傾軋交混的縫隙中，替殖民地文化主體尋求發

〔註3〕可參考，施淑，〈想像鄉土‧想像族群——日據時代台灣鄉土觀念問題〉，《聯合文學》第 158 期（台北：聯合文學，1997 年 12 月），頁 77～82。

聲的機會。

　　大部分的時間裡，這種爭奪發聲位置與話語權的情形，與其說是由受殖者主動尋找、開創出來，不如說是由於日本屢屢在其殖民施策的過程中，暴露出政策擺盪與失效的裂縫，才使台灣人得以在其中找到可以利用與切入的空間。這類殖民帝國統治自曝其短的情形，幾乎在每個殖民時序的關鍵時間點上，都可以觀察得到，如前述的「西來庵事件」（1915），在日本大規模掃蕩武裝抗日份子後，雖然表面上壓制了受殖者「明的」與殖民者間的對抗關係，卻因此使受殖者的活動軌跡，得以跳脫出「壓迫／反抗」二元結構外，另闢出能夠容納更多可能性的「文化抵殖民」路徑。或如皇民化時期帝國所推展的「地方文化」（1941），提供了台灣知識份子得以藉由「地方」，重新找到殖民地發言位置的合法性等等。

　　1905 年，當日本的殖民地「基礎建設工程」〔註4〕大致告一段落後，台灣已初步完成了進入「現代化社會」〔註5〕的準備工作，包括實施一連串治理相關的法規如：地方改制、司法行政制度確立、鋪設鐵道、對原住民的治理政策方針、醫療政策、戶籍制、地租規則等，以及針對殖民地與內地關係所施行律令「第六十三號法律」（1896）、特別會計制度（1897）、三段警備法等。在這個治台之初的漸進主義時期裡，又以第四任台灣總督兒玉源太郎及民政長官後藤新平的施政，扮演了舉足輕重的分水嶺作用。

　　自 1898 年起，由他們兩人所主導推行的一連串殖民地調查及建設政策，打下了往後殖民經濟發展的許多重要基礎，諸如土地調查（1898）〔註6〕、保甲制度（1898）〔註7〕、舊慣調查（1901）〔註8〕、治安警察法（1900）、金融財政方面的統一貨幣、設立台灣銀行（1897）、陸續實施的各項專賣制度，以

〔註4〕 涂照彥從法制面如保甲制度、警察制度、貨幣金融制度；調查面如土地調查、舊慣調查等為日後帝國殖民地式經濟體制鋪路的措施中分析，認為 1895 年至 1905 年期間「恰是台灣資本主義化的「基礎工作」時期」。參考，涂照彥，《日本帝國主義下的台灣》（台北：人間，1992 年 3 月），頁 33～53。

〔註5〕 本文以下「現代性」（modernity），除原文（日文）部份維持原用語「近代性」，其餘全都以「現代性」統一稱之。

〔註6〕 總督府在台施行的土地調查事業（1989.7～1905.3.31）有如：「律令第 13 號台灣地籍規則」、律令第十四號「台灣土地調查規則」、律令第 15 號「高等土地調查委員會規則」。

〔註7〕 1898 年 12 月律令第 21 號「保甲條例」施行。

〔註8〕 1901 年 10 月 25 日，發布「臨時台灣舊慣調查會規則」，敕令第 196 號公佈——設置台灣臨時舊慣調查會）。臨時台灣舊慣調查開始，至 1906 年結束。

及有關殖民治理的戶口調查（1903）〔註9〕等。其中，最為重要的，則是有關糖業經濟的相關舉措。凡此種種，無不為日本在台的經濟發展，儲下了相當程度的能量。

也正好於此時期間，總督府首次主動針對台灣社會結構中的「下層階級」（underclass）〔註10〕做出反應，通過 1899 年 9 月設置的「台北仁濟院」〔註11〕，展開有別於殖民統治壓迫型態的另一個面向——作為現代性殖民資本主義補強措施的「社會救濟」。

本文企圖從上述這個特殊的歷史事件與時間點出發，思考總督府是在什麼樣的時空背景及環境底下，開始在施行殖民地式經濟體制政策的過程中，展開對殖民地社會中的下層階級的「關心」？這種由殖民者所推行的社會救濟，及帝國於 1920 年代後，由消極的社會救濟轉而積極的「防貧」的社會事業，對受殖者產生哪些影響？我們能否在殖民地時期的台灣文學、文化活動中，觀察到這些因統治者意圖而被迫承受、改變的受殖者活動態樣、身份，而他們又表現出何種形象？這些殖民地文學、文化中的受殖者形象，是否會因為我們理解了這種統治者具特殊意涵的殖民政策後，產生了可能的詮釋位移？

在認識到日本帝國現代性資本主義式殖民掠奪本質後，我們已經對當時的台灣人所遭受到的政治、社會、教育與經濟等方面的全面性壓制力道，有

〔註9〕 1903 年 6 月，台灣總督府公佈敕令第 34 號「戶口調查令」，限於 1905 年 10 月 1 日前，清查全台戶口。

〔註10〕 本論文採用社會學中的「下層」（underclass）定義，作為討論對象的範圍指涉，主要是因為此處的論述立場，是站在殖民者的政策角度，認為實施「社會救濟」的目的，是用來救濟社會上陷入經濟、生活困境的「下層階級」，與「底層研究」（the Subaltern Studies project）中相對於「精英」階級的殖民地「底層」（the subaltern class）解釋有所不同，而較與本文所關注的殖民地社會事業的「政策施行對象」貼合，故採用之。參考王永慈，〈「社會排除」：貧窮概念的再詮釋〉，《社區發展季刊》第 95 期（台北市：內政部社區發展雜誌社，2001 年 9 月），頁 73。劉健芝、許兆麟編選，張雲箏、林得山譯，《庶民研究 Subaltern Studies》（北京：中央編譯，2005 年 5 月），頁 1～17。

〔註11〕 1897 年 9 月英照皇太后陛下崩殂後，皇室的御下慈惠賜金一萬五千金，予台灣作為慈惠救助之用，兒玉總督並捐其薪俸以號召各地響應，共募得捐助四千五百元，及於 1899 年於台北縣將艋舺養濟院與育嬰堂合併改設「台北仁濟院」，為日據時期在台灣所設立的第一所慈惠院。參考，杵淵義房，〈養濟院再興之兒玉總督諭示〉，《台灣社會事業史》（台北：德友會，1940 年 4 月）（台北：南天書局，1991 年）復刻，頁 1141～1142。

了相當程度的了解，但是，在這種充斥殖民「下壓力」〔註12〕的統治結構中，受殖者們真的只能無止境毫無招架之力地，被殖民者一步步擠壓、碾碎成毫無糖分的甘蔗渣滓嗎？抑或是在統治者每一個特殊時間點與施策中，都可能有受殖者能應時而生的力道？

本文將從殖民地台灣的社會、經濟史與文化生產等面向切入，以總督府施行的社會事業論述與內涵，做為對照閱讀殖民地文學文本的方法。通過整理 1921 年至 1937 年間帝國在台灣施行社會事業，參照台灣人作家作品及報紙刊物中的論述等相關文學、文化資料，立體地重新觀察殖民地台灣，究竟台灣人作家如何看待帝國這項含有不尋常意義與動機的殖民政策，他們又如何以文學作為回應的媒介，又回應了什麼？有機地連絡殖民地經濟史、制度史、社會事業史與殖民地文學三者，統合性地對殖民地文學文化現象進行重新閱讀，反思帝國殖民政策對於文學創作的影響，開啟對過往已被定型的文學中的受殖者形象再詮釋的可能。

第二節　研究範圍及方法

本文的研究方法，共分為兩項：第一、以總督府社會事業內涵作為閱讀文學生產背景的參照；第二、殖民地文學文本的「讀法」。茲分成下列兩項進行說明：

一、論文的「研究方法」

首先要處理的，是以「帝國社會事業內涵做為閱讀文學生產背景的參照」這一研究方法。

過去，不乏有研究者從法律、醫療體系、衛生論述、教育等殖民地政策、體制層面切入，思考殖民政策的實施效能、進入到殖民地後發生的變化，以及對殖民地社會、受殖者產生的影響，並延伸至處理受殖者的回應，進而連結殖民地文學研究。然而，除了少數社會學研究者，有分別對殖民地時期的台灣社會事業進行建構式的研究，以社會事業作為觀察文學現象、分析文學文本的方法論方面，至今仍乏人問津。

有關社會事業的相關資料，在《台灣日日新報》、《台南新報》、《台灣時

〔註12〕此處所指的「下壓力」，指的是法律、經濟等具向下、壓制性格的統治政策。相較之下，「社會事業」所呈現的是救助、向上的性質。

報》、《台灣警察時報》，或是《台灣（新）民報》等報紙中，幾乎每日都有主題性、資料性或事件性的記載。尤其自 1930 年起，世界性的經濟不景氣開始對台灣產生影響後，以社會事業為報導對象的欄位，更有頻繁密集出現的趨勢。甚而至於有由官方所設立專門處理社會事業相關問題的「台灣社會事業協會」，以及其機關誌《社會事業の友》，聚焦刊登社會事業方面的相關訊息。因此，若我們仔細觀察社會事業體制的在台發展史，就其體制化的程度，及其作為殖民地諸多政策中的一項的曝光率來說，可說是絲毫不遜色於其他政策。

那麼，放眼社會事業眾多複雜且交錯的項目，又該如何取徑以連結殖民地文學研究？

本文企圖聚焦自 1920 年代初，殖民地社會原有的救濟制度，被總督府正式制度化、政策化為「社會事業」以後，至 1937 年進入戰爭期前，這之間社會事業內部所建構的統治者觀看殖民地受殖者的視線及其內涵。將社會事業觀看並定義受殖者的論述作為文學研究濾鏡，探求另一條詮釋殖民地時期作家作品內部意象系統、解讀殖民地社會文化情形的路徑。

在掌握文獻資料的過程中，筆者發現到，在帝國菁英、學者、總督府官僚系統反覆藉由社論、報導等方式，定義社會事業「救助對象」的論述建構過程中，提供了筆者朝向文學研究進行連結的線索。當他們以論述交互限定、聚焦社會事業的救助對象時，所強調的「社會救助」下的「窮民」，以及「經濟保護事業」下的「失業者」，透露出了可以和殖民地時期的台灣新文學小說作品中大量出現的受殖者形象——「窮民」與「失業者」，進行連結與參照詮釋的可能。〔註13〕

理論上來說，殖民地文學作品中所描繪的大量「窮民」和「失業者」，所指涉的，應該就是那群總督府社會事業所設定要救助的群體才是。然而，正因為如此，促使本文進一步對統治者和受殖者各自通過社論、報導、文學創作等方式進行描繪的受殖者形象——「窮民」和「失業者」，進行比較和分析。藉由比較帝國視線下的，可以被社會事業認定救助的「窮民」與「失業者」，與受殖者透過文學創作所書寫的「窮民」與「失業者」，從雙方的視線出發，比較兩者間的差異，試著建構出一套閱讀殖民地受殖者形象背後意義的框

〔註13〕由於資料分佈、閱讀與使用上的需要，本文除非特別註明，否則遇有引用的題名為「日文」、「英文」而內文為「中文」的引文時，皆為筆者自譯。

架，一種觀看殖民地文學意象的方式——「貧困書寫」。

　　過去，社會學及歷史學研究者在處理日治時期的台灣社會事業發展，甚至向前去研究清代台灣社會救濟情形時，大多從制度史或社會史、經濟史等角度，去剖析社會救濟、社會事業發生的條件和背景。因此，多將焦點聚集在殖民者施政的主動性、制度史爲主的研究範疇，至多談及統治者的施政意圖，以及與此相應的措施，〔註 14〕而未將「受殖者的反應」置於研究的主體位置，研究受殖者對於「社會事業」的回應、反應和政策的影響。這是筆者所深感到，在整體研究狀況上的不足。

　　因此，本文在分析殖民地台灣的「社會事業」對文學再現社會議題造成的影響時，主要便集中在對帝國治台的經濟策略、殖民地式經濟對台灣社會、文化造成的影響，以及對社會事業與經濟史、社會制度史等三方面進行連結。主要的意圖，則是爲了要強化、聚焦本文所欲處理的問題——殖民地社會事業脈絡下的「受殖者的反應及回應如何表現在文學之中」。

　　具體而言，即是受殖者的形象在文學生產中被建構、表述的過程，以及背後可能蘊藏的意義。透過研究、觀察受殖者在文化生產領域中具有自主性反應，重新思考過往論者因爲對殖民政策解析度上的差異而產生的，「受殖者形象」在內涵及詮釋上的不同。

　　透過這種研究方法，本文希望能在理解帝國社會事業內涵的同時，重新觀看向來被認知爲是受壓迫的殖民地人民、或是如 Homi K. Bhabha 所述，能透過「權力換算」來取得對話空間的受殖者群體，〔註 15〕並且思考這兩者之間有無透過這種「形象」建構而對話的可能，而這種對話又如何進行。

二、殖民地文學文本的「讀法」

　　擅於運用解構主義的權力話語透析後殖民語境的後殖民理論學者 G. C. Spivak，在《後殖民理性批判——邁向消逝當下的歷史》中曾提及，所謂的「後殖民閱讀」（Postcolonial Reading），是對過去幾乎已經被僵化地進行思考的部份殖民地作品，進行重新閱讀。她採取以「讀法」取代「策略」的閱讀方式，對部分殖民地文本進行「解構」。她強調，如此一來，才能夠還原某種被文本

〔註 14〕 李健鴻，〈邊陲統制與倫理教化：台灣社會救濟體制形成之研究〉（台北：國立台灣大學社會學研究所博士論文，1998 年 6 月）。其文中討論的重點便放置在統治者的治理意圖和權力關係，容後討論。

〔註 15〕 生安鋒，《霍米巴巴》（台北：揚智，2005 年），頁 49。

遮蔽的部份，例如「性別」、「族裔」等問題：

> 在此我運用解構的資源「以遂行此一解讀」，並發展一種閱讀的策略
> （而非理論）以匹配一種特定的閱讀情境，亦即引發一種對帝國主
> 義的文學批判，儘管只是把這樣的意圖放在書本封面上就已經會招
> 致其作爲一項策略的被抹殺或中立化。以一種特定的方式，此種閱
> 讀或許也將淪爲它自己的獵物。〔註16〕

她並且說明，正是通過這種帶有傾向性的「閱讀政治」（Policy Reading），可以幫助我們掙脫既有的文本分析框架，從而理解到更具積極性、能動性的文本意涵：

> 我想特別去留意文本在比較後期的書寫與閱讀階段上運用了哪些修
> 辭的動作。我希望透過這樣的關照可以指出，傳統的歷史脈絡化的
> 詮釋很可能導出封閉的定論，這些定論就算是合理或充分的，卻還
> 是很值得商榷的。〔註17〕

本文無意照本宣科式地，僅依附於一家之言的理論框架之下，作爲自己研究的方法，而是企圖在學習前行後殖民研究者具前瞻性的視野及氣度中，學習以不同的角度重新觀看殖民地時期台灣文學文本。

　　在現今跨領域、跨學科的研究風潮，逐漸成爲突破各類研究困境的首選方式之餘，對於文學文本的分析與詮釋，反而越來越被隱蔽在各式新穎、流行的研究語彙之中。殖民地時期的作家作品，非但有被學術界充斥的各種理論框架「工具化」的現象，更有爲了闡發新的理論而扭曲文本詮釋的情形發生，使得我們早年所以爲的那些殖民地文本中的「類型化」的分析結論，更形僵固、質變，因而逐漸背離了文學研究的初衷，連帶在殖民地文學研究走失，成爲了爲「議題」服務的文學研究傾向。

　　本文在前一階段，以社會學、史學爲研究範疇，對殖民地統治史、政策史中可以與文學連結對話的部份——社會事業，進行針對性、脈絡化地整理與爬梳，通過掌握社會事業中的「窮民救助」及「經濟保護事業」兩個項目背後的論述脈絡，理解社會事業作爲帝國救助體系的一環，究竟是如何定義、建構其帝國話語中的「窮民」及「失業者」形象與認知系統。

〔註16〕Gayatri Chakravorty Spivak 著、國立編譯館主譯、張君玫譯，《後殖民理性批判——邁向消逝當下的歷史》（台北：群學，2006 年），頁 178。
〔註17〕同註16，頁 201。

　　第二階段，則是對殖民地文學文本中大量、集約地出現的「窮民」與「失業者」兩類受殖者形象，進行重新閱讀及整理，通過分析他們的活動形象及隱喻系統，歸納出含帶了受殖者認知體系的「窮民」及「失業者」意涵。最後，通過對兩者進行比較，分析雙方對於這兩個形象──「窮民」與「失業者」的認知建構間的異同，在其中的不一致性中尋求詮釋縫隙。本文藉由重新開啟殖民地「窮民」及「失業者」形象複數閱讀的可能，試圖以「重讀」殖民地文學文本中的「貧困書寫」的方式，進一步「重寫」出殖民地文本內部更貼近作家精神的可能意象詮釋。

第三節　前行研究回顧與問題提出

　　有關研究背景及問題意識方面，本文亦分成兩大區塊，首先討論本文研究的參照系──「社會事業」的相關論文，以作為延伸思考與開創研究路徑之用。繼之，討論前行殖民地文學研究的概況與方向，以茲與本文的研究脈絡與提問做出區別。其中，亦將本文的幾個問題意識，有系統地進行梳理與歸納，一方面可以使本文更加清楚有條理，二來也便於讀者閱讀及理解。

一、與殖民地社會事業相關的研究

　　有關改隸以前的台灣社會救濟情形，可以從戴文鋒《清代台灣的社會救濟事業》一文中，獲得較為有系統性的掌握。戴文鋒以清代在台施行的社會救濟為對象，認為這種前現代的社會救濟，「……是政府或民間針對社會問題、社會貧弱者，所採行的一種改善措施或援助行為，故社會救濟與社會問題或現象有緊密性的關聯。雖然，有某種社會問題未必導致某種社會救濟事業的產生，但某種社會救濟事業的產生與發展，則必然可得知某種社會問題的存在。」〔註18〕以此為思考基礎，戴文鋒從「社會」、「社會事業」、「政府」三者的相互關係著手，探討清領時因社會問題而採行的救濟行為，究竟為何及如何能在台灣開展？進一步分析當時「台灣民間」的反應，與清政府政策施行的狀況。主要的成果，則是由此分析出，台灣作為清治時期相對於「中

<hr>

〔註18〕戴文鋒並於〈摘要〉中強調：「社會救濟的內容與發展呈現了社會問題，社會問題或性質的變遷，影響了社會救濟的內容與發展，與政府的社會政策」。參考戴文鋒，〈清代台灣的社會救濟事業〉（台南：國立成功大學歷史語言研究所碩士論文，1991年6月），頁18。

央」（北京）的特殊「外地」，有其與施行於中國內陸社會救濟事業間一定程度的落差。

他最後並歸結出，當時台灣社會救濟所具有的「文化繼承」及「斷裂」的部分——即便社會救濟事業在清帝國內部各地都有實施，但由於地理環境以及社會性質的差異，終究使得施行內容和成果不得不發生質變。因為這種社會環境的差異，以及清政府僵化的治台思考方針，使得清代在台實施的社會救濟，產生了偏重於「形式」的救濟情形。著眼於此，戴文鋒推導出「民間力量」在過程中所扮演的角色——既是「建設者」，也是「破壞者」的雙重身份。〔註19〕

整體而言，該論文從清代的台灣社會發展形態、階段不同，給予社會救濟事業不同的階段性解釋，且藉由分析台灣特殊的歷史和地理環境背景，詮釋清領時期在台實施的社會救濟事業的特殊性。而於其論文中所提出的——「民間」作為一種具備雙重身份的力量——的思考，以及位居特殊地理及人文環境中，台灣社會救濟之於清帝國所具備的先天的差異性格，都提供了筆者在進入日治時期台灣社會事業領域之前，不可或缺的背景知識與基礎，以及應著眼於思考「民間作用及反應」的論述方向感。

李健鴻的《慈善與宰制：台北縣社會福利事業史研究》一文，則是以日治時期的台北縣（區域）為觀察對象，分析自清治以來，台北縣雖歷經了不同政權分別施行的社會事業體制，但究其事業本質，仍是一種以「慈善」與「宰制」雙重面貌展現的統治技術。他援引傅柯的權力理論，強調「每一次的慈善行為誕生，便標誌著一種新的權力關係的形成」〔註20〕，統治者正是通過對此種權力關係的掌握與運作，從中享有資源分配和輸送的權力。他並且通過整理西方社會福利理論史「權謀論」的方式，強調西方福利史論者所謂的「權謀論模式」（Conspiratorial Model），是著重在社會福利事業的「工具性」，認為其並非只是單純的慈善事業，而是有助於社會或政治控制、鞏固權威和避免社會革命的手段。〔註21〕

李健鴻認為，權謀論的福利歷史研究，著重於探討「社會政策施行過程

〔註19〕戴文鋒，〈清代台灣的社會救濟事業〉（台南：國立成功大學歷史語言研究所碩士論文，1991 年 6 月），頁 1～18。

〔註20〕李健鴻，《慈善與宰制：台北縣社會福利事業史研究》（台北：北縣文化中心，1996 年，11 月），頁 3。

〔註21〕同註 20，頁 3～6。

中，所蘊含的諸多權力關係的運作，以及背後所具有的政治目標考量，特別是所制定的社會政策，採取了何種策略施加於某些欲控制的特定對象。」〔註22〕並以此為主要問題意識，推展台灣殖民地社會政策史的論述基調。

在李健鴻將「慈善與宰制」這個具備雙面性的統治技術，納入分析殖民社會事業的框架後，我們便可以了解到，原本由總督府所實施的慈善機制，雖然終究不脫統治者的治理需要和意圖，但是在這樣雙面的交互分析過程中，顯然已經在原有的統治者「單向」壓迫結構中，開闢了新的切入縫隙，即是思考受殖者是否也有意識到這種「雙面性」，進而參與回應、介入帝國政策的反應。

另一位同樣研究日治時期帝國社會事業的社會學研究者古文君，在她的《日據時期台灣的社會事業——以貧民救助為中心的探討（1895～1938）》碩士論文中，通過對帝國社會事業進行歷時性的整理，集中處理社會事業項目中的「貧民救助」問題。〔註23〕她將研究對象聚焦在「貧民」這一身份，旁及以「貧民」為核心的一系列社會事業措施，主要是觀察到「貧民」這個階層，在殖民地時期台灣社會中的結構性特色，以及日本在台的貧民救助事業是承襲清代貧民救助系統而來的這一性格。因此，她企圖通過研究日治時期到戰爭期前的台灣社會事業，描摹出一幅因為現代性社會事業的移入，而建構起的制度化「窮民救助」事業，藉由觀察社會事業與社會階層「窮民」間的互動關係，提出「方面事業」對於「貧民的分類」，其實是一種通過詳細的分類方式，「針對個別的差異予以不同的協助，以免去濫救漏救之弊。」〔註24〕具有覆蓋性的救助措施。她並且肯定總督府施策的價值，認為此種通過方面委員，以實際調查的方式所產生的「被分類的貧民」，對於視「貧民」為標的救助事業而言是具有積極意義的。〔註25〕

雖然古文君在結論的地方，試圖將對貧民救助事業的理解，拉回到視其為統治者穩固統治權的手段這個方向上，但是整體而言，未能將日本在台灣施行的社會事業放回到「殖民性」的脈絡裡來進行思考，使得其論文仍著受

〔註22〕李健鴻，《慈善與宰制：台北縣社會福利事業史研究》（台北：北縣文化中心，1996 年，11 月），頁 4。
〔註23〕古文君，〈日據時期台灣的社會事業——以貧民救助為中心的探討（1895～1938）〉（台北：國立政治大學歷史研究所碩士論文，1998 年 1 月）。
〔註24〕同註 23，頁 128。
〔註25〕同註 23，頁 128。

限於制度面的研究，只是通過論文理解「帝國的」社會事業裡下的「窮民」，而並非是通過重新思考這種實施於「殖民地的社會事業」，提供觀看殖民地「窮民」較具積極意義的主體位置和身份的不同理解。

儘管如此，卻正是古文君於該論文中，致力於通過細緻地爬梳與「窮民」階層相關的社會事業，以及她所開闢的「貧民分類」的思考向度，提供了筆者朝文學研究更深度地去思索文學中的受殖者「窮民」形象背後還可能後承載的意義與意象系統的契機。

此外，該論文少量地以台灣當時身處殖民地現場的作家作品，來作爲其分析與討論的參照，亦是其他前行社會事業研究者少見的研究方式。如在介紹當時貧民生活狀況時，援引《台灣文藝》、《台灣新文學》內的詩作，以及吳希聖〈豚〉、陳賜文〈其山哥〉等小說來作爲分析的對照組。〔註26〕以上這些具啓發性的論述方式，都提供了筆者在思考文學研究連結社會事業如何可能這一問題時，相當大的動力。

社會事業研究者曾蓮馨也於 1998 年 6 月發表的碩士論文《日治時期台中州社會事業之研究》中，以有別於從「社會階層」（古文君，1998）或「區域性社會事業結構」（李健鴻，1996）爲主的討論方式，將研究重心放在掌握台中州的社會事業實施情形，建構出以「時間」爲架構的殖民時期台中州社會事業史。

她著眼於社會事業對殖民地社會產生的影響，突顯「日本運用公權力來重組台灣的社會階層」面向，提出「在社會事業方面，日人運用國內已西化的工作模式，並以台灣社會原有的社會事業基礎，將台灣社會加以整頓與改造，以利於國家的統治。」〔註27〕這個觀點。曾蓮馨並依循這個脈絡，歸納出「日治時期的社會政策，雖是基於先『安定台灣』進而『控制台灣』，最後使台灣人和日本人能『共沐皇恩』的一種殖民政策。」〔註28〕的概念，提供筆者在認識帝國社會事業時，有更多面的思考向度。

然而，曾蓮馨的論述同樣未跳脫視社會事業爲一種「正面的」殖民地政策的研究窠臼，除了肯定殖民社會事業的現代化科學治理原則，也陷入了既企圖在帝國政策中替受殖者爭取空間，卻又不自覺掉進殖民地進步主義陷阱

〔註26〕同註 23，頁 58～60、77～79。
〔註27〕曾蓮馨，〈台中州社會事業之研究（1920～1945）〉（中壢：國立中央大學歷史研究所碩士論文，1998 年 6 月），頁 33。【引文中粗體爲筆者所加】
〔註28〕同註 27，頁 216。

裡的弔詭情形。〔註 29〕

　　在有關於日治時期社會事業的先行研究中，提供本文分析視野及框架上最直接啓發的，是李健鴻在 1998 年發表的博士論文《邊陲統制與倫理教化：台灣社會救濟體制形成之研究》。文中他首先標示出台灣的「特殊地理位置」，強調「台灣」不僅在地理上與清代的北京、殖民時期的帝國內地等國家政經中心具有一定距離，也是概念上的「邊陲社會統制」（regulation of peripheral society）形式。〔註 30〕他將台灣所發生的社會問題，抽離既有的清代與日治（宗主國／殖民母國）的思考架構，另闢以「邊陲／中心」爲框架的詮釋方式，藉由理解清朝到日治時期的社會救濟（事業）政策間的差異，分析不同政權下的社會救濟（事業）的體制、內涵與作用。

　　有別於部分研究者並未注意到的，研究帝國在台施行「社會事業」時，須將台灣特殊的「殖民地」身份這納作論述重心。李健鴻於論文一開始，便著手處理台灣作爲「殖民地」的特殊統治條件，通過爬梳「國家自主性」理論，傍以西方社會學者所揭櫫「理性危機」的治理性問題爲研究方法，他認爲，之所以會出現這種理性危機，「顯示了行政官僚階級在處理經濟發展社會階級衝突的難題時，在決策上的兩難以及國家理性能力的侷限性。」〔註 31〕最後，他則將論點歸結到以「國家統制教化」爲觀點，將「殖民地社會事業」判讀爲一種「國家統治教化」機制。

　　由於殖民地的施政，是以「國家對台灣施行的『邊陲社會統制結構』歷史脈絡背景」〔註 32〕爲前提，因此造成了帝國推行政策時，態度上的選擇性和不平等性格，使得社會救濟本身雖然具有殖民者／被殖者間特殊的相互關係，但終究只是一種統治者爲求權力穩定，所不得不採取的社會管理方式，而非主動規劃的「慈善」亦或「救濟」性質的社會救濟政策。〔註 33〕

　　從李健鴻所論述殖民地社會事業，提供了本文下列幾條思考路徑。首先，有別於清領時期的「家庭倫理教化」，他提出了因應殖民統治而產生的「勞動倫理教化」觀念，以及對統治者的心態從「危險管理」到「需要管理」的解讀。他藉由歸納這兩個概念，重新解讀「殖民地社會事業」，將殖民地經濟

〔註 29〕同註 27，頁 212～217。
〔註 30〕李健鴻，〈邊陲統制與倫理教化：台灣社會救濟體制形成之研究〉，頁 2。
〔註 31〕同註 30，頁 5。
〔註 32〕同註 30，頁 2。
〔註 33〕同註 30，頁 3～4。

統治的矛盾問題、現代性工業化，以及將「社會教化模式」作爲救濟核心的概念這三者，並置而論，處理其中的互補關係，突顯出殖民地社會事業「教化」本身的統制性格，強化了他在較早的《慈善與宰制：台北縣社會福利事業史研究》文中將「慈善與宰制」這樣雙面性的統治技術，視爲是「雙重宰制」的結論，也重申了這樣一種社會事業，乃是一種會隨「統制經濟矛盾危機的深化程度」與「社會階級矛盾的激化程度」展現不同形態的「動態的統治權威」。〔註34〕

原本由總督府所主導，具備有「雙重宰制」意涵的社會事業，在經過李健鴻揭示其內部「官民合謀」的權力運作成分後，顯示出當殖民政府的治理能力因其政策的結構性矛盾而弱化時，殖民地社會中的地方富戶、士紳等民間上層結構如何與之合謀而實施「官民合作」的「殖民地社會事業」，成爲論者最終的論述結論──殖民地社會救濟制度的內涵，乃是因應殖民主治理能力的強弱和制度的推動與建立而有所不同。

本文則企圖繼續追問，當社會學研究者已經通過研究，對這樣個看似「正面」的社會事業進行結構性的「翻轉」，身爲文學研究者的我們，又能否從與這個政策相應的殖民地文化、文學資料中，檢證出一套殖民地下層結構對於這個具備有「官民合謀」性質的殖民地政策的回應？一套潛藏於文化、文學文本之中，屬於受殖者，由殖民地下層結構對上層（無論是受殖者上層結構中的富戶、士紳，亦或是殖民主地方官公吏）的論述方式？李健鴻在這方面多從制度的形成和設置的背景著手，較少提及受殖者台灣人的反應，正提供

〔註34〕「當統制經濟矛盾危機深化，以致於社會階級矛盾衝突嚴重時，則中央政府的經濟統治能力與地方政府的社會管理能力便相對降低，因此，影響中央政府與地方政府治理能力強弱的主要機制因素，分別是「統制經濟矛盾危機的深化程度」與「社會階級矛盾的激化程度」，當治理能力弱化時，地方政府則需要藉由社會救濟政策的推動，來強化管理社會與教化社會民眾的效力，但是在推動過程中，卻更必須聯合富戶、士紳等台灣民間力量，以擴大社會救濟的作用效果，達到更大的統合矛盾作用。因此，**聯合民間力量推動社會救濟，一方面反映出中央政府經濟統治能力降低的現實，另一方面同時也顯示出台灣的地方官僚階級，欲藉由社會救濟政策化社會管理的企圖**，國家推動社會救濟的形式與內涵，在不同歷史時期，會受到社會階級矛盾的嚴重程度影響而有所轉化，而展現出國家的統治權威程度的動態變化，因此，中央政府與地方政府在不同歷史時期治理能力的強弱，反映在社會救濟制度的推動與建立，並不是社會救濟制度的有／無，而是內涵的不同與形式的差異。」【注釋粗體爲筆者所加】參考，李健鴻，〈邊陲統制與倫理教化：台灣社會救濟體制形成之研究〉，頁221。

筆者依循這條路徑繼續摸索研究的動力。

　　廖偉程於《日據台灣殖民發展中的工場工人（1905～1945 年）》碩士論文中，以研究殖民地工場工人為圓心，旁及當時殖民經濟體系中與工人相互並連的「農人」，分析這兩類受殖者的職業，在 1910 年代末，因歐戰爆發的關係，曾有過一段雙方工資皆呈現爬升趨勢的情形。〔註 35〕在進入他所斷代的「米糖相剋時期」（1923～1936）〔註 36〕時，廖偉程討論日本殖民資本主義對台灣工、農方面的剝削，通過分析殖民地「米糖相剋」情形所造成的農、工工資制衡關係，並引用柯志明的論述，認為「米糖相剋的這個殖民地壓榨破綻時期，可說是農民在整個殖民地時代生存壓力比較輕的時期」〔註 37〕，推導出工人階級在此時因為農民收入提升，「使得工人再也不能滿意現有低廉的收入而紛紛『騷動』起來」〔註 38〕。他也從「米糖相剋時期」日本因為殖民地經濟體配置問題而產生「發展『迷惑』」這一現象，推論由於殖民政府的政策變動，使得農、工階級的收入相互牽制，形成了工資漲跌之間的連帶關係，進而得出「從工人的角度看，迷惑的國家與競爭的資本所造成的殖民地經濟體制的破綻時刻，也是他們收入最好的時刻。」〔註 39〕的結論。

　　他認為，由於日治中期帝國因為殖民資本主義的策略矛盾，造成了「米糖相剋」這樣一種國家「發展迷惑」的情形，使得同時期殖民地上的受殖者農、工階級因此得以喘息。即便過程中接受到強弱不一的經濟剝削，在收入方面產生上下震盪的情形，但就他所列舉的工資動向資料表現來看，殖民地社會整體的勞動工資情形，仍是要比 1900 年日治初期要高上許多。

　　經過廖偉程的論述，開啟了本文另外一條文本分析的取徑，即是對米糖相剋時期的工、農階級的社會狀況、生活條件有了較為客觀的理解。這些對

〔註 35〕廖偉程，〈日據台灣殖民發展中的工場工人（1905～1945 年）〉（新竹市：國立清華大學歷史研究所，1994 年），頁 23。

〔註 36〕這是筆者閱覽眾多殖民地台灣經濟相關前行研究後，唯一有將「米糖相剋」的斷代（1923～1936）標誌出來的研究論文；晚近的相關學術研究如涂照彥、柯志明、周憲文，或早期的矢內原忠雄，皆並未將「米糖相剋」的時間點明確標示出來，廖偉程於文中也並未說明如此斷代的理由，故這樣的斷代方式或許有待更細緻考究的必要。

〔註 37〕柯志明，〈所謂的「米糖相剋」問題——日據台灣殖民發展研究的再思考〉，《台灣社會研究季刊》第 2 卷第 3、4 期（台北市：台灣社會學季刊社，1989 年 6 月），頁 75～126。

〔註 38〕同註 37，頁 29。

〔註 39〕同註 37，頁 33。

殖民地社會工、農階級生存環境面臨變動狀況的研究，以及對社會事業背景的理解，都重組了我們重新面對殖民地文學文本時的認識框架，以及提供了更爲豐富的知識背景與思考彈性。

※問題意識

若如上述社會學研究者柯志明、廖偉程所推論，在這個帝國因政策矛盾而產生縫隙的殖民統治階段（1920～1937），殖民地受殖者農、工階級的生存壓力，確乎是相對得到喘息與紓緩，總督府社會事業又如研究者所述，在殖民地上計劃性、體系性地實施、建設，爲什麼這段時期間的殖民地社會的文學作品，仍大量出現以窮苦不堪的受殖者爲主題，或是批露關於經濟剝削、農工因殖民體制壓迫而走投無路的情節？

在殖民地式經濟體制與社會事業相互補充的殖民地社會上，受殖者群體在被殖民經濟與政治剝削，並排除在殖民經濟體系之外後，繼而又必須面對統治者與地方上層階級收編進他們所共謀施展的第二重殖民體系——「社會事業」。無獨有偶的，在殖民地統治策略漫天蓋地地推行時，卻正好也是殖民地人民無論是在文化、政治、運動、文學方面集中並澎湃地展開的時期。〔註40〕

因此，本文接著要提問的是，受殖者們究竟有無意識到這種隱含有雙面性的統治手段？他們又是如何在殖民語境裡，以文學、文化論述的方式回應帝國的社會事業政策？在這樣「雙重宰制」的治理政策中，眞的還有受殖者可以對話的縫隙嗎？我們能否以「殖民地社會事業」這個隱含有殖民主特殊意涵的統治手段作爲參照系，重新對殖民地文學文本所表現出的特殊聚焦書寫現象，做出不同面向與層次的詮釋？如果前段所述的殖民地社會事業，如歷來學者所論述的那般，有發揮其效能的話，爲何殖民地台灣人作家們所書寫的內容與對象仍不脫殘、窮、病、苦等等的被壓迫慘狀？

〔註40〕葉石濤將台灣新文學的「成熟期」，定調自賴和的〈鬥鬧熱〉（1926）、楊雲萍〈光臨〉（1926）、張我軍〈買彩票〉（1926）開始，直至 1937 年中日戰爭開始爲止。其中，他也強調此一階段裡前仆後繼成立的各大小文學文藝性雜誌（社）如：《南音》（1932）、「台灣藝術研究會」（東京，1932）、《福爾摩沙フォルモサ》（1933）、「台灣文藝家協會」、《先發部隊》（1934）等，他所論述的台灣文藝活動轉趨熱烈的曲線，除了反映出殖民地經濟環境的劇烈變動，也正合日本在台灣施行「社會事業」越趨嚴密、完整的階段性發展。參考葉石濤，《台灣文學史綱》（高雄：春暉，1998 年 2 月），頁 38～58。

從社會學及史學的研究領域進行觀察，筆者發現到，殖民地社會事業一直有其建立在別於文學研究的分類發展面向；因此，筆者即試圖沿前行社會學、歷史學者的分析角度，拉進殖民地社會事業這一政策脈絡，通過對其相關重要論述的爬梳、整理、認識和提問，作為重新觀看、解讀日治時期的文學文本，乃至於社會文化現象的方式。

二、與「受殖者形象」相關的文學研究

在確定以殖民地文學文本中的「窮民」及「失業者」等「受殖者形象」為研究對象後，本段則進一步將對與本文研究對象相關的前行文學研究，進行方法論上的爬梳與整理。進一步，則是提出文學研究方面的問題意識。

繼游勝冠所著〈啓蒙者？還是殖民主義的同路人？──論左翼啓蒙知識份子所刻板化的農民形象的問題〉一文揭示「殖民菁英主義等級制意識型態」〔註41〕這種觀看殖民地知識份子作品的角度後，陳南宏於其碩士論文《日治時期農民小說中的菁英主義與農民形象（1926～1937）》中，進一步闡發這種殖民地等級制菁英主義創作觀點，並以此作為閱讀日治時期的農民小說的方法，分析其中菁英主義和文本中農民表現形象間的權力關係。陳南宏認為，殖民地文學中的農民形象，是由於殖民地知識份子採取了與殖民主共謀的權力關係，爭奪庶民階級的發言權，據此將屬於庶民階級的農民形象，安排設計為「敗者」的位置。〔註42〕

文中，陳南宏重新整理了殖民地上的「庶民形象」，提出「被需要的庶民形象」的概念。他認為，身處在殖民社會中被壓迫、邊緣化的「庶民形象」，才是符合殖民地中間階層受殖者菁英知識份子自身利益的最佳形象。除了與游勝冠一樣提出了殖民地菁英知識份子與日本殖民政府在「文明等級制意識型態」上的共謀關係外，他也提出在作家作品中「被犧牲掉的」農民形象，強調這種「敗者」農民形象的工具性，同時檢證了這樣的共謀關係，其實也可能被有自覺的知識份子「迴避」或「擾動」。〔註43〕

〔註41〕游勝冠，〈啓蒙者？還是殖民主義的同路人？──論左翼啓蒙知識份子所刻板化的農民形象的問題〉，收錄於「跨領域的台灣文學研究學術研討會論文集」（台南：國家台灣文學館籌備處，2006年3月），頁371～394。
〔註42〕陳南宏，〈日治時期農民小說中的菁英主義與農民形象（1926～1937）〉（台南：國立成功大學台灣文學研究所，2007年6月），頁1～17。
〔註43〕同註42，頁57～76。

　　游、陳兩人對殖民地文本解讀方法論上所提出的觀點，似乎正可以呼應前述柯志明與廖偉程等社會學研究者的觀點：在殖民地菁英主義滲透與社會經濟變動情形兩者交叉觀看下，活動於殖民地文學作品中的「受殖者形象」，似乎令人心存疑慮──若當時農民的經濟情況是「生存壓力比較輕的」，而農民又因爲殖民地知識份子「菁英主義等級制意識型態」作祟，而呈現類型化的敗者形象。這是否意味，當時的殖民地壓迫情形，其實並不如殖民地現場的知識份子所述，而只是因爲他們考量到自身權力關係的需要，才將殖民地台灣內部同屬被壓迫群眾的農工階級，按壓到發聲位置更不利的敗者位置上？

　　那麼，在這樣「除苦化」的思考邏輯底下，筆者試想，「殖民地社會事業」，會不會也是因爲被殖民地菁英知識份子「有意識」地自殖民現場中剔除了，才因此使得身處敗者位置的受殖者的形象更形殘缺？即便殖民帝國實施「社會事業」不過是爲了滿足其統治需求與統治合法性，而並非眞正要救濟那群被殖民地經濟壓迫得喘不過氣的台灣人，但由於這種具救濟性格的「事業」會影響到下層受殖者的「敗象」，進而影響到殖民地菁英知識份子的發言與領導位置，因此殖民地菁英知識份子們不得不將其自殖民現場中剔除？又或者有什麼特殊的理由，使得文學中的受殖者形象，被殖民地作家們不約而同，集體地、集約的持續描繪這種與現實有所落差的受殖者形象？

　　在觀察受殖者形象的刻板化及公式化的情形時，論者積極地思索如何替這種刻板化、公式化的敘事模式，找出適當的詮釋方式，並且試圖辯證出，在如此被文學創作所固著的受殖者形象中，仍有部份作家作品中的情節與角色，正面標示出了當時台灣農工階級的「理性計算」面向，以及他們表現的積極作爲，而並非如大部分的殖民地小說作品中所描繪，只是一昧承受殖民統治的嚴酷壓迫而無反省、反擊的被壓迫形象。

　　雖然，上述論者的詮釋角度似乎還有可以思考與商榷之處，但是，正是他們這種積極地「離開」殖民地知識份子的代言權，企圖更層次化地通過開關新的閱讀方法論，尋找殖民地下層階級的發聲位置與方法的心態和作爲，鼓動了筆者更深入去探究可能隱含在殖民地文學中，屬於「下層階級」受殖者的對話力量。

　　較早將台灣殖民地文學與社會背景並置論述的碩士論文研究方面，有張簡昭慧的《台灣殖民文學的社會背景研究──以吳濁流文學、楊逵文學爲研

究中心》﹝註44﹞，及陳明娟的《日治時期文學作品所呈現的台灣社會──賴和、楊逵、吳濁流的作品分析》﹝註45﹞等兩篇。她們皆以「作家作品」為研究對象，延伸探討日治時期殖民地台灣的社會狀況、作家個人背景資料的研究，及作家的活動軌跡和當時文壇的運動情形等外部研究，也同時兼顧小說作品的內部研究。比較不同的是，張簡昭慧將「台灣新文學」納入作家活動脈絡中，討論其發展對作家們的影響；陳明娟則多了將賴和納入討論，將研究範疇集中在三位作家所建構出的殖民地社會圖像上。

　　雖然早期研究者的論文在閱讀殖民地文學的視角時，仍是採取「壓迫／抵抗」這種二元結構的殖民地史觀中，但本文藉這兩篇較早期研究論文強調的，乃是她們著重於將「文學發展──社會脈動」兩者串聯不偏廢的研究方式。誠如張簡昭慧於文中所說，「台灣新文學係建築在「眞、實」的層面上，把台灣人受日本殖民統治的凌辱、壓榨的事實，透過文學的筆調，正確的記錄下來，讓台灣人認清日帝之欺詐手段。它正確地把握在台灣的特殊情勢下發展的社會現象和歷史性。」﹝註46﹞正因為她們強調眞與實的文本分析態度，本文試圖追問，若殖民地上的社會事業如官方資料所載，隨著經濟體制的內部增壓而更加蓬勃發展，為何作家們的作品中卻鮮少提及？﹝註47﹞亦或是文學作品中採取了迂迴的方式將這種情形表現出來，只是囿於過去殖民地史觀與殖民地文學詮釋方法論上的局限，而未能深窺其意象系統上的內涵？

﹝註44﹞張簡昭慧，〈台灣殖民文學的社會背景研究──以吳濁流文學、楊逵文學為研究中心〉（台北：中國文化大學日本研究所碩士論文，1988年6月）。

﹝註45﹞陳明娟，〈日治時期文學作品所呈現的台灣社會──賴和、楊逵、吳濁流的作品分析〉（台北：東吳大學社會學研究所碩士論文，1989年8月）。

﹝註46﹞張簡昭慧，〈台灣殖民文學的社會背景研究──以吳濁流文學、楊逵文學為研究中心〉，1988年6月，頁5～6。

﹝註47﹞有旁及社會事業、慈善等議題進行書寫的小說，僅自滔的〈失敗〉、張慶堂的〈年關〉和郭秋生的〈王都鄉〉較為明顯。自滔，〈失敗〉，原載於《南音》第1卷第12號，1932年11月8日出版，原作於1932年2月3日，收錄於葉石濤、鍾肇政主編，《光復前台灣文學全集──豚》（台北：遠景，1979年7月），頁71～96。張慶堂的〈年關〉，《台灣新文學》第1卷第6號，1936年5月4日出版，1930年1月23日作，收錄於《光復前台灣文學全集──薄命》（台北：遠景，1979年7月），頁345～358。秋生（郭秋生），〈王都鄉〉，《第一線》1935年1月6日出版，1934年10月16日作，收錄於葉石濤、鍾肇政主編，《光復前台灣文學全集──一群失業的人》（台北：遠景，1979年7月7月），頁403～422。

　　許俊雅在《日據時期台灣小說研究》文中，將日治時期台灣小說蘊含的
思想內容，分成四個部份介紹：「批評舊社會的陰暗面」、「諷刺台灣人民之性
格」、「譴責日本殖民統治」、「關懷婚姻情愛之自主」、「有關皇民文學的撰寫」
等。〔註48〕在其「譴責日本殖民統治」一節中，「農村經濟剝削」與「台人失
業之悲」這兩部份，正好與本文核心討論的「救護事業」、「經濟保護事業」，
以及所要處理的受殖者形象──「窮民」、「失業者」有可以連結對話的可能。
許俊雅在整理日治時期新文學小說時，多次強調小說作家身爲歷史現場見證
人所展現的「寫實性格」，以及作家書寫的「眞實性」，源自於他們自身的經
歷與觀察。她也強調：

> 由於作者陳述理念太過急切，有時人物的塑造與對話，顯得不太自
> 然，甚而流於粗糙，其對白亦偶有呼口號式的亢奮抨擊，瑕瑜並
> 陳，不無遺憾。……**小說反映了時代與環境，閱讀日據時期台灣小**
> **說，將有助於我們略窺台灣當時的人生舞台，與先民的心路歷程。**
> 〔註49〕

因此，唯有不斷深究並思索這些歷史見證人奮不顧身所吶喊出的一句句「眞
實的聲音」，「覘知小說呈現的社會情狀」〔註50〕，才能有助於我們更深入並
且同理心地了解殖民地現場的眞實情境，更進一步，也才能掌握作家透過文
本意象系統所建構出的精神世界。

　　給予本文最直接影響的，則是星名宏修於〈一九三〇年代之貧困描寫閱
讀複數的現代性〉〔註51〕文中，提出了「貧困描寫」這一殖民地文學中的特
殊類型，提供本文在觀察殖民地文學中的「窮民」、「失業者」形象時，由「貧
困描寫」朝「貧困書寫」拓展的前沿思考脈絡與依據。

　　星名宏修以「島都」爲觀察對象，「光與影」爲比喻，指出殖民地文學中
出現的「貧困描寫」，是潛藏於作品中描述島都的現代性風景底下，因爲都
市現代化而衍生出的貧困問題。〔註52〕他從觀察台灣人作家如何表現深刻的

〔註48〕許俊雅，《日據時期台灣小說研究》（台北：文史哲，1995 年 2 月），頁 347～
　　　　496。

〔註49〕同註 48，頁 371。【引文中粗體爲筆者所加】

〔註50〕同註 48，頁 347。

〔註51〕星名宏修著，莫素微譯，〈一九三〇年代之貧困描寫閱讀複數的現代性〉，《台
　　　　灣文學學報》第 10 期（台北市：國立政治大學中國文學系，2007 年 6 月），
　　　　頁 111～130。

〔註52〕同註 51，頁 119～125。

貧困問題，以及解讀日本人用何種視線凝視貧困的台灣人兩方面著手，對徐瓊二、琅石生等人的作品進行重讀，提出了小說內部呈現複數現代性的概念——對「殖民地現代性」底下的下層階級的貧困情形的認識。〔註53〕

　　正是在他所採取的連結方式，以及其提出的「貧困描寫」這一概念，給予了筆者思考社會事業與殖民地文學有力的連結，即是對「貧困描寫」的目的及對象的「複數」身份進行重新思考，進而體系化思考承載了特殊內涵的受殖者形象，當他們被「貧困描寫」書寫進文學作品，具體化為一種「書寫」後，背後究竟背負了什麼集體使命？他們又要與誰對話？

　　※問題意識

　　本文通過對上述社會學、歷史學研究者對於日治時期台灣的社會事業研究的爬梳，主要的意圖並非希望與其問題意識或論述視野進行對話，而是通過將以往論者未曾加以連結的「殖民地社會事業」與「文學、文化現象」並置的方法，深入並且嚴謹地吸收閱讀這些關於殖民地台灣社會事業的前行研究，對殖民地經濟結構性壓迫日益高漲的時間點——日治中期（1920～1937）間的台灣社會，能有更全般的理解。藉由增進對殖民地社會事業的了解，重新理解當時社會、經濟、文化，擴大、深化對文學文本中所描繪受殖者形象的理解。在以貼近殖民地現實為考量的前提下，對殖民地文學研究、文化現象的分析，拉出殖民地文學研究上一個可能的詮釋角度。

第四節　章節說明與架構

一、章節說明

　　全篇論文共六章，除緒論與結論外，茲將各章大意介紹如下：

　　第二章〈『殖民地』社會事業的認知衝突與建構——『窮民』作為話語爭奪的場域〉，主要分為三節，第一節從帝國社會事業在台施行的歷史脈絡討論起，當此事業表現為一種統治者的權力話語型態，在殖民地社會上實施時，除了其體制本身的「兩面性」內在矛盾、以「預防」與「修補」社會問題為目的，還包括討論社會事業本身的自我消解情形，及其內涵與受殖者間所發生的認知衝突。藉著標的性地理解殖民地社會事業的性質、作用與目的，展

〔註53〕同註51，頁129。

開與受殖者認知間的對話。第二部份，從雙方對社會事業的核心概念——「社會連帶」話語權的爭奪與建構情形切入，探討雙方各自藉由統治者語彙展現話語權力的情形，以比較兩者對於這一事業的認知上的差異，進而推導出觀看殖民地文本中，由統治者與被統治者各自建構出的「窮」與「窮民」形象，並在這種詮釋與認知的衝突中，推導出一套閱讀殖民地文學的讀法，對隱藏在文學意象中的受殖者精神話語進行解碼。

　　第三章〈殖民地文學中的複數「窮民」形象〉，延續前一章所掌握的統治者與受殖者雙方對於社會事業的認知衝突，本章第一節首先處理究竟如何以「窮民」作為一種閱讀殖民地文學的方法，以與前行的殖民地文學研究的方法論做出區隔，並強調這種方法的有效性與適切性。第二節，將從帝國社會事業的「窮民」定義切入，討論「窮民」的生成，以及形象背後雙方對其定義的認知差異。第三節繼之處理文學中「貧困書寫」的敘事結構——與帝國標榜的「連帶」相悖的「斷裂」的意象系統，包括「父母雙亡」、「鬻子」、「離鄉」等意象。最後，本節則提出文本中受殖者經由文學創作後所被賦予的能動性——「離農轉工」，藉此行為消解了由帝國帶進資本主義式經濟所造成的社會排除情形。

　　當殖民地窮民被經由「貧困書寫」的閱讀方式，解析出「複數」的形象，實際上都有其承載的特殊抵抗對象，而不僅只是「大寫」的文學抵殖民策略時，也就表現出受殖者經由文本書寫的過程，精神性地從作為客體「他者」的帝國視線中掙脫，同時藉由文本化的受殖者形象，奪回了受殖者自我主體建構的話語權。

　　第四章〈殖民地式經濟體制下的「異」、「己」失業者論述〉的第一節，著重在通過對米糖經濟的概述，還原殖民地社會的經濟與社會環境，歸納殖民主與受殖者兩者間，對於造成殖民地失業者增加的社會因素的判斷。第二節則從殖民地的失業問題，連結社會事業中的「經濟保護事業」，透過理解總督府經營此事業的意圖、型態，以及受殖者的反應，對與失業問題相應的經濟保護事業內涵中的「失業者」定義進行掌握。同時，也將以殖民地「失業者」的作為觀察的對象，歸納統治者與被統治者雙方各自建構的「失業者論述」，並從中區別出「窮民」與「失業者」兩者，因為帝國社會事業選取的標準不同，而在殖民地社會結構中的產生定位上的分歧。

　　因此，第三節將從「失業者論述」切入，首先比較雙方論述上的不一致，

並集中在「失業者」形象的認知與建構上，區別雙方在定義失業者屬性上的異同關係，以作爲觀察文學文本中的「失業者」的取徑。繼之，本節則將還原「失業者」的身份——「勞動者」，處理殖民地經濟體系中，帝國意欲透過社會事業將「失業者」提升進化爲「勞動者」的統治方針，包括分析其收容流動性的特色，以及規劃中勞動力的供給流程，以呈現出這種經濟保護事業的統治者性格，從總督府的「勞動力轉化」機制中，尋找重新認識殖民地勞動者的方式，以作爲對殖民地文學進行再詮釋的閱讀基礎。

第五章〈勞力至上，忠誠未滿——殖民地文學中的「受殖失業者」形象〉，第一節先歸納過去對於殖民地文學中「失業者」——「失業」的勞動者——的詮釋方式，提出與以往被認知爲「單數」意義不同，承載了「複數」意涵的受殖失業者形象。第二節則是細部地解釋所謂的由「單數」到「複數」的多重失業者形象，實際上是一個被殖民地文學經由「貧困書寫」的複數意象所「解放」的過程。分別包括：「離散」作爲「主體奪回」的策略、「身份」作爲策略、「帝國內部他者」作爲策略、「殖民農場」作爲策略等四種閱讀（書寫）策略。正是藉由細讀這些被書寫的「失業者」形象及活動，本文同樣試圖以「貧困書寫」作爲一種與以往單向性詮釋殖民地文本有所差異的具政治性的讀法。第三節以「負數勞動力」爲題，主要是觀察文本中兩種被書寫作爲「負數」的勞動力意象。在殖民體制將受殖者勞動力「量化」的統治結構中，正是藉由文學創作，受殖者找到了可以與這種收編力道對抗的能量——藉由主動地「患疾」與「死亡」，非但抵抗、脫溢了統治者的收編手段，更是一種對文化身體進行主體奪還的書寫（閱讀）策略。

二、章節架構

前　言

一、過去殖民地文本分析中的勞動者失業

二、複數意涵的受殖失業者形象

小　結

第二節　自殖民體制中解放的失業者形象

前　言

一、「離散」作爲「主體奪回」的一種策略：楊守愚〈一群失業的人〉

二、「身份」作爲一種策略：孤峰〈流氓〉

三、「帝國內部他者」作爲一種策略：楊逵〈送報伕〉

四、「殖民農場」作爲一種策略：翁鬧〈憨伯仔〉

小　結

第三節　負數勞動力

前　言

一、「疾病」作爲勞動力弱質化的書寫策略

二、「死亡」作爲勞動力解放的書寫策略

小　結

結　語

第六章　結　論

第一節　「社會事業」作爲文學閱讀的參照

第二節　以「殖民地社會事業」重讀東亞殖民地文學的可能

第三節　結論——後殖民閱讀殖民地文學的可能

參考書目

附　錄

第二章　社會事業的認知衝突與建構
——「窮民」作爲話語爭奪的場域

前　言

　　過去台灣社會學或史學研究者，在討論日治時期台灣社會事業時，與以往殖民地文學的跨領域區塊如法律、教育、衛生等研究較爲顯著的差異，在於他們大多集中處理此事業所引進殖民地的現代性「福利」意義，或圍繞在事業的運作情形、實行的法源依據問題、內部體制結構，或對殖民地社會的良性影響等議題，偏向制度史或福利史等方面。因此，往往因爲強調事業的福利本質，而未能將台灣的殖民地條件所具有的特殊史觀考慮在內，無可避免地在將帝國帶有殖民性格的社會福利事業，視爲台灣現代化進程的一部分時，忽略了此事業對殖民地社會「內部」可能產生的負面影響〔註1〕。

　　其中，如緒論所述，也有零星研究，嘗試援引日治時期台灣新文學小說作品，作爲對照殖民社會事業實施的時空背景，但都只是點綴之用，而並未將這種殖民社會事業與日治時新文學作品進行更深入的連結與比較。

　　本章以「社會事業的認知衝突與建構——『窮民』作爲話語爭奪的場域」爲研究命題，主要是希望藉由整理及歸納前行社會學、史學研究者的日治時期台灣社會事業論述，重新認識日本在台實施社會事業時的時空背景與歷史脈絡，在以「殖民地文學」爲主，「殖民地社會事業」爲輔的研究框架中，釐

〔註1〕如當代社會學研究者曾蓮馨、劉晏齊、古文君等人。

清帝國社會事業與殖民地文學生產的關聯性，通過統整當時對殖民社會事業的肯定論述與批評論述，作為本論文對殖民地文學文本採取後殖民閱讀（Postcolonial Reading）的基礎。

另外，本文也將納入過去研究者未曾詳加討論的社會事業內涵與精神意義，集中處理帝國話語中的「連帶」與「窮」這兩個概念，並加入受殖者對此事業內涵的理解，比較殖民者與受殖者雙方對於社會事業的認知與詮釋，作為策略性重讀殖民地文學文本、開拓殖民地文學研究的可能詮釋方式──「貧困書寫」，與重新理解殖民地文本的內部意象系統的方法，提出受殖者通過挪用（appropriate）社會事業內部的知識體系與統治者話語，並通過社論與文學等方式，在被帝國視線所給定的受殖者「窮民」形象背後，重新建構出一套認知受殖者「窮民」的話語體系，並以此作為精神性迴避帝國事業通過福利話語進行收編的策略。

第一節　權力與話語──社會事業的認知衝突

前　言

本節首先將整理日本在台灣實施的社會事業架構，並通過整理帝國話語下的事業內涵，以及台灣人對此事業內涵的反應，指出帝國社會事業即便以施予「福利」之姿臨觀殖民地社會，但卻因為統治者的經濟搾取意圖，與因差別待遇造成的治理矛盾，使得彼此間對於這個事業的內涵與意義，產生了認知上的衝突。

以下，筆者將逐次指出，統治者與台灣人知識份子雙方，對於社會事業的核心意涵──「社會連帶」（social solidarity）的不同解讀，及其中發生的話語挪用情形，並思考這個原本應以福利、向上提升為內涵的事業，為何非但無法達成帝國原本設定的政策目標──穩定殖民地社會，反而還暴露出社會事業施策過程中隱含的消極面與殖民性格，成為了台灣人挪用與附著對抗性話語的場域。

一、社會事業的內在矛盾──雖「殖民」卻「福利」的事業

總督府在台施行的社會事業，共計有「救護事業」、「經濟保護事業」、「兒童保護事業」、「社會教化事業」等四大項，其中的細目如下：

（一）救護事業

　　1. 窮民救助事業

　　2. 羈窮救護事業

　　3. 救荒事業

　　4. 軍事援護事業

　　5. 醫療救護事業（下轄一般醫療以及特殊醫療二類）

（二）經濟保護事業

　　1. 職業介紹事業

　　2. 授產事業

　　3. 住宅供給事業

　　4. 宿泊保護事業

　　5. 公共浴場事業

　　6. 公設質舖事業

　　7. 小資融通事業

　　8. 低利資金融通事業

（三）兒童保護事業

　　1. 養育事業

　　2. 保育事業

　　3. 盲啞教育事業

　　4. 妊產婦保護事業

　　5. 兒童遊園事業

　　6. 健康相談事業

（四）社會教化事業

　　1. 個別的社會教化事業（内含有少年教護事業、釋放者保護
　　　事業、人事相談事業）

　　2. 地區的社會教化事業（内含有鄰保事業、矯風事業、部落
　　　改善事業）。〔註2〕

由清末傳統「救濟事業」轉型爲帝國社會事業的過程，大致可分爲以下三個
階段：首先，清、日統治遞嬗之際，向來以捐獻的方式支持民間救濟系統的
非官方民間有力者及資產階級，在 1895 年台灣割讓以後，因爲考量局勢動盪

〔註 2〕杵淵義房，《台灣社會事業史》，目次頁 14～17。

與政權更迭的關係，部分選擇了變賣家產離開台灣遠赴中國。〔註3〕同一時間，原本與民間救濟系統相配合的官府系統，亦因改隸而瓦解，使得清代以來「官民合營」型態運作的傳統社會救濟系統，被迫斷裂與荒廢，處於閒置無人經營的荒廢狀態。

　　活動於台北州的《台灣日日新報》記者中村不羈兒，在介紹社會事業在台發展的源流時，論及改隸之初，社會上的「窮民」活動情形「舊政府的要員、高官、將軍等都逃亡到對岸，各地土匪橫行、兵亂相繼，各種社會救濟設施，因爲失去了支持，也都呈現了廢滅的狀態。」〔註4〕地方上也到處是「收容者四散」的狀況，反應了當時社會救濟系統崩壞後的亂象。加之日本領台之初，乃處於採取武力鎮壓反抗勢力作爲主要接收手段的軍政統治時期。總督府意識到，在台灣傳統社會救濟機構持續處在這種乏人經營管理的窘迫情況時，若放任貧窮流民散逸於社會上，將成爲帝國統治上極大的困擾；因此，便於1895年8月23日公佈臨時擬定的殖民地「取締法」，對殖民地社會之窮民進行「有條件的」救助。〔註5〕

　　王詩琅於《台灣史》中，便曾對此一時期的社會事業，提出他的個人觀點：「總之，日據時期之社會事業，大異於清代，日人在推行社會事業，救生葬死，並不積極，政府創辦者甚少，多初由民間自設機構，然後由政府統轄指揮。」〔註6〕他認爲，社會事業自晚清向日治推進的過程中所發生的官方化移轉情形，顯示了日本介入殖民地社會救助體系時的「接管」意味。而這樣的結論，也透露出當時台灣知識份子對總督府所實施社會事業的深層統治意圖的察覺。

　　除了挾帶在「慈善」底下的「治理」意圖外，有關日治初期「社會救濟」銜接「社會事業」的討論，也可以從林素昧〈日本の台湾統治前期における貧民救助の特質——貧民救助設施の設立を中心に〉一文看到相關的切入視角。林素昧通過檢視日治前期的台灣社會救濟事業，從觀察「窮民救助設施」

〔註3〕吳文星，《日治時期台灣社會領導階層之研究》（台北：五南，2008年5月），頁22～26。

〔註4〕中村不羈兒，〈台灣の窮民救助に就て〉，《台灣時報》（1932年12月），頁11。

〔註5〕在台北縣地方政府察覺到有貧民流落街頭多日的狀況，經調查回報後，帝國總督府方採取的臨時救助措施，可參考台灣慣習研究會編，〈關於台灣北部之救恤事業〉，《台灣慣習紀事》第3卷第6號（1903年11月23日），頁67。

〔註6〕林衡道主編，《台灣史》（台北：台灣省文獻委員會，2004年12月），頁655。

的設立過程，到帝國事業推展的順序、方法，推導出帝國逐步透過將「社會救濟」體制化爲「社會事業」，對原有舊體制下的財產進行整理與統合，以達到確保事業體本身的財源的目的。〔註7〕而對這個民間慈善資源官方監管化過程的分析，提供了我們在理解總督府社會事業作爲一種殖民地社會「福利」體制時，能保持較爲客觀、清楚的認識，即是此事業從日治初期以來所確定的經濟來源，便是以汲取殖民地「本地資源」來對殖民地進行的慈善手段，本質上仍是「龜腿龜內肉」〔註8〕的典型殖民統治思維下的產物。

　　有別於殖民統治初期的臨時社會救濟系統，於 1920 年初改制的社會事業，本身另有其歷史與社會的脈絡。自 18 世紀西方文藝復興、宗教改革、法國大革命以及工業革命陸續展開後，繼之而起的是全球思想風氣上蓬勃發展的個人主義、自由主義等概念。在工業革命和發展主義的氣氛相互影響下，挾帶自由競爭、優勝劣敗觀念的資本主義經濟學說、社會進化論觀點，隨即成爲引領世界經濟趨勢的重要商業概念，而搭配這種競爭關係出現的，就是一連串以資源需求和開闢世界市場爲目標發展成形的帝國主義、殖民主義。1918 年末，肇因於殖民擴張糾紛而起的第一次世界大戰剛結束，日本爲防止國內因國際經濟市場波動所產生的「米騷動」事件繼續擴大，開始學習西方先進國家如德、法等國的國家社會經營模式，計畫性地引進一系列現代化社會福利事業，以救治國內因資本主義急速擴張而產生的社會問題。〔註9〕

　　當時在日本，有「社會事業之父」之稱的生江孝之〔註10〕認爲，現代性資本主義在傳統經濟型態的社會中急速發展，所造成的資本家與勞動者之間的階級差異與敵視，是引發社會問題、社會運動的主因。唯有自社會內部覺醒，才能作爲解決社會問題的方法。〔註11〕在這裡，他所謂的社會內部的覺醒，指的就是由國家所經營、實施的社會事業。

〔註7〕 林素昧，〈日本の台湾統治前期における貧民救助の特質──貧民救助設施の設立を中心に〉，《東アジア近代史》第 7 號，2004 年 3 月，頁 39～66。

〔註8〕 台灣俗諺，即「羊毛出在羊身上」之意。

〔註9〕 有關日本社會事業的發展源流，可參考富田愛次郎，《日本社會事業の發達》（東京：巖松堂，1943 年）。

〔註10〕 生江孝之（なまえ　たかゆき），（1867～1957），日本事業家、宗教家、大學教授，有「社會事業之父」之稱。曾任東京基督教青年會理事、東京府社會事業協會理事，著有《社會事業綱要》（1923）、《日本基督教社會事業史》（1931）。參考，三省堂編修所編，《コンサイス日本人名事典》（東京：三省堂，1993 年），頁 930。

〔註11〕 生江孝之，《社會事業綱要》（東京：巖松堂，1923 年），頁 17～18。

　　從這個基礎社會背景出發，日本為因應國內經濟情勢與需求，於 1919 年 12 月開始著手建構「本邦社會事業」〔註 12〕，將原有的「中央慈善會」改制為「中央社會事業協會」，日後並配合帝國版圖擴張，與殖民資本主義現代化進程，將此事業移植到台灣、朝鮮與「滿洲國」等帝國殖民地。

　　在本邦社會事業移植到殖民地台灣後，除了將原有的「社會救濟」改以「社會事業」稱之，強調事業「體系化」的政策體制，對於將在殖民地社實施的社會事業整體的實施概念和舉措，也都因應殖民地式經濟體制及統治方針而做出改變〔註 13〕。對於這一時期的日本統治心態與操作，可從黃靜嘉的〈日據時期之台灣殖民地法治與殖民統治〉的論文中一窺梗概。黃靜嘉對殖民律法上解釋「內地」與殖民地作為帝國「屬地」（dependency）間的相互關係，是以「實現其所謂母國之利益為目的」〔註 14〕的性質，解釋帝國政策針對殖民地環境所做的調整，在這裡，帝國在殖民地台灣所推行的社會事業，與其針對殖民地所施行的「外地法」，有相同的思考脈絡可以推循。

　　對於社會事業的發軔，第八任台灣總督，同時也是第一任文官總督的田健治郎，便曾在其「施政訓示」中表示：「現今社會問題是全世界思潮的動搖所引起的，勞動者與資本家之間的衝突」〔註 15〕，在這個情況也將對台灣社會造成影響的情況下，「要開始獎勵關於現在台灣的各種社會救濟事業，並對窮乏和生活難的人民施行更多的救濟計畫，是將來必要思考的目標……。」〔註 16〕上述訓示，說明了當時台灣社會環境的變化，促使了總督府也必須要對此做出反應。而概略地來說，帝國實施社會事業的目的，主要便是為了解決肇因於殖民地式經濟體制而產生的社會問題，無論是思想或是經濟、社會等方面的問題。

〔註 12〕「本邦」的概念，為帝國用以區分相對於殖民地的日本「內地的」一種定位概念。參考小河滋次郎、杵淵義房著，《本邦社會事業》（東京：冬夏社，1921年）。

〔註 13〕李健鴻討論日本為因應不同時期的殖民地特殊施政條件，及帝國本身的需求，而有持續對原有的社會救濟及新改易的社會事業，作出概念及體質上調整的情形。參考李健鴻，〈邊陲統制與倫理教化：台灣社會救濟體制形成之研究〉（台北：國立台灣大學社會學研究所博士論文，1998 年 6 月）。

〔註 14〕黃靜嘉，《日據時期之台灣殖民地法治與殖民統治》（台北：海天，1960 年 5月），頁 35～60。

〔註 15〕台灣總督府編，《詔敕・令旨・諭告・訓達類纂（一）》（台北：成文，1999年）復刻，頁 299～301。

〔註 16〕同註 15，頁 299～301。

　　由於自日本引進的殖民地式經濟政策及其現代化經濟結構，與台灣原有的社會經濟型態之間存有落差，在殖民現代化政策的急速催化下，被支配的殖民地社會因此產生了相應於這些政策的社會問題。正是在這些社會問題成爲帝國統治及發展的阻力的前提下，才浮現實施社會事業的條件。〔註17〕而這種種社會問題開始顯著並實質威脅殖民經濟利益的指標，即是在殖民地台灣爲配合帝國拓殖需求，以及完成了殖民現代化基礎建設的階段性任務，進入以製糖工業爲經濟主體「現代化製糖業發展階段」〔註18〕的1920年代起。〔註19〕這些肇因殖民地式經濟體制而產生的社會問題，終於擴大成爲帝國殖民地式經濟發展進程中不得不面對的統治障礙。

　　大友昌子將總督府在台實施的社會事業，以「近代化的進程」作分期標準，區分爲：(1)近代化的開始──殖民地社會事業的創設期（1895～1920）；(2)近代化的進展──殖民地社會事業的擴大期（1921～1933）；(3)近代化的中斷──殖民地社會事業的終焉期（1934～1945）。〔註20〕她認爲，正是因爲資本主義經濟發展創造了經濟結構中的勞動者階層，使得原本的殖民地社會型態發生質變，因而產生社會問題，提供了社會事業的發展契機。

　　古文君依照此事業在台灣的發展過程及變化，將社會事業的分爲：萌芽期（1895～1920）、蓬勃發展期（1921～1938）、戰爭厚生時期（1939～1945）等三個時期。她並且分別依據這三階段變化，分析社會事業對應於殖民資本主義引進的「現代化」兩者間的相互關係，說明這個社會事業的發展是隨著殖民政策與時俱進成長的。〔註21〕

　　從上述兩位學者歸納社會事業在台發展的脈絡時，不約而同地將「現代化」視爲社會事業發展與分期中的重要性質；從這個共同特點上來看，適足以說明，這種殖民社會事業之所以發生的條件，與伴隨帝國殖民資本主

〔註17〕關於當時的台灣的殖民地經濟環境，請參考高橋龜吉，《現代台灣經濟論》（東京：千倉書房，1937年）。

〔註18〕涂照彥，《日本帝國主義下的台灣》，頁55～58。

〔註19〕關於此時期台灣的基礎建設相關內容，請參考大塚清賢編，《躍進台灣大觀》（全七冊）（東京：中外每日新聞社，1937年）（台北：成文，1985年）復刻。

〔註20〕大友昌子，《帝國日本の社會事業政策研究──台灣・朝鮮──》（京都：ミネルヴァ書房，2007年4月），頁16～21。

〔註21〕古文君，〈日據時期台灣的社會事業──以貧民救助爲中心的探討（1895～1938）〉，頁3。

義在殖民地推行的「現代化」進程及其衍生的社會問題之間，有著密切的關連性。

相較於西方國家施行現代化社會事業，是作為修補國內資本主義經濟體制政策一環的補充政策，由於台灣特殊的「殖民地」身份，當日本實施的這種具備了「現代性」意義，以「福利」姿態展現的社會事業，在添加了「殖民性」後，終於發展成與經濟剝削、律法控制等屬於殖民統治直接施加硬權力之壓力不同，而為形式與內涵皆更為複雜的一種「施恩式」殖民統治技術。

就整個殖民地台灣社會事業的型態而言，基本上是延續自清代所遺留下來的社會救濟系統，〔註 22〕再加上移植內地西化後的社會事業體制而建構成，此體系化的救助事業，目的則是以維持社會穩定作為出發點。而就具備了現代性意義與形式的「體系化」事業的核心性質而言，這種社會事業的實施，則是既要能配合帝國殖民統治政策、適應殖民地經濟體系，同時又要能對殖民統治所產生的社會問題展現修補能力的，具複合性格的「現代性——殖民地式——社會福利——事業」。

二、帝國話語中的社會事業——以「預防」與「修補」社會問題為目的的事業

官方方面，關於殖民社會事業的發軔及內涵，首先由總督府在 1921 年 8 月一份〈社會事業振興に関する依命通達〉的公文中表明，之所以必須在台灣實施社會事業的原因：「隨著世界局勢的推移與經濟狀態的變遷，於社會政策和設施方面也需要隨之增加與改善」〔註 23〕，文中並提及，推行這項政策與設施的核心價值，無非是為了要「改善與安定本島住民的生活」。同年 10 月，則由總督府總務長官賀來佐賀太郎正式發布〈關於社會事業設施ノ件〉，並另外提出「社會事業計畫綱要」，成為本邦社會事業轉型後，正式在台體系化發展的起點。

曾經任職「台灣社會事業協會」〔註 24〕會長的杵淵義房，在其著作《台

〔註 22〕有關清代台灣社會救濟系統的詳細論述，可參考：戴文鋒，〈清代的台灣社會救濟事業〉（台南：國立成功大學歷史研究所碩士論文，1991 年 6 月），或經典雜誌編著，《台灣慈善四百年》（台北：經典雜誌，2006 年 5 月）。

〔註 23〕杵淵義房，《台灣社會事業史》，頁 1130。

〔註 24〕台灣社會事業協會，所在地在台灣總督府文教局內，以文教局長為代表者，

灣社會事業史》中，對具備複雜內涵的殖民社會事業的「根本精神」提出解釋，強調這是帝國對殖民地社會的恩澤，同時也是爲了加速完成皇民化、提升與內地人的一心同體，建立在八紘一字的建國理想下，具有一視同仁性格的救濟體系。〔註 25〕另外，東京帝國大學文學博士戶田貞三在〈台灣社會事業史の現代意義〉一文中，則是以殖民擴張觀點，解釋社會事業在台灣施行的意義，認爲這個在台灣發展起來的現代化社會事業經驗，或說具備現代意義的社會事業，將用來作爲帝國日後確立「東亞新秩序」時的重要參考資料，以此作爲勉勵施行完善的社會事業的動力。〔註 26〕

《台灣時報》內有關社會事業的報導，也對日本在台推行社會事業的緣起有所描述，認爲這是考量到對世界局勢的進程、經濟狀況變遷等方面，「有鑑於將來可能會產生威脅民眾生活的相關社會問題，爲了改善與安定本島住民的生活」〔註 27〕，因此才陸續在全台各主要都市如台北、台南、高雄、基隆、新竹等地，開設社會事業。在一篇由當時總督府內務局市街庄課長佐藤正俊發表在《台灣時報》的〈社會事業に就て〉報導中，便仔細說明了社會事業的核心關懷，是爲了要「保持社會全體的安寧、增進一般民眾的幸福」〔註 28〕，他並且特別強調，「勞動者」的態度應該要與資本家保持共同協力，而非相互對抗的關係。這個觀點，提供了我們理解社會事業運作的方向，在於解決政治、勞動等可能涉及「階級」方面的問題，並擴及衛生保健等生活向上提升問題、婦人問題、思想問題等等。另外，在佐藤正俊稍後連載於《台灣警察時報》中的〈台灣に於ける社會事業〉文中，也具體標誌出此社會事業的性格：「社會事業是用以經營社會生活，修補阻害圓滿社會生活的缺陷和病態，以及在其發生前做好預防工作的事業。」〔註 29〕以及「社會事業

是以財團法人形態，以國庫補助、恩賜財團補助金、會費、寄附金等方式維持運作的機構，負責聯絡統一全島社會事業的運作。參考台灣總督府文教局編，《台灣社會事業要覽》（台北：台灣總督府文教局，1939 年 11 月），收錄於，近現代資料刊行會企畫編集，永岡正己總合監修，大友昌子，沈潔監修，《殖民地社會事業關係資料集，台灣編 7》（東京都：近現代資料刊行會，2000～2001 年），頁 39。

〔註 25〕 杵淵義房，《台灣社會事業史》，頁 1121。【見附錄】
〔註 26〕 戶田貞三，〈台灣社會事業史の現代意義〉，收錄於杵淵義房《台灣社會事業史》，頁 3～5。【見附錄】
〔註 27〕 〈三市の社會事業〉，《台灣時報》1921 年 9 月，頁 3。
〔註 28〕 佐藤正俊，〈社會事業に就て〉，《台灣時報》1922 年 2 月，頁 23～35。
〔註 29〕 佐藤正俊，〈社會事業に於ける〉，《台灣警察時報》1922 年 5 月，頁 14。

是經營如何使社會生活向上的事業，目的是要預防和修補社會缺陷和社會生活的阻害。」〔註30〕這些具指標性的關於社會事業內涵的論述，提供了我們理解帝國設計和開展殖民地社會事業目的的基本方向。

關於殖民地社會事業實施的目的，在大園市藏〔註31〕所編纂的《台灣始政四十年史》中，也受到特殊的強調——以「救貧」、「防貧」爲目的之事業。至於對此事業的發生及發展，大園市藏則同樣不外乎以「因爲『世界局勢的變化』、『經濟狀態的改變』及『思想界的動搖』，以『增進島民福祉』爲目的」這類標準的帝國修辭，來說明政策施行的背景。〔註32〕

其它對帝國社會事業較明確的評論，還可以在井東憲〔註33〕所著《台灣案內》一書中看到。他強調，帝國在改隸後所推行的社會事業，除了延續過去的救貧、救護醫療等設施之外，也逐漸朝罹災救助的設備、社會生活的改良、感化、教化、保護等方面發展。其中他甚至提及，在大正十年（1921）之後所開始推行「方面事業」〔註34〕和經濟保護機關，「相較之下連內地都顯得遜色……」〔註35〕，突顯出這個在殖民地上發展的社會事業之於帝國的重要性。

〔註30〕佐藤正俊，〈社會事業に於ける〉，《台灣警察時報》1922 年 5 月，頁 15。
〔註31〕大園市藏，背景不詳，其編著資料甚豐，如：《台灣事跡綜覽》（全二冊）（台北：台灣事跡研究會，1920 年 5 月 18 日）（台北：成文出版社，1985 年 3 月）復刻、大園市藏撰，《現代台灣史》（台北：日本殖民地批判社，1933 年 12 月 28 日）（台北：成文出版社，1985 年 3 月）復刻、大園市藏撰，《台灣始政四十年史》（台北：日本植民地批判社，1935 年 9 月 21 日）（台北：成文出版社，1985 年 3 月）復刻、《東亞長期建設國策と台灣》（台北：評論之評論設台灣支社，1940 年 3 月）（台北：成文，2010 年 6 月）復刻、《台灣人物誌》（台北：谷澤書局，1916 年）等。
〔註32〕大園市藏撰，《台灣始政四十年史》（全三冊）（台北：日本植民地批判社，1935 年 9 月）（台北：成文出版社，1985 年 3 月）復刻，頁 519～521。
〔註33〕井東憲（いとうけん），背景不詳，編譯著資料有如：《南洋の民族と文化》（東京：大空社，2004 年）復刻、馮承鈞著，井東憲譯，《支那南洋交通史》（東京：大東出版社，1940 年）等。
〔註34〕「方面事業」，社會事業的末梢機構，由日人與本島人有力人士組成「方面委員」，職司殖民地社會上實際關於社會事業項目的需求調查、補助、救濟等工作。根據《台灣社會事業要覽》記載，自 1923 初年至 1938 年（昭和 13 年）中時，全島方面事業已經辦理有 312626 件社會事業相關業務。參考台灣總督府文教局編，《台灣社會事業要覽》，頁 31。
〔註35〕井東憲，《台灣案內》（全一冊）（東京：植民事情研究所，1935 年 9 月）（台北：成文出版社，1985 年 3 月）復刻，頁 216。

內藤英夫（HIDEO NAITO）在《TAIWAN：A UNIQUE COLONIAL RECORD 1937～38 EDITION》一書中，則是以「輝煌的進步」（splendid progress）一詞，形容在台發展的社會事業。文中，他交代了社會事業的緣起，實施對象、方式，並提及雖然救助內容有達到一定的程度，「但是社會事業的範圍仍舊相當有限的。不過，總督府總是以熱切的態度來提升社會狀況和盡力減輕痛苦，並且執行這個計畫（社會事業），將這些機會提供給他們（需要救助的人）。」〔註36〕他並且在最後提出數據作爲證據，說明至1935年爲止，全島有關社會事業的相關「組織」，已經達到1316個之多，「顯示了這個政策在全島獲得了明顯的成就。」〔註37〕

從上列整理的有關社會事業的文獻資料及數據，可以觀察到：無論從總督府中央到地方課長，或從半官營社會事業協會會長的專著，到民間學者專家的文獻記載，圍繞此殖民地社會事業所建構而成的一系列話語，除了實質展現設施與救濟數據與設施，都集中於這個事業背後的精神——對殖民地社會進行「修補」和「預防」的作用，以及事業所展現的「積極」面向——既針對實質生活面，同時指向了內在的精神、文化面。〔註38〕

以殖民地「貧民」爲研究對象的當代社會學研究者古文君，在整理杵淵義房所總結的社會事業內部意義時，認爲總督府實施社會事業的目的，是爲了要通過治理方針由「消極的救貧」改爲「積極的防貧」的轉變，將傳統鬆散的社會救濟行爲，整合爲制度化經營的社會事業，以求對社會問題發揮作用。〔註39〕然而，若依上述帝國的社會事業話語軌跡，以及杵淵義房所歸納的諸多社會事業內容，筆者發現，帝國思考殖民社會事業的基本態度，除了在功能上延續西方以修補資本主義現代化所造成的社會問題爲目的之外，帝國話語中的社會事業的效能及目的，主要集中在對於當前的殖民地社會問題採取「預防」及「補救」兩層措施。這個措施的核心價值與意義，主要則在

〔註36〕 HIDEO NAITO（內藤英夫）. "TAIWAN - A UNIQUE COLONIAL RECORD 1937～38 EDITION", TOKYO JAPAN, KOKUSAI NIPPON KYOKAI，頁107。【括號內的注文爲筆者所加】

〔註37〕 同註36，頁107。

〔註38〕 關於日本內地社會事業內部對實質生活及精神文化方面的意涵，及與社會問題的對應，可參考，安井誠一郎，《社會問題と社會事業》（東京：三省堂，1933年）。

〔註39〕 古文君，〈日據時期台灣的社會事業——以貧民救助爲中心的探討（1895～1938）〉，頁25。

於透過改善社會問題的「過程」，達到對「造成社會問題的受殖者群體」精神指導與矯正作用，至於是否眞正對解決社會問題有所助益，及其實施改善的效能，反而未能在他們的論述中找到答案。

　　當代社會學研究者李健鴻在他的〈邊陲統制與倫理教化：台灣社會救濟體制形成之研究〉論文中，便曾精細地分析了杵淵義房的社會事業論點，對上述情形進行討論；他指出，杵淵氏的論點正好顯示出台灣救濟史的一項特點，即「社會救濟乃是國家權力施行社會控制的手段」：

> ……由於杵淵義房仍然是以「社會制度描述」作爲主要觀點，因此在解釋上乃出現了矛盾與不足，在杵淵義房的描述中，社會矛盾的形成，乃是來自社會結構本身的内在自然變化，與國家政策無直接關係，而因爲社會結構性矛盾所導致出現的貧窮人口，也因而與國家對台灣的不平等政策無關，「國家」在杵淵的論述裡，成爲只是因應處理貧窮人口問題的被動角色，而社會救濟政策則是國家的因應對策，但是對於社會救濟政策的分析，卻又僅止於「制度面」的描述，未能深入分析社會救濟政策所具有的内涵及其變化，以致使得社會救濟成爲因應社會問題的簡單工具，忽略了社會救濟在不同歷史時期，與其他社會經濟政策的連結與社會作用内涵。
> 〔註40〕

那麼，當我們看見，帝國爲因應因殖民地式經濟體制而相應產生的社會問題，而開始採取社會事業體制背後，顯現出無論是外部政策上「殖民性」與「福利」的衝突，或是内在思考上對「國家」與「社會問題」的矛盾等問題時，殖民地台灣人又是如何認知這個具複雜内涵的「現代性——殖民地式——社會福利——事業」？他們回應了什麼？如何回應呢？

三、「社會事業」的認知衝突——殖民資本主義、差別待遇與治理失效的事業

（一）統治者話語——迴避社會問題發生原因的福利事業

　　回到帝國推行社會事業最初的時空背景，當時的左翼知識青年蔡復春便曾在雜誌《台灣青年》上發表〈研究救恤貧乏問題〉一文，系統性批判了殖民資本主義進入台灣傳統社會後，所造成的社會缺陷與問題：

〔註40〕李健鴻，〈邊陲統制與倫理教化：台灣社會救濟體制形成之研究〉，頁2。

> 其細民之致貧者，無他，迨因無資可以生活、無文可以讀書，雖營
> 營終日，尚不得保暖一身，纔能度此殘生。……且社會制度，傾重
> 其資本家，因此受苦雖深，難以反抗。可見非據細民怠慢不勞力之
> 因故，乃周圍事情之所使然也。其必曰：**非細民之罪，眞是社會組
> 織不良之罪孽也！**〔註41〕

文中所述及的「周圍之事情」，指的便是由殖民資本主義帶來一系列對殖民地傳統社會的改變，如資本家壓榨勞動者工時、工業化帶來的勞動力成本壓低，及其造成機械取代人力而產生失業問題等情形。他同時呼告《台灣青年》的讀者，認爲之所以會發生這種細民貧乏問題，是因爲社會內部的階級壓迫所造成的社會問題，然而，由於社會主義方法論上的矛盾，使得他同樣持批判態度分析當時社會風氣瀰漫的社會主義思想：

> 彼等見夫世界潮流日進不已。因之貧富之隔絕益甚。欲藉國家之權
> 能剝奪富豪之餘財。平分社會以創無階級無差別之新社會。其思想
> 主義誠有令人敬服者。雖然其處之方法不能無矛盾者也，故不但無
> 益於世且有累禍及細民之身，豈不浩歎者呼？〔註42〕

蔡復春從他所關懷對象──社會中的「細民」這一身份發揮，上至批判社會體制的結構性問題，下則檢討解決方法端的弊病，顯示出他是站在細民的角度，對社會問題發生原因進行體系性思考，將社會問題還原回到統治者所經營的「社會組織」問題上。

另外，同樣表現出對帝國社會事業有所認知的，還有於 1930 年 5 月刊載於《台灣新民報》上的社說〈不景氣與失業──經濟界起恐慌，政府沒有對策〉。文中以 1930 年代初期的世界性經濟不景氣爲背景，批判當時的殖民地經濟環境，並鼓吹政府提出解決之根本對策，即謀景氣之恢復：

> 雖是在此資本主義經濟組織之下，因不景氣而失職，但國民的生存
> 權既被威脅，社會因此而起了動搖，國家也由是而抱不安，當此國
> 民生活的危機，爲政者豈可束手無策而不急起講究對策嗎？然而現
> 內閣對此失業者之救濟，頗抱消極的態度，在特別議會政府的提案
> 中，對於失業問題也沒有講究對策，眞是使全國民多大失望了。所

〔註41〕原引文標點符號皆以句點表示，本文則改採現代標點符號標記之。蔡復春，
　　　　〈研究救恤貧乏問題〉，《台灣青年》第 2 卷第 4 號，1921 年 5 月 15 日，頁
　　　　17。
〔註42〕同註41，頁 18。

謂對於失業者的救濟，雖有根本的對策，與當面的應急對策。……
因爲景氣壞了，失業者就必增加，景氣好了，失業狀態就可緩和。
故此失業的救濟，需謀景氣的回復，才是根本的對策……。〔註43〕

由上文中的敘述可以發現，公開發表評論的台灣人知識階層非但對於當時資本主義經濟組織及社會問題的成因，有一定程度的理解；同時，論者並且將「國家」對於社會問題的看法考慮在內，表現出對殖民統治政策內涵有所掌握，從而站在了解「社會問題發生的原因」的前提下，以對帝國經濟統治進行合理「建議」的社說方式，質疑帝國政策內部缺失。以他所提出的解決方法——「謀景氣的回復，才是根本的對策」，對照前述「社會事業」所提供的社會問題解決方案，便可以清楚了解到，統治者和台灣人知識階級間對於社會事業「作爲解決社會問題方法」的理解，的確存在著一定程度的差異。

另外一篇同樣凸顯台灣人的社會事業認知的社說〈高雄也要創設乞丐收容所〉一文，則是婉轉地以反詰的方式，對帝國社會事業提出質疑：「近年來關於乞丐的收容救濟，竟變成爲一種社會事業，其對於社會上有無意義？其經營上有無適當？」〔註44〕其中，並以類似玩笑的反諷方式，交代了增設乞丐收容所的根本原因，是因爲社會問題造成乞丐數量增加，然而總督府卻是以增設「乞丐收容所」的方式來解決這項問題，而且已經成了「台灣現社會上流行的新事實了」；以這種方式敘述，自然在當時讀者心中埋下對「乞丐數量增加原因」的疑問。

文中，社說作者從「方法論」著手，通過質疑「增設乞丐收容所」這個帝國解決社會問題方法的良窳與否，突顯帝國社會事業的效能與帝國模糊社會問題發生原因的事實，同樣顯現出他們在思考社會事業「作爲社會問題的解決方法」時的受殖者邏輯。

在 1931 年底，《台灣新民報》一篇〈考察民眾的經濟生活苦況——以促當局反省〉社說中，則以更專業的角度，分析台灣因爲與內地間的「支配與被支配」關係，以及受世界經濟局勢影響，使得台灣發生社會問題的嚴重程度，要更甚於日本內地：

〔註43〕 社說，〈不景氣與失業——經濟界起恐慌，政府沒有對策〉，《台灣新民報》315 號，1930 年 5 月 31 日，頁 2。

〔註44〕 社說，〈高雄也要創設乞丐收容所〉，《台灣新民報》第 327 號，1930 年 8 月 23 日，頁 5。

> 世人有謂經濟界恐慌的影響，内地甚於台灣，但是事實卻大不以爲
> 然，因台灣的經濟界是要受支配於内地，故其受恐慌的時期雖有早
> 晚之差，至其程度，台灣當要反更深刻於内地。何以言之，因内地
> 之感受恐慌較早，故易容將其損失轉嫁於台灣，而台灣人的經濟智
> 識比較沒有那麼普及，又對經濟界的感覺魯鈍，所以每要大吃一
> 驚。〔註45〕

從農村疲弊情形，到街頭蕭條的商況，論者依次敘述發生社會問題的背景，
並且提及受殖者對於這種苦況的反應：「在這樣苦境的民眾，對於打開上別無
方策，不得已節飲日常費用，把生活的程度已經自然而然的降下至最小限度
以下，已經是再欲降下而無餘地了。」〔註46〕再對照殖民政府的反應，說明
社會事業無法根本解決社會問題的「無望」現實，顯出受殖者被支配的生活
姿態：

> 在内地常聞當局用心講究救濟之策，然而台灣對此未見何等考案，
> 積極的救濟策已經無望，而自己的私生活亦已無從節飲降下，那麼
> 最後唯有於消極的希望當局者體貼民艱節約政費，以減輕人民的負
> 擔之一途⋯⋯。〔註47〕

就殖民地新式知識份子來說，對於社會事業的考察是如此，那麼當時的傳統
舊文人，又是又何種方式提出他們對於社會事業的看法呢？以同題共作方式
匯集的〈貧民墮落救濟策〉中，便分別表現出台灣傳統文人對社會事業的期
待。其中一篇由署名台北寄民所撰的文章，便深刻表現出對於救濟策抱持的
積極處置態度：

> 故今日欲防過激思想之入侵，捨救濟貧民無他策。然則救濟之策惟
> 何？抑奢華之習，減稅費之繁；嚴官吏之防，泯貧富之迹。使生活
> 程度日低，衣食物價日平。一會社之設，不使富者專其利；一工廠
> 之立，不使富者專其權。凡貧民子弟，有一藝之長，片才之善，因
> 其宜而錄用之，不必問其出身之若何，則貧者自能奮其心力，勞其
> 智慮，各尚廉恥，各重道德，何至鋌而走險？如此貧者不待救濟，
> 能自安其生活，何有貧富不均與懸隔哉？若但以區區之賑恤謂爲救

〔註45〕社說，〈考察民眾的經濟生活苦況──以促當局反省〉，《台灣新民報》第392
　　　　號，1931年11月28日，頁2。

〔註46〕同註45，頁2。

〔註47〕同註45，頁2。【粗體爲筆者所加】

濟,抑末也已。〔註48〕

另外,其他同題作者如台南的高氏友瑟、基隆的王溥、新港林開泰,都以直陳窮民苦狀與對社會事業提出建言的方式,關懷社會上的貧窮民;然而,從他們的論述中,可以不約而同地看到,爲文所針對建議的對象:上至國家(統治者)、當局(總督府)、社會事業政策、資本家、富人階級,下至市街庄保甲、壯丁團等殖民地官僚體系的末梢;顯示出不僅只是新式知識份子對於社會上的貧窮民及官辦社會事業有明確的指涉,當時的傳統文人,也同樣對社會上的貧窮民情形與社會事業間的相互權力關係,有一定程度系統性的觀察和掌握。

總結上述列舉有關統治者與受殖者對於社會事業的反應,在雙方都對殖民經濟體系,以及對社會問題發生的原因有所認識的前提上,殖民者所著重的,乃是社會事業要能對社會問題發生以後的社會情況進行救治和預防;而受殖者所著重的,則是在於要求統治者解決造成社會問題發生的根本原因。

當帝國爲解決殖民地社會問題引進標舉現代性意義的社會事業時,對於由帝國提供具備「福利」性質實際上卻並未將受殖者的需求考慮在內的救助事業,台灣人知識階層非但沒有寄予厚望,反而更拉高層次地將視野對焦在造成殖民地社會問題的核心病灶──殖民地式經濟體制,而未如帝國實施社會事業的目標,僅停留在對社會問題進行「治標」式的補救。

對於這種殖民者與受殖者在知識建構上的認知衝突問題,張隆志在〈知識建構、異己再現與統治宣導──《台灣統治志》(1905)和日本殖民論述的濫觴〉中,曾通過援引駒込武的觀點,分析竹越與三郎對於帝國殖民統治所持的「肯定觀點」並提出質疑:

> 雖然竹越與三郎將台灣統治建構成日本殖民成功的典範,然而《台灣統治志》一書中所呈現的「殖民現代性」,並非普遍近代文明的區域個案,而是一項不完全的文明計畫,反映了日本殖民初期的統治危機和內在矛盾。源自帝國主義者的民族偏見,使得所謂日本科學殖民主義的內涵,僅限於鐵路、醫院及下水道等現代化建設的普及,而非自由、平等、博愛等近代民主價值的傳播。〔註49〕

〔註48〕 台北　寄民,〈貧民墮落救濟策(一)〉,黃哲永、吳福助主編,《全台文·三十四　崇文社文集三》(台中:文听閣圖書,2007 年 8 月),頁 782~783。

〔註49〕 張隆志,〈知識建構、異己再現與統治宣導──《台灣統治志》(1905)和日本殖民論述的濫觴〉,收錄於梅家玲主編,《跨領域的視野:文化啓蒙與知識

從這個角度觀察，我們便可以進一步理解，帝國實施作爲「修補」殖民資本主義統治造成的社會問題之用的社會事業，即便具備「防貧」、「福利」等現代性意義，但是，在帝國殖民地式經濟體制本身的內在矛盾和無法解決統治偏見的前提下，就受殖者的立場而言，這種原本應屬於「正面提升」的事業，終究仍只是無法有效解決殖民地社會問題的帝國「統治政策」。

（二）統治者自我解消──具「差別待遇」與「治理失效」特徵的事業

有關受殖者對殖民帝國社會事業的批判，大致上可以分爲兩種類型：一種著重在批評「差別待遇」，第二種著重在突顯事業的「治理失效」。

有關社會事業的「差別待遇」方面，在 1929 年 8 月份的《台灣民報》上，一篇名爲〈官樣的文章──方面委員機關──打破不了差別觀念〉中，清楚地指出社會事業架構下的「方面委員制度」〔註 50〕僅是徒具「形式」的制度：

> 以防貧和救貧爲主旨的方面委員制度，於數年前就前後實施於台灣的重要市街。在失業者和極貧細民日多一日的台灣，也許是很適合時宜的社會事業。然而萬事只重形式的台灣官僚，沒論甚麼好的制度，一到他們手中，就要無用化去。這是多麼遺憾的一回事！〔註 51〕

文中雖然點明帝國辦理社會事業的原意，在於「救濟社會制度的缺陷，以緩和階級鬥爭」；然而，因爲方面委員在委員會議時的內台差別待遇，意見、行動不一致，致使事業成績不理想：

> 不特内臺人相形見拙，於社會上地位的高低，當意見發表的時候也很顯然地區別著。爲救濟社會制度缺陷，以緩和階級鬥爭的社會事業，當其衝的方面委員們，豈可抱著這麼差別的階級觀念？同事業之沒有成績可觀，當然是要歸咎於委員們意見、行動之沒有一致。
> 〔註 52〕

〔註50〕生產》（台北：麥田，2006 年 8 月），頁 258。
有關「方面委員」的性質、體制、型態、運作模式，以及與社會事業之間的相互關係等資料，可參考，小河滋次郎著，《社會事業と方面委員制度》（東京：嚴松堂，1924 年）。
〔註51〕社說，〈官樣的文章──方面委員機關──打破不了差別觀念〉，《台灣民報》第 275 號，1929 年 8 月 25 日，頁 2。
〔註52〕同註 51，頁 2。【引文中粗體爲筆者所加】

加上各地方面委員濫用事業經費、假公濟私以爲己用等行爲:「當作名譽職的
委員們,每月必有一回的定期會議。每聚會時總不能沒有茶菓的響應,時常更
有酒食的慰勞。這筆優待委員們的費用,或許多於舊頻事業的經費。這是何等
的矛盾。」〔註 53〕顯示出方面委員制度作爲「救貧」、「防貧」機制的內部缺
陷,也表現出受殖者對於這種社會事業的觀察和其所抱持的批判立場。

在 1930 年 4 月份的《台灣新民報》上,也同樣批判了社會事業差別待遇
的社說,還有〈動機不純的台南慈惠院的裁員──解雇台灣人新雇內地人,
市民頗懷疑問議論紛紛〉一文,提出該慈惠院原意要裁員以解省經費,卻反
而聘請更高薪的內地人,而且這樣一種差別待遇的內幕,實質上只是一個
「叫台灣人出錢,保護高齡的內地人」〔註 54〕的事業而已:

> ……可是這回的裁員,既說是爲節省經費,爲何倒將台灣人小使解
> 僱了。還有一層在病院內有一個月給六十三圓的台灣人藥劑師,也
> 於三月中被解雇。而更再雇一個月給八十圓的內地人藥劑師了。既
> 是爲欲節省經費,爲什麼解雇薄給的台灣人,而雇高給內地人?可
> 見其動機的不純了。〔註 55〕

這篇社論不啻突顯出,殖民地差別待遇的情形,不僅發生在一般的社會機構
之中,也發生在標榜「福利」的社會事業體制內部。

同年 9 月,在〈內臺人差別的細民救濟事業──乞食也有優越權〉一文
中,便點出了之所以會發生差別待遇的情形,乃是由於它是以「內地人」爲
本位所施行的事業,雖然內地人的救助範圍過小,然而因爲是由內地人來主
導事務運作,自然壓縮到台灣人的受救助空間:

> 然而,事實內地人本位的乞食寮(或不稱爲乞食)自老早已經決定
> 了。於識者之間都在非難──同是要受救濟的細民,怎麼也要分內
> 地人台灣人?連乞食也有優越權,內臺人的差別未免太過於徹底
> 呀!而且從前所決定內地人本位的施設,因爲範圍過狹,仰不到總
> 督府的補助金,所以才有今番的提議。司馬之心路人皆知,台灣人
> 委員們多在背後私議。〔註 56〕

〔註 53〕同註 51,頁 2。
〔註 54〕社說,〈動機不純的台南慈惠院的裁員──解雇台灣人新雇內地人,市民頗懷
疑問議論紛紛〉,《台灣新民報》第 310 號,1930 年 4 月 29 日,頁 4。
〔註 55〕同註 54,頁 4。
〔註 56〕社說,內臺人差別的細民救濟事業──乞食也有優越權〉,《台灣新民報》第

綜上所見，社會事業雖然被以正面、福利的型態在殖民地社會上推行，然而，因為混雜了「殖民性」所造成的內臺人間的「差別待遇」、殖民者本身的治理偏見，使得原本立意良善，具積極救助意義的社會事業，終究未能展現其應有效能，而遭到本土知識份子在公共媒體上公開批評。

依循這個脈絡，受殖者對於這種被帝國自身所消解的社會事業，又提出哪些關於治理失效的論說？

在 1927 年 2 月份的《台灣民報》〈方面委員作甚麼事？〉的社說，便曾針對方面委員的實質作為進行描述，並藉由標誌台灣人的「極貧」狀態：「台灣人的中間，一個人每年的生活費，不上三十圓的細民，其數現在雖然沒有確實的統計，但照平常耳聞目見的推量，全台灣最少也有數十萬人，這些人的生活程度，和日本內地的細民的生活程度比較起來，恐怕要算是極貧中的極貧了。」〔註 57〕以此說明台灣社會對方面委員的需求，以突顯社會事業力有未逮是因為事業本身僅徒具形式：

> 方面委員是從社會政策發出來的制度，其目的在調查及貧階級的民的生活狀態，及講究救濟的方法。在於工場發達，貧富的程度過於懸殊的地方，尤其是大有必要。〔註 58〕

> 可惜！新竹街的方面委員制度，是徒具有形骸而已，實施至今，對於消極方面的細民生活狀態的調查，還沒有一些兒有系統的數字，可以做參考，既然沒有系統的調查，自然就沒有救濟策的講究了。中間雖然有做過些少對於臨時發生的救濟、施療的事，這完全是靠著別團體的氣力，算不得是方面委員的什麼功勞。〔註 59〕

同年 10 月，同樣以方面委員為對象的社說〈方面委員制度的運用——人選要採職業別，防貧更重於救貧〉一文，則是引用日本內地方面委員的運作效能為例，說明在殖民地台灣，「處於帝國主義的環境之下，無產階級大眾比日本內地還要多」〔註 60〕的情形下，原本為了要「補救缺陷社會」的事業，在殖

330 號，1930 年 9 月 13 日，頁 3。

〔註 57〕社說，〈方面委員作甚麼事？〉，《台灣民報》第 146 號，1927 年 2 月 27 日，頁 4。

〔註 58〕同註 57，頁 4。

〔註 59〕同註 57，頁 4。

〔註 60〕社說，〈方面委員制度的運用——人選要採職業別，防貧更重於救貧〉，《台灣民報》第 180 號，1927 年 10 月 30 日，頁 4。

民地社會的實行運作情形卻徒具其形式：「但是台灣所施行的方面委員制度，老實是依樣畫葫蘆，即所謂官樣文章，其所投的經費之浩大，比之所收的效果之輕微，可說是浪費極了。」〔註61〕而在指陳社會事業淪為官樣文章的同時，論者順勢提出了心目中理想的社會事業藍圖：

> ……原來方面委員制度的運用有積極和消極兩方面，積極方面專在防貧，給失業者能夠得着勞動的機會，庶免彷徨於飢寒的路上，以防禦其沉淪於貧窮線下的悲境。消極方面是對於保不住生存權的極貧的細民——無能力者，施與物質，給他能夠生活。〔註62〕

從本文論者所提出的「建言」內容來看，更加明顯地透露出，受殖者視線中的社會事業與殖民者所經營的社會事業兩者間的落差，不只在於社會事業的目的，也在於總督府實施的「心態」和「方法」。

在 1930 年 1 月《台灣民報》〈方面委員要幹什麼？〉的社說中，也同樣對作為帝國調查社會問題第一線基層單位，又大量分布在各市街庄的「方面委員」〔註63〕的作用提出質疑。它說明，帝國設置方面委員的目的，原本是為了要「防禦並救濟社會上細民的貧苦」，然而，卻因為差別待遇，使得這個機制並未發揮其應有作用。〔註64〕然而，在這裡，令筆者不能不注意到的部份是，在方面委員組成份子中，更多的是由台籍地方有力仕紳或資產階級所擔任，僅有少數方委是由內地人擔任；雖然大部分決策仍操之在日本人方委手中，但是這個觀察，已經提醒我們未來在分析帝國社會事業的效能時，不能不對「台灣人資產階級」在殖民統治結構下所扮演的角色，以及「內部殖民」的情形有所留意。然而，由於此論題不在本文的討論範圍內，故留待日後再做詳盡的分析與論述。〔註65〕

〔註61〕 社說，〈方面委員制度的運用——人選要採職業別，防貧更重於救貧〉，《台灣民報》第 180 號，1927 年 10 月 30 日，頁 4。

〔註62〕 社說，〈方面委員制度的運用——人選要採職業別，防貧更重於救貧〉，《台灣民報》第 180 號，1927 年 10 月 30 日，頁 4。

〔註63〕 根據由大藏省管理局所整理的資料《日本人の海外活動に関する歴史的調查第六卷 台湾篇 1》中有關方面事業的數據記載，至 1942 年為止，方面事業共在市街庄共 244 處設有據點，共有委員 3835 名，至 1940 年時，共計辦理有 392636 件案件。參考大藏省管理局，《日本人の海外活動に関する歴史的調查第六卷 台湾篇 1》，1946 年（東京：ゆまに書房，2002 年 1 月）復刻。

〔註64〕 〈方面委員要幹什麼？〉，《台灣民報》第 296 號，1930 年 1 月 18 日，頁 4。

〔註65〕 有關參與社會事業的台籍士紳的相關敘述，在如《台灣社會事業要覽》（1926）、《台灣濟生事業一斑》（1926），《社會事業の友》（1928～1941）中，

　　此外，在社會事業機構中，同樣遭到受殖者質疑的項目，還包括被設置用以資金上援助方面委員會的「社會事業助成會」。在〈保護細民的事業助成會〉社說中，論者說明了方委與助成會的性格，以及它們實際運作時因爲經費問題而產生齟齬的內幕：「以救援細民爲目的的方面委員，竟因細民的存在而獲得種種的便宜，雖是少許的金額，也有不合議論之處。」〔註66〕另外，在〈新竹方委助成會〉社論中，也明確批判了此種帝國社會事業與細民的疏離位置，以及其實際上對細民所造成的經濟壓力，突顯了社會事業實施於殖民地社會時，雖然是以「福利」爲目的，卻因爲帝國統治的殖民性格，以及殖民行政體系中的權力運作問題，使得社會事業成爲細民的負擔：

> 自來官府所幹的慈善事業──社會事業──多有尊重形式而實質貧弱的通病，招牌雖掛得很好看，其實受利的範圍很小。第二是新竹從前以有以鄭某爲會長的救濟會，該會的經營不很得宜，細民實在受不到什麼利益，故這個助成會，要將他合併才對，倘若不然，則將來市民非二重的出資寄附不可，這於市民是負擔不起的云。

〔註67〕

在1931年3月〈官民聯合劇？在新竹連演三天⋯⋯喚不起民眾感興！說什麼社會事業？〉文中，則是針對社會事業防貧、救貧的內在意涵提出質疑，揭露帝國權力與受殖者資產階級共謀的壓迫結構，針對事業的消極態度提出批判：

> 全島社會事業大會、方面委員大會，是台灣官僚和民間優越階級的聯合劇。⋯⋯這種團體的目的，是以窮困的細民做對象，要考究防貧、救貧的方策。在官一邊是根據社會政策而提倡，民間的有產階級即當作是賣恩的慈善事業而贊成。於有階級意識的人們的眼中，只看作是爲延長資本主義社會的殘喘，而緩和無產大眾的反抗心。

〔註68〕

　　　　會於部分篇末加入參與社會事業體制的籍名表列；或如《台灣民報》上的社說中，以「羅委員」、「周委員」、「古委員」等方式，僅以姓氏代稱。

〔註66〕　〈保護細民的事業助成會〉，《台灣民報》第305號，1930年3月22日，頁3。

〔註67〕　〈新竹方委助成會〉，《台灣民報》第314號，1930年5月24日，頁4。

〔註68〕　〈官民聯合劇？在新竹連演三天⋯⋯喚不起民眾感興！說什麼社會事業？〉，《台灣民報》第354號，1931年3月7日，頁3。

〈全島社會事業／方面委員大會雜觀〉中，則是討論了社會事業內部機制運作的瑕疵，說明社會事業的實質，是一被內地人所架空、杯葛台灣人提案內容的偽善機構：「……官辦的社會事業，究竟是為救濟細民？抑或為優待委員而設？著實給人感著莫名其妙！……蓋所通過的提案，多是由內地人提出的而台灣人所說明的提案，很少有能夠通過的，在此間足以充分看取狹量的島國根性的作用。……提案者多是台灣人而反對者多是內地人咧！」〔註69〕同樣觀察到殖民社會事業的內在矛盾性質的，還有〈毫無關心的台灣人方面委員會〉一文：

> 市役所的任命方面委員，是以財產為標準，毫不以人物為本位，固台灣人的方面委員，其實是一個有名無實的機關而已。或者市役所故意任命這些無能的方面委員，比較的方便，易於掩飾其假仁義的手段亦未可知云。

> 對於這個問題，市役所及內地人方面委員有意出來積極的援助是實的，然而同是方面委員之台灣人，其數比較內地人更多，大多是佔一個空名尸位，對於市內的台灣人的窮苦人，不但毫無能為，甚至侮辱輕視，故市內的小民沒有一個不抱多大的不平。〔註70〕

從上述幾篇引文中可以看到，無論社會事業以何種方式表現其關心，非但大多與台灣人窮民的需求站在不同立場，使得機構的立意與實施效能有所出入，進而抵消了社會事業的力量，也因此成為了另一個台灣人知識份子可以藉機議論殖民統治缺失的媒介。

小　結

　　綜觀社會事業在殖民地施行的情形，以及受殖者對於此事業的回應，帝國用來修補或預防殖民資本主義造成的社會問題的社會事業，無論運作型態和實施內容，或是帝國話語中的內涵，都顯而易見地與殖民地台灣人的理解與觀感有所出入。由於統治者消極地迴避了造成社會問題的主因，如台灣人知識份子所指出的殖民地式經濟體制，以及社會事業運作時發生的差別待遇、治理失效情形，即便這個事業承載了統治者的知識／權力意涵在其中，

〔註69〕一記者〈全島社會事業／方面委員大會雜觀〉，《台灣民報》第 354 號，1931年 3 月 7 日，頁 4。

〔註70〕〈毫無關心的台灣人方面委員會〉，《台灣民報》第 391 號，1931 年 11 月 21日，頁 4。

但是，在此事業的運作型態、效能與目的無法與受殖者所遭遇的社會問題成因、解決方式相吻合的認知衝突下，終究是朝向逐漸背離受殖者群體這一結果。

　　然而，誠如姚人多在分析殖民主與受殖者間的權力關係時所指出與批評：「就知識的建構而言，被殖民者一點也不沉默，他／她們要對權力述說很多事，而且，他／她們述說的事在整個殖民知識的建構中絕對佔有著相當程度的重要性。從這樣子的觀點來看，權力是極具生產性的，它很可能並不是鼓勵被殖民者保持沉默，相反地，在很多場合之下，它鼓勵被殖民者多發言。……，這種被殖民者的告白機制絕不是與生俱來的，它的存在本身就是一項權力的效果。」〔註71〕正因爲台灣人知識份子經由大量書寫與「殖民者所預劃的社會事業」充滿「差異」的「殖民地上的社會事業」，重新建構一套「受殖者認知中的社會事業」，反而成爲了消解殖民統治技術、「殖民性」與帝國社會事業話語的一種「權力效果」。這種效果，不僅說明了台灣人對於總督府實施的社會事業的理解、掌握與批判，更表現出他們藉由在公共媒體上發表社論的方式，對殖民統治技術進行釐清與針砭，以及參與殖民地社會問題的討論；文化意義上，也透露出台灣人知識份子對於社會下層階級問題及需求的觀察，即便是面對統治者施行的福利政策，也並非一概接受或默許其施行，而有台灣人知識份子藉著媒體與統治者決策對話，展現其自身的價值判斷標準。

第二節　殖民地話語挪用──帝國社會事業中的「社會連帶」

前　言

　　雖然已有許多研究日治時期台灣社會事業的社會學、史學研究者，從結構面、制度面、外地法學，以及統治技術等層面切入，討論殖民地社會事業與內地社會事業的異同、治理差異等問題，但是在面對此事業的核心概念──「社會連帶」時，卻往往只單從福利性格的面向談起，或是將其視爲與西方、甚至是帝國內地、總督府在心態上毫無差別具「正面」意義的福利機

〔註71〕姚人多，〈認識台灣：知識、權力與日本在台之殖民至理性〉，《台灣社會研究季刊》第42期（台北市台灣社會研究季刊社，2001年6月），頁180～181。

制,而並未將台灣的「殖民地」身分置入討論範疇內,對於「帝國究竟如何闡述、實踐這個正向提升的社會事業價值觀」、「受殖者面對這個帝國所施予的福利概念時的反應」、及其「殖民地條件造成的帝國治理差異、連帶概念如何被殖民主與受殖者雙方解讀與挪用(appropriate)」等問題,皆仍未做過明確的討論。

在前一節處理過殖民者與受殖者對社會事業話語權力的認知衝突與建構後,筆者認爲,重新開啓對日本在台灣建立起的現代性社會事業核心價值——「社會連帶觀」的研究,將有助連結本文所欲討論的「受殖者知識建構」的論述脈絡,使我們對日治時期帝國話語中的社會事業核心價值有更爲清楚的掌握,同時更加理解在「剝削與壓迫」此種既定認知中的殖民統治型態之外,亦有「社會事業」這種「向上提升」的帝國治理面向,並以此做爲開關現今台灣文學研究中,對於殖民地文學中人物形象再詮釋的可能基礎。

一、帝國話語中的「社會連帶」——提供殖民地「向上想像」的可能

本段將通過對「社會連帶」進行簡短而集中的討論,分析受殖者對這一個社會事業核心概念的譯介與挪用情形,以做爲勾連前節「認知衝突與建構」,以及末節對於社會事業「對象」的樞紐,釐清這一觀念對於社會事業,以及殖民地受殖者的影響與作用。

現代西方社會福利中的「連帶」觀念,主要是將整個社會視爲一個有機體,強調在其中活動的個體,彼此間相互影響的聯結關係。對於貧窮、弱勢等社會族群與現象的救助,不再如同過去,僅僅視爲是一種慈善行爲,而是政府及社會全體的共同責任,需要運用科學知識與技術來提供專業的、體系化的救助措施。〔註72〕這種對社會整體採取具現代性意義的觀察方式,以及在政策上展示西方工具理性及技術特質的社會福利,即與戴文鋒所歸納出的,與傳統社會由官民合營、互助救濟、地方勢力者與地方官爲達成穩定地方秩序,與維持地方勢力而施行的策略結盟形態的最大不同之處。

有關「社會連帶」,生江孝之則認爲,這種以資本主義爲軸心思想的連帶觀念,是將社會整體視爲一個具備有從屬關係及相互連帶責任的有機體,同時也賦予個人與個人間強弱相互保護的義務,進而提升到將整個社會內部連

〔註72〕白秀雄,《社會工作》(台北:三民,1976 年),頁 2。

結成爲一個相互依存的共同體層次。〔註73〕

　　總督府內務局地方課長水越幸一在稍早於總務長官賀來佐賀太郎正式發布的「關於社會事業ノ件」前的 1920 年 3 月，曾於《台灣時報》上發表一篇〈論社會救濟事業〉，其中提到帝國施行救濟的目的，是爲了謀求整體國家社會的發展：「……故欲期望國家社會完全之發達者。不可不務個人之發達。……而後國家社會能得進展。」〔註74〕他強調，「國家社會之發展。分有二種。其一爲精神的發展。一爲物質的發展。此二者關係。宛如車有兩輪。互相連結。而後得以胼進。」〔註75〕最後，他並以此救濟事業概念爲基調，將這種以服務國家爲目的宗旨，推展至所有帝國事業，說明此種對身處於社會下層國民的救治措施，根本上就是爲了要展現促進公共安寧與國家繁榮的「連帶幸福」〔註76〕觀念，而其所欲造就的，是「公共的安寧、民眾的幸福」：

> 然而精神上之進步。與物質上之發展。均由國民智能啓發。德性涵養。而後得以達成其目的。且於國民之間爲許容如浮浪之輩。游惰之徒。與夫貧而不得活動。病而不能就醫。任其放縱顛連。而莫救之焉。顧社會複雜。欲行其理想。憂憂於其難。顧對此等不幸之人。**須施以感化教育。或授職業。或給衣食。或與醫藥。以圖公共之安寧。與民眾之幸福。而後能得國家之繁榮。**〔註77〕

在 1928 年 11 月的《台灣時報》一篇關於社會事業的報導〈全島社會事業大會〉中指出，這種現代化社會事業的理想，與傳統施予恩惠給弱者的救濟事業不同，不應該注重個人思想，而應強調社會正義和連帶觀念，對於「社會組織的缺陷」造成的弊病，亦應由組成社會的各個份子共同協力防止和治癒才是。文中並表示，這種病弊是社會進化過程中必然會發生的問題，身爲社會中的各個成員，應該負起連帶責任，一致協力匡救防止弊病才是。〔註78〕

　　通過宣傳社會事業連帶觀、科學的事業經營方式，以及施行過程中含帶的精神教育，帝國透過論述所展示的是一種有別武力、律法、衛生與經濟等

〔註73〕生江孝之，《社會事業綱要》（東京：巖松堂，1923 年 4 月），頁 31～35。

〔註74〕水越幸一，〈社會的救濟事業に就て〉，《台灣時報》1920 年 3 月，頁 128。

〔註75〕同註 74，頁 128。

〔註76〕「連帶幸福」的概念，在田子一民論述關於社會事業的精神時曾表示，此事業的精神乃是以達到「幸福」爲宗旨的社會連帶的核心思想。參考田子一民，《社會事業》（東京：帝國地方行政學會，1923 年 4 月）。

〔註77〕同註 76，頁 128～131。【文中粗體部分爲筆者所加】

〔註78〕〈全島社會事業大會——諮詢事項〉，《台灣時報》1928 年 11 月，頁 36～37。

等體制層面的新式殖民統治概念。經由建制社會事業，日本可以合理、合法地以計畫性、系統性的方式，逐步通過制度，將被殖民地式經濟所汰除，並可能影響殖民統治穩定的弱勢受殖者，重新納入總督府統治體系內；經由宣傳「社會連帶」，這一代表帝國正面救助形象與觀念，也提供了弱勢受殖者群體可以想像的共同體——通過灌輸「幸福、公共、民眾、國家、社會」等「向上想像」概念，賦予國民連帶的責任感與道德感，塑造一幅沒有高低階層差別，強調社會組成份子緊密連結的自我認同感。

　　負責營運殖民地社會事業的台灣總督府社會課課長野口敏治，曾在《台灣時報》上發表一篇〈本島社會事業的概況〉，在文章開頭，便開宗明義對帝國實施社會事業的目的進行說明：帝國為了要迴避資本主義式經濟發達後伴隨而來的社會階級對立困境，以及要抑制當時興盛的社會主義思潮主張的打破私有財產制的思想出現，才會在殖民地社會上強調這種精神性的社會連帶認同觀。〔註79〕這與後藤新平為了抑制日本內地因急速資本主義化而產生的社會主義思想發展，以及避免當時日本國內的勞工階級因為貧富差距擴大而造成社會混亂所提出的社會防貧論述，事實上存在著相同的思考脈絡。〔註80〕

　　因此，總的來說，總督府藉由社會事業挾帶的「社會連帶」觀念，以及由統治階級中各層級所共同集中書寫的社會連帶觀的核心訴求，基本上就在於希望藉此弭平統治環境底下的階級間不均衡的被壓迫感，與社會上日漸懸隔的貧富差距，企圖通過精神上的指導，塑造一幅令台灣人在面臨殖民經濟壓迫力道逐漸升高的殖民環境下，依舊能夠享有帝國所擘畫的共存共榮的精神圖景。

二、受殖者話語中的「社會連帶」——權力話語挪用與重構

　　追溯社會連帶觀念經由在台日本官僚譯介的軌跡之後，以下將轉而對台灣人譯介社會連帶的情形進行了解。早在 1921 年 8 月總督府公佈「社會事業振興に関する依命通達」與 10 月發布的〈關於社會事業設施ノ件〉」之前，

〔註79〕野口敏治，〈本島社會事業の概況〉，《台灣時報》1931 年 2 月，頁 26。
〔註80〕關於後藤新平的國家社會防貧論述，可參考後藤新平伯傳記編纂會編，《後藤新平文書》（東京：雄松堂書店，1980 年）（微捲資料）內，如：「勞動者疾病保險法案」（1897）、「勞工疾病保險の必要」（1897）、「恤救法案及救貧稅法案」（1897）、「台灣統治救急案」（1899）等。

台灣已經透過自內地東京傳回來的《台灣青年》雜誌，得到了有關現代化社會事業的訊息。

　　1921 年 6 月，曾與林獻堂、蔡培火、林呈祿、蔣渭水、陳逢源等人在東京籌組「台灣文化協會」的劉明朝〔註81〕，以日文及中文並刊的方式，自《台灣青年》第 2 卷第 5 號開始，連載有關帝國即將施行於台灣的社會事業內容的文章〈社會連帶論〉〔註82〕。然而，劉明朝在討論社會事業時，卻並非以事業總體為討論對象，而是集中討論社會事業的核心概念──「社會連帶」，顯示出他對帝國社會事業的特殊觀照。

　　以他曾就讀東京帝大法學部政治科的學養為基礎，以及曾參與殖民地文化活動，並擔任過殖民地總督府之台灣人官僚的經歷，這篇譯介論文選在與帝國同年（1921）將有關社會連帶的觀念引進台灣，背後的動機固然不乏有可供聯想之處；但是，若深究其論述內容，便可以發現其中幾項與帝國話語中的社會連帶有所出入之處。

　　首先，劉明朝提出資本主義所造成的個人主義覺醒的問題，強調個人主義黑暗面高漲對於社會造成的弊害：

> 再觀個人主義之暗黑方面，則知個人主義者，無社會觀念，唯有利己耳。故產業革命後，弱肉強食，強愈強，弱者日益弱，資本家利用文明機械，以擴張其產業，則其富力益進。勞働者，日夜勞働，亦不過得些少勞銀而已。故勞働者，雖終身勞働，亦不免貧苦。

〔註83〕

由於個人主義盛行，人人唯利是圖，「無社會觀念」的結果，終將使勞動者「雖

〔註81〕劉明朝（1895～1985），號靉舲，生於台灣省台南縣柳營鄉，府立台灣國語學校畢業後，經官立第八高等學校畢業，入東京帝國大學法學部，專攻政治，得法學士學位，並取得高等文官考試合格。在學期間，因不滿日人對台灣實施殖民地政策，雖在百般高壓箝制之環境下，仍不計安危，奮袂而起，於 1921 年 10 月 17 日，在東京與林獻堂、蔡培火、羅萬俥、林柏壽、林呈祿、蔣渭水、陳逢源等諸先生，組織「台灣文化協會」，公然倡議，從根本思想意識上致力，強烈抗議日人之不平等統治待遇。其基於民族要義，堅守分際，不失立場之精神，由此可見一斑。參考〈劉明朝先生事略〉，《國史館現藏民國人物傳記史料彙編・第二輯》（台北縣新店市：國史館，1989 年），頁 489。

〔註82〕劉明朝，〈社會連帶論〉，《台灣青年》第 2 卷第 5 號、第 3 卷第 1 號，1921 年 6 月 15 日、7 月 15 日。另有中文，《台灣青年》第 3 卷第 5 號，1921 年 11 月 15 日。本文以中譯作為引文基礎。

〔註83〕同註82，頁 9。

終身勞働，亦不免貧苦」。此外，劉明朝在講述社會連帶觀時，也似乎隱含了批判帝國社會事業殖民性格的意圖：「近代法律，乃以個人主義爲根本，故解說家，多曲解權力之意，濫用權利，而不辨義務，忘了社會團體之觀念，唯有主張自己一個人之利益耳。」〔註84〕他像是爲了早先一步向受殖者台灣民眾闡述何謂「正確的」、「眞正的」社會事業與「連帶觀」，藉由整理德國、法國（柳氏、謝魯文氏、伍爾冗亞氏）等對「社會連帶論」的討論，對帝國話語中的「社會連帶」與社會事業內涵的實際意義進行矯正，暗諷帝國所即將推行的社會事業與連帶觀，終究只會是爲了滿足自身拓殖利益需求的個人主義至上政策，是一種濫用權利與權力的帝國修辭，只是做爲帝國安撫受殖者的不穩定心態的同時，能將統治失當與責任推諉給殖民地社會，迴避身負統治者應盡之責的政策工具而已。其中，他特別強調要抵制的「個人主義」究竟爲何？卻似乎並不與帝國話語下的個人主義相同。

劉明朝引徵法國大革命時提出的「天賦人權」說，解釋何謂「個人主義」：「在當時思想，已爲人之生也，則天賦有自由獨立獨存之權，……稱爲自然權。人類各當互相尊重自然權，社會國家，亦以保護此等自然權爲責任。」〔註85〕從他對個人主義的理解，筆者發現，與帝國強調社會事業以針對「個人主義造成的社會缺失」的內在意涵不同，他通過解釋社會事業的核心價值──社會連帶，跳過帝國話語，溯源到整個連帶觀的源頭──個人主義所具有的天賦人權性格，使得這個個人主義，與帝國話語中的「個人主義」發生了本質上的詮釋衝突。

他巧妙地藉由譯介帝國制度，隱藏其對帝國話語的挪用，建構了一套受殖者對於「個人主義」的認知方式，也於行文中暗諷了帝國統治實質上抹消了個人主義特質所強調的「自由獨立獨存之權」的行爲，只是一種對於「個人主義」的濫用──「主張自己一個人的利益」，其中所謂的「自己一個人」，不啻就是帝國的換喻。

對於社會事業所採取的解決之道──「救濟」，他也提出自己的說明：

> 穩健方法則莫破壞現行社會制度，而國家干涉其自由，防其弊害，並使個人知其權利，亦要知其義務，爲第一策。次者宜欲使個人之

〔註84〕劉明朝，〈社會連帶論〉，《台灣青年》第 2 卷第 5 號、第 3 卷第 1 號，1921 年 6 月 15 日、7 月 15 日，頁 9。

〔註85〕劉明朝，〈社會連帶論〉，《台灣青年》第 2 卷第 5 號、第 3 卷第 1 號，1921 年 6 月 15 日、7 月 15 日，頁 9。

利己心，並利他心同樣發達，以此調和個人與社會關係，則個人主
義之弊害，可除矣。〔註86〕

其中，他指出「權利」與「義務」的關係，說明義務背後有「不可侵害社會
連帶」及「實行社會連帶目的、當協力使其完全發達」。而權利背後，則有
「扶持社會連帶上，一切所要行爲可爲」與「當除去有妨害社會連帶之行
爲」。〔註87〕並針對此兩者背後的規則進行說明：「以上四個規則若不遵守，
則社會必至破壞，政府存在原因，亦不過確保實行此規則耳。」〔註88〕

　　就作爲社會事業的內在價值來看，劉明朝確實將「社會連帶觀」推至了
與帝國話語有所差異的層次。然而，從這段說明中，我們也可以看到，劉明
朝通過論述，隱微地限定了「殖民地政府」的存在價值，而對「政府」存在
的價值及原因進行的「限定」與「指導」。當政府無法確保社會事業實行上述
規則時，該「政府」也就不再具有存在的價值了。就這一點來看，他確實充
分展現出台灣人知識份子以文化論述進行抵抗的策略性意義。

　　那麼，他自己又是怎麼看待「社會連帶」概念呢？他解釋這種以西方國
家制度爲藍本的「社會連帶」思想，是一種「一面反對個人主義，又一面反
抗社會主義」，仍以資本主義爲社會發展核心價值的思想。要除去資本主義所
帶來的個人主義的弊害，卻又不要破壞現行的資本主義觀念，除了國家干涉
其自由，帶有強迫意味地灌輸個人對於權利及義務的觀念，也在於發達個人
的「利己心」與「利他心」，調和群體和個人間的關係。因爲「連帶」的推行，
社會內部將不致因逐利而斷裂。

　　延續西方社會福利觀念，他說明這種連帶觀不同於以生物學中「適者生
存，物競天擇」爲原則的個人主義社會政策，而是以生物學中另一類「有機
體」觀念爲原則的社會連帶主義。此種社會連帶，其實就是社會中各組成份
子相互「提攜」的關係：

譬如資本家之有財產也，因政府之保護，勞動者之努力，交通之發
達，文明之進步等，受社會之恩惠不可勝數。設使社會無人，爲富

〔註86〕劉明朝，〈社會連帶論〉，《台灣青年》第 2 卷第 5 號、第 3 卷第 1 號，1921
　　　　年 6 月 15 日、7 月 15 日，頁 10。
〔註87〕劉明朝，〈社會連帶論〉，《台灣青年》第 2 卷第 5 號、第 3 卷第 1 號，1921
　　　　年 6 月 15 日、7 月 15 日，頁 15。
〔註88〕劉明朝，〈社會連帶論〉，《台灣青年》第 2 卷第 5 號、第 3 卷第 1 號，1921
　　　　年 6 月 15 日、7 月 15 日，頁 15。

> 者獨存，則雖富量亦不濟。由是觀之，富者多因社會之方面得，其
> 利用社會連帶之利既比他人較多，對社會的債務負擔自然亦大。
> 〔註89〕

雖然這個將「社會」視爲「有機體」的分析框架，和生江孝之的論述有所疊合，然而在對連帶的意義進行結構性說明與操作方式的提示方面，劉明朝則將社會連帶的性質進行提前「破格」，指出這種將由帝國所引進連帶思想，「不唯經濟法律二科有適用而已。凡人之科學，或文化各部門，都有適用，……」〔註90〕，像是預先支解了帝國實施社會事業的面向——是一套僅偏重在法律與經濟層面的社會事業。

另外，他也企圖替這種思想尋找發展脈絡：「自古既有社會連帶之思想，儒教佛教皆以社會連帶主義，指導民眾。」〔註91〕暗示他所論述的「社會連帶觀」，乃是與日本自西方如德國、英國等實行國家主義、帝國主義等國家引進的路徑不同，可以說是不假外求，殖民地社會傳統文化中本有的觀念。

無論是重構「社會連帶論」內部的「個人主義」意涵、解釋「連帶」的操作方法——「救濟」、對「連帶」意涵作出結構性詮釋以及操作提示、對殖民地政府的存在價值埋下「伏線」，還是對「社會連帶」的歷史脈絡進行再建構，經過劉明朝對「社會連帶論」進行話語挪用與重構後，社會事業與連帶觀不再僅只是又一個被帝國單一方面詮釋壟斷的統治話語，而因此找到了被台灣人知識份子藉以挪爲己用的話語權力缺口〔註92〕。

最終，劉明朝以「尊重社會又認個人之存在」的觀點，總結了維繫社會連帶的理想，可視爲社會事業與社會連帶觀在通過台人自身的理解與譯介後，傳播進台灣時的基本型態。

〔註89〕劉明朝，〈社會連帶論〉，《台灣青年》第 2 卷第 5 號、第 3 卷第 1 號，1921 年 6 月 15 日、7 月 15 日，頁 17～18。

〔註90〕劉明朝，〈社會連帶論〉，《台灣青年》第 2 卷第 5 號、第 3 卷第 1 號，1921 年 6 月 15 日、7 月 15 日，頁 11。

〔註91〕劉明朝，〈社會連帶論〉，《台灣青年》第 2 卷第 5 號、第 3 卷第 1 號，1921 年 6 月 15 日、7 月 15 日，頁 11。

〔註92〕關於挪用（appropriate）的意義：語言做爲權力中介的重要作用，要求後殖民寫作奪取位於中心的語言，重新把它設置於，完全地適應於殖民地的話語，以定義自己。……挪用是語言被拿來使用，以承受一己文化經驗的重擔（bear the burden）的過程。參考 Billashcroft、Gareth Griffiths & Helen Tiffin，劉自荃譯，《The Empire Writes Back：Theory and Practice in Post-colonial Literature 逆寫帝國——後殖民文學的理論與實踐》（駱駝：台北，1998 年 6 月），頁 41。

　　與劉明朝同樣參與「台灣文化協會」的蔡培火氏，也曾於《台灣民報》連載的〈新台灣的建設與羅馬字〉一文中，通過強調「新台灣的建設」，提出與總督府設置「社會事業」相順應的「設置福利機構」構想，強調新時代新思想與社會發展間的相互關係：

> 什麼是「新台灣的建設」呢？沒有別的，舊是實現一個能順應新時代新思潮的社會生活的台灣。換句話說，在進步的二十世紀的今天，台灣要做根本的改善，要設置福利機構，使三百六十萬居民都能過著和全世界人類所公認的眞與善的時代思想不相矛盾的生活。
> 〔註93〕

進一步，他則追用總督府實施「社會事業」背後的精神——「社會連帶關係」爲己用，通過名詞譯介的方式，說明他所謂的「新思潮」，實際上是通過運用「社會連帶關係」眞正的意涵——「相互提攜」，使用在個人與社會間的道德層面、使用在殖民地社會「官／民」差距間、使用在經濟社會的勞動階級與資本階級間，達成自己所欲倡言的「建設新台灣」：

> 那麼，什麼是二十世紀的新思潮呢？一言以蔽之，就是在「社會連帶關係」的觀念下發展個性思想。藉著這種思想的活潑運作，全世界的個人、社會及國際間的道德，將會逐漸確立相互扶助的精神基礎。政治上的理想是「官民合作」取代獨裁專政，逐步展現各種改革的實績。經濟上，勞動階級極力主張過去資本階級的不當利益是不合理的，認定那是休戚與共的勞資協調的基本事項。這實在是二十世紀文明的象徵，也是現代文明人腦海中常有的思想內容。〔註94〕

此外，蔡培火亦曾於《台灣民報》〈我望內台人反省〉中，續引「連帶」概念，認爲這是提升殖民地台灣文化生活的契機。他首先暗示了人生的價值，是和帝國通過「連帶」所賦予受殖者的「精神圖像」相疊合的——亦即在於過有幸福、有價值、有意義的生活：

> 人是社會的動物，從沒有人孤居獨處，會享人生所應有的幸福，換一句說，人生一切有價值的生活，是藏在社會生活的裡頭，……亦

〔註93〕蔡培火，〈新台灣的建設與羅馬字（一）〉，《台灣民報》第 13 號，1923 年 12 月 11 日，收錄於黃英哲主編，《日治時期台灣文藝評論集・雜誌篇》（台南市：國家台灣文學館籌備處，2006 年 10 月），頁 4。

〔註94〕同註93，頁 4。

> 可說人是因為要做有價值有幸福的生活，所以群居組織社會，若是
> 沒有甚麼價值幸福可以攫得，無論何種社會甚麼人亦不願意參加。
> 〔註95〕

與帝國所提示的不同之處在於，他認為這種生活是「藏在社會生活裡」的。
而這個社會，便是蔡培火所處的「殖民地社會」；顯見他認為當時殖民地社會
實際上並未具備統治者所給予受殖者的那些精神圖像——殖民地現實正處在
沒有幸福、沒有價值、沒有意義的生活狀況。他並批判帝國話語中「國家社
會」的殖民排他性，「是單只幾個人的意思，與國家社會的全員並沒有什麼關
係，是要求最大多數的人做了最少數人的機器。」〔註96〕說明帝國話語中的
「社會」與受殖者實際所身處的「殖民地社會」的認知差異，突顯出帝國的
殖民地式經濟體制的視線。

蔡培火與劉明朝相同之處，在於他們都同樣對殖民帝國提出的社會事業
「連帶觀念」提出批判和觀念修正：

> 我看你們還不明白社會的自由契合和連帶關係的意義，就是對於人
> 類經營生活的方法上有些不清楚的地方。本來社會是人要經營有義
> 的生活做出來的，可說是有意義的生活是目的，組織社會是手段啦，
> 不消說這是唯一的手段。〔註97〕

最後，他指出殖民地社會的自由契合和連帶關係的意義，不應該如帝國所
言，是具有殖民性格的社會統治：「若不是這樣，怎麼內地人常叫台灣人無視
自己的生存意義，要他們參加單對自己便利的社會呢？」〔註98〕蔡培火此
處的「反省」，即是試圖翻轉原本由帝國話語所建構的「幸福觀」與「連帶
觀」，消解帝國欲將這種社會生活的最完備形式，用推升至「國家生活」的
層次，包裝殖民統治的意圖。他透過提出殖民地社會回歸受殖者心靈空間中
的歸屬與實踐方法——組織、經營「對受殖者來說」有意義的生活與社會，
在面對殖民帝國所灌輸的「向上想像」概念時，重新建構屬於受殖者的精神
空間。

菊仙〔註99〕在〈台灣的社會事業〉一文中也提及，現今由日本提倡的社

〔註95〕蔡培火，〈我望內台人反省〉，《台灣民報》第86號，1926年1月1日，頁8。
〔註96〕同註95，頁8。
〔註97〕同註95，頁9。
〔註98〕同註95，頁9。
〔註99〕菊仙，即黃旺成（1888～1978），總督府國語學校師範部畢業，曾任教於新竹

會主義，不同於社會革命主義的共產經濟路線，而是較接近社會改良主義的「微溫的」〔註100〕社會政策，但是「政府多偏於資本家的擁護，所以勞動者平常是陷於不利地位。」〔註101〕他認爲，日本在殖民地所實現的社會政策，「完全是主從的——差等的——喜捨的狀態。」〔註102〕無論是資本家（文中未詳敍是日籍、台籍或皆有）仍是用封建時代的主從的溫情主義使用在奴隸勞動者身上。這和生江孝之所解釋的社會事業意涵中的「從屬關係」、「強弱相互保護」，正好形成鮮明的反差，突顯出台灣人知識份子對於殖民地社會的觀察，是站在與帝國話語截然不同的方向上進行闡釋。

在這樣的觀察下，菊仙認爲，若照帝國話語所述，統治者應該發揮推舉富人施恩的社會政策，藉由舉辦獎學會、提供獎學金等方式，「涵養社會連帶的精神、免奴隸根性的養成」。然而，最後他卻披露，這個建議並未付諸實踐的原因，是因爲資本家認爲獎學會根本沒有施恩的性質，沒能因爲此事而博得施恩應有的美名，便因此而作罷，更使帝國社會事業的弊陋表露無遺：「……大部分是官廳的便宜上創設的，這不消說是要依時的彌縫著社會上的缺陷，給資本家得以大肆暴威的。」〔註103〕這段話不啻說明了，在受殖者的視線中，帝國所實施用來修補社會問題與缺陷的社會事業，不過是殖民政府與資本家共謀設置的統治體系中的一環而已。

經由社論的方式，台灣人知識份子菊仙將過去統治者一直強調的國民義務、社會奉仕精神，疊合殖民社會事業鼓吹的連帶觀念，重新解讀帝國慣用的統治話語，將殖民者與資本家共謀的壓迫者修辭，轉化爲解構其虛妄政策的受殖者主動反抗話語，成爲「防禦資本主義的榨取的一方法」〔註104〕。

在台北艋舺創辦「愛愛寮」的施乾，也曾在《乞丐撲滅論》文中，針對社會事業發生的背景「不可有的社會」，進行描述：「現代文明何等殘缺不全，何等畸形，簡直是頹廢凋落的世界，是任何文明批評家均齊聲慨嘆的事實，

公學校。1925 年起積極參與「台灣文化協會」活動，並擔任《台灣民報》記者，也曾參與籌組「台灣民眾黨」。參考台灣歷史檔案資源網，「黃旺成日記」http://ithda.sinica.edu.tw/?action=newsprint&id=132。

〔註100〕微溫（びおん），不徹底的之意。
〔註101〕菊仙，〈台灣的社會事業〉，《台灣民報》第 142 號，1927 年 1 月 30 日，頁 9～10。
〔註102〕喜捨（きしゃ），施捨之意。
〔註103〕同註101，頁 10。
〔註104〕同註101，頁 10。

在所有人類尚未大覺醒之前，社會中將瀕臨滅亡悲境之命運也是必然的趨勢。」〔註105〕除了對當時社會政策提出質疑：「現代每年有近四萬元的巨額金錢，並非爲乞丐的生存，而爲了殺死他們被支出，作爲不經濟性的消耗掉。」〔註106〕他也集中對於社會上的「乞丐」進行收容、救濟並且改造等方式，或使他們重新得到「新的身份」，或能夠自力更生，也對社會上的乞丐問題，提出屬於受殖者的「救濟方案」：

> ……但貧民不約而同地在資本主義社會中出現，今天現代人若不對其生活作一次大自覺（自我革命？），將這些同胞從最窮困的社會底層中拯救出來，否則無論如何無術可施。但乞丐問題與貧民問題自然情況不同，所謂貧民在意義上有著模糊不清而範圍廣泛，然所謂乞丐則僅意味著某些侷限的狹窄問題而已。亦即似乎被認爲前者爲世界性問題，而後者僅爲地方性的帶有地方色彩的問題。〔註107〕

在經過屬性的區別後，施乾便從救濟的方法切入，演繹帝國資本主義話語中的「幸福」、「社會生活」，說明「社會絕非僅以『處處想賺錢即可過豪華奢侈的生活』就是幸福。若人不爲創造人類幸福而過社會生活，不僅沒有意義，而且實際上與危險思想一樣或更加危險。」〔註108〕重新建立了與帝國話語意義不同的社會事業認知方式，一種非個人主義式的，屬於台灣人的「幸福」與「社會生活」。

小　結

　　綜上所舉，無論是留日知識份子劉明朝、蔡培火，或是菊仙、施乾這類本土知識青年，從他們與帝國話語中的「社會連帶」、「自由契合」、「幸福生活」等概念進行對話的過程中，我們可以總結幾個現象：

〔註105〕施乾著，王昶雄編，李天贈譯，《孤苦人群錄》（板橋：北縣文化，1994 年 6月），頁 7。原出於施乾，《乞丐撲滅論　第一輯》（台北：愛愛寮，1925 年）。

〔註106〕同註 105，頁 29。對於「乞丐撲滅」問題，他在「何謂錯誤政策」中指出：「我很清楚，世界上飢餓加上病，患病加上飢餓者很多。大家也同樣清楚。然知道的人卻全然不將其視爲問題。在此私下冒昧請問社會有識之士，視爲問題或不視爲問題究竟何爲眞實我明白你們將毫不例外地回答『是重大問題』。若如此，爲何不作重大問題處理。你們可能會回答無論如何經費是先決問題。然當局無預算，有錢的富翁十分吝嗇，而且其口袋很深看來不會出錢……等。眞不知是上有如此愚蠢之事相信不會如此無道理吧。」

〔註107〕同註 105，頁 114。

〔註108〕同註 105，頁 116。

　　在日本帝國改以「內地延長」、「同化」取代軍事武力作爲治台施政方針，並因應世界潮流將社會事業自內地推向台灣的過程中，台灣總督府所宣導與施行的殖民統治政策與概念，開始遭受自身引進的現代化政策與來自殖民地式經濟體制結構內部矛盾的挑戰。當台灣人知識份子採取「同化於文明」〔註109〕的戰略後，繼之發展出對殖民政權與統治話語的反思與質疑時，受殖者所採取的戰術，是藉由不斷地依附在帝國話語之中，尋求殖民話語的矛盾與不完全性，以爭取重新定義的可能，藉此翻轉殖民地台灣人被帝國視線固著的受殖者身份，以及受統治者政策支配的被動性格。以殖民資本主義造成的經濟、社會問題爲母體，社會事業作爲帝國統治策略中的一種無論是經濟或是社會問題的修補措施，即便是以福利姿態展示，在通過受殖者知識份子對事業目的及功能性，以及對「社會連帶」概念的吸收反芻，並藉由話語批判或挪用而穿透後，帝國日本這個不斷集中建構看似正面的統治策略，與殖民統治思維的過程，反而成爲了使其社會事業連帶觀念，轉而成爲殖民地知識份子以合法、合理方式追求殖民地社會公義的介面。

第三節　社會救護事業下的認知建構——「窮」與「窮民」

前　言

　　本節承繼前節對於社會事業的認識，進一步以社會事業內部「救護事業」的施策對象——「窮民」與「窮」的概念爲論述主體，主要的用意在於，以往的台灣文學研究，對於殖民地文學作品中人物形象，或依性別，或依職業、身份如：農民、工人、知識份子、地主等，部分跨越此分類屬性的人物形象當中，也僅「疾病」有被研究界集中討論過；〔註110〕至於對文學中人物形象

〔註109〕陳培豐，《日治時期台灣的語言政策、近代化與認同——「同化」的同床異夢》（台北：麥田，2006年），頁177～181。陳培豐從史料的整理與爬梳中，歸納出台灣人是以積極的態度去接受「同化」教育，他比較教材中的「同化於文明」及「同化於民族」兩部分的接受程度，舉史料指出，台灣人對於「同化於文明」有著較高的興趣，進一步說明台灣留學生到內地的傾向，「乃是以習得近代文明爲主要目的。」。此處舉陳培豐的研究成果，主要是用來說明本節的核心關注——台灣人知識份子對日本社會事業中的「社會連帶觀」有所理解的歷史脈絡。

〔註110〕有關台灣史學、文學界討論「疾病」屬性的論文，可參考如范燕秋的專著，

的研究，則多囿限於對殖民地文學「寫實主義手法」這一既定框架，使得並未能再有所突破與深化。

　　因此，在重新開啓對殖民地「受殖者窮民」形象的研究前，我們有必要思考的問題是，當殖民地文學研究加入「殖民地社會事業」做爲閱讀的參照框架後，是否能夠將已經被有限的討論方式固著化的殖民地文學作品中的受殖者形象，重新詮釋出較豐富且更貼近殖民地文化脈絡的詮釋，藉此展示出殖民地文學文本與社會關係的新層次。正是由於社會事業機構，以及作爲社會事業行動準據——「救助規則」中的施策與救助對象，是以殖民地社會上具特殊意義的「窮民」或「罹災窮民」爲主，而殖民地受殖者形象，也都大量地以貧窮民、罹災窮民的姿態活動於作品中，使得兩者恰好有身份與屬性交疊的情形，提供了筆者將兩者並連研究的連結點；也即是說，文本中的受殖者窮民，似乎就該是那群需要受到救助的窮民。不過，無論是從總督府的官方文件，或是受殖者的文學作品，兩者所形塑的「窮民」，似乎都各自背負了一套不同的認知脈絡。

　　因此，前一階段對於殖民地社會事業的理解，主要的用意在於提供一套跳脫過去以性別、職業等作爲框架，分析殖民地文學的研究方式；而本節，將從理解殖民地社會事業中「救護事業」的對象——「窮民」形象出發，討論在殖民地經濟剝削壓力隨著帝國殖民邊界擴張加強的同時，此種用以修補殖民資本主義造成的社會問題、穩定社會秩序的「窮民救護」事業的施策意涵與方針爲何？「窮民」如何被帝國認知與給定？這種被定義的「窮」的屬性爲何？這群被帝國設定救助的窮民，又呈現了何種形象？並釐清其與帝國視野下的「窮民」與「失業者」的概念差異，若與同樣作爲社會事業中「被選取對象」的「經濟保護事業」下的「失業者」比較，受殖者窮民的身份又有哪些差異？都將是本節陸續處理的問題。

　　本節共分爲三段：受救助「窮民」＝「帝國臣民」、「窮」的概念、社會排除下的「窮民」，依次討論帝國視線下的「窮民」，及其與殖民地社會的關

《疫病、醫學與殖民現代性：日治台灣醫學史》（台北：稻鄉出版社，2005年）、博士論文《日本帝國發展下殖民地台灣的人種衛生》（台北：國立政治大學歷史學博士論文，2001年）；邱雅芳的單篇論文，〈殖民地醫學與疾病敘事〉，《台灣文獻》第55卷第4期（2005年12月），頁275～309；王靜禪的碩士論文《日治時期疾病書寫研究：以短篇小說爲主要分析範疇（1920～1945）》（成功大學台灣文學研究所碩士論文，2008年7月）等相關論述。

係，通過對歷史文獻、官方文書以及社會學式的研究，把過去將殖民地「受殖者」視爲同一群被壓迫群體的概念，重新勾劃出不同層次的「窮民」概念，以作爲本論文第三章進行「貧困書寫」分析的重要詮釋基礎。

一、受救助「窮民」＝「帝國臣民」？——社會事業與「皇民化」

　　日治時期台灣官營社會事業機構的發軔，始自 1899 年 9 月。當時，總督兒玉源太郎利用日本皇室英照皇太后 1897 年 1 月「大喪」後頒賜台灣的「慈惠御下救濟金」，加上當時台北州內殘存用於社會救濟的經費，及兒玉總督以個人名義捐助的部分經費，成立了「台北仁濟院」。社會事業的法源依據方面，則以 1899 年 8 月府令第 95 號的「台灣窮民救助規則」，及同年 12 月的律令第 31 號「台灣罹災救助基金規則」爲濫觴，開始在台灣推行一系列社會事業法令與設施〔註111〕。

　　如前所述，整個殖民社會事業體，是圍繞在以控管殖民地社會問題，穩定殖民經濟剝削爲訴求進行的。通過施行「救護」、「經濟保護」、「兒童保護」、「教化」等事業，達到修補與穩定殖民地式經濟體制造成的社會問題與不安的目的。其中，大友昌子認爲，在帝國社會事業的施政考量中，又以與窮民相關的「救護事業」（1989）爲首要，涉及社會經濟方面的「經濟保護」，反居次要位置；她認爲，在擴大期殖民地社會事業扮演重要角色的經濟保護事業，其本質亦是立足在「救護事業」之上，但又較之多了積極「防貧」政策的特徵。〔註112〕筆者站在這個思考基礎上，從「救護事業」與窮民的關係進行思考。

　　首先，筆者先列舉由總督府頒定的「台灣窮民救助規則」中所開立的受救助窮民的必須條件：

　　（一）廢疾、不具〔註113〕以及重病者

　　（二）滿六十歲以上之老衰者

　　（三）未滿十三歲者〔註114〕

其中，在杵淵義房的《台灣社會事業史》，亦提及第二種同樣可適用於「台灣窮

〔註111〕杵淵義房，《台灣社會事業史》，頁 1129。
〔註112〕大友昌子，《帝國日本の社會事業政策研究——台灣・朝鮮——》，頁 16～21。
〔註113〕不具（ふぐ），即殘廢之意。
〔註114〕杵淵義房，《台灣社會事業史》，頁 1153。

民救助規則」的「窮民」條件：必須具備非單身，且家中有老幼（符合窮民救助標準之老幼）、殘疾、失蹤、逃亡或是家中有受刑中國民的身份。〔註 115〕

此類經總督府條件化所界定的窮民資格，也可以在「台灣慈惠院規則」，或相關社會事業文獻如：《社會事業關係法規》〔註 116〕、《台灣社會事業實施概要》〔註 117〕、《台灣社會事業要覽》〔註 118〕等官方文獻中看到。同樣是概括性、簡略地以不具、廢疾、傷病、老衰、幼弱、寡婦（貞節者）等條件，作為分類、辨別窮民的標準。〔註 119〕就整體來說，整個帝國統治從 1920 至 1945 年間，皆是依此條件將受殖者分類，作為判讀其是否相容於救護事業收容規則所適用的對象——窮民。

其中，「台灣窮民救助規則」與「台灣慈惠院規則」的不同之處，在於 1907 年修定整編過後的「台灣慈惠院規則」，較之前的「台灣窮民救助規則」，更突出地標誌出「被救助窮民」屬性——不是經濟層次上的窮，而是身體、生活狀態上的窮。同時，在此規則中更強調了被救助窮民的身份——必須以「帝國臣民」身份被進行救助：

第三條　居住在各院設立區域內的帝國臣民中單身，符合下列各項資格，並且獨立維生不受他人扶助的窮民，方可受到救養：

1. 不具

2. 廢疾

3. 病傷

4. 老衰

5. 幼弱

6. 寡婦或貞節者〔註 120〕

由於此救助規則，本質上是以日本內地社會事業的「恤政規則」為藍本，再參考清朝時的立法，以及殖民地窮民受救濟的實際情形所訂定的，因此，根

〔註 115〕同註 114，頁 1153～1154。

〔註 116〕台灣總督府，《社會事業關係法規》，1926～1928 年。

〔註 117〕台灣總督府文教局，《台灣社會事業實施概要》，1931 年。

〔註 118〕台灣總督府文教局，《台灣社會事業要覽》（台北：台灣總督府，1940 年）。

〔註 119〕杵淵義房，《台灣社會事業史》，頁 1143～1144。「台灣慈惠院規則」1904 年 7 月 2 日以府令第 57 號公佈，初以「台北仁濟院‧台南慈惠院‧澎湖慈惠院規則」稱之，後於 1907 年 3 月 2 日府令第 21 號中改以「台灣慈惠院規則」稱之。於本文則統一採以「台灣慈惠院規則」稱之。

〔註 120〕杵淵義房，《台灣社會事業史》，頁 1144。

據大友昌子指出，無論台灣人是因何種「屬性」被救助，在延續日本以「顯現天皇權威」爲目的的心理殖民前提下，此規則所植入的潛在價值觀，即是將接受救助者「窮民」，等同於實質上同意其自身作爲「帝國臣民」這一身份。〔註121〕因此，我們便有必要進一步理解身爲帝國視線下的殖民地「帝國臣民」，究竟有何特殊之處？

　　首先是思考「帝國臣民」這一稱謂。1911 年 5 月《漢文台灣日日新報》一篇〈時事小言〉中，曾提及「帝國臣民」與「殖民地臣民」的特殊性，並進行如下思考：

> ……名士竹越三又氏曰。我帝國臣民之中。當別爲帝國臣民植民地臣民二種。抑不當別耶。當別則何以別之。不當別則何以調和帝國臣民及植民地臣民之地位利害差異。元我國法律制度本於一民、一音、一種族、一歷史而設定者。嗣收台灣。併朝鮮。以關東爲租借地。由是新附之民。種族、言語、風俗、宗教、各有不同。故不能以母國之法律而一律統治之。英人有鑑於此。臣民之中分帝國臣民。植民地臣民一時登錄之臣民。予願世人研究不怠也。竹越氏嘗遊歷南洋。遍視白人之所以待自昔文明程度即低。及風倍全異之劣人種植民地。其胸中蓋殊欲效之者。凡事當研究。必物格知至而後意誠。乃至治國平天下。植民之研究亦猶是也。靜察天下之大勢。比較各國之優劣。參照人種之文野。又上體聖天子一視同仁之深心。祈東亞平和。蒙古人種之發達向上。是非借究之力。其誰能之。素絲染黃則黃。染黑則黑。襁褓中嬰兒可使爲越可使爲秦。英人嘗築高等學校。教印度差異人種。則舉同化。彼蓋深有鑑者非耶。〔註122〕

文中引竹越與三郎所詳細定義的「帝國臣民」，認爲在帝國統治視線中，除了以「民度」〔註123〕來區分「帝國臣民」與「殖民地臣民」外，更重要的是，兩者因爲文化、種族等差異而不應以母國法律一律統治之的內在差異。經由竹越氏提出疑慮——以「人種」區別帝國臣民和殖民地臣民，才可調和兩者

〔註121〕大友昌子，《帝國日本の社會事業政策研究——台灣・朝鮮——》，頁 57～58。

〔註122〕〈時事小言・帝國臣民殖民地臣民〉，《漢文台灣日日新報》1911 年 5 月 4 日，頁 1。

〔註123〕民度，（みんど）以構成社會的成員的政治、社會、文化等意識的程度作爲此一社會是否「成熟」的標準。對於殖民地來說，則是以其是否「現代化」、「文明」爲標準。

在地位、利害間的差別；又不應該區別的理由——以英人統治印度為例，透過教育的方式施行「同化」政策。提供我們在了解窮民的屬性之前，優先釐清作為被救助對象的殖民地窮民，在被納入救助體系內部的窮民之前，似乎有一個來自帝國的判別身份視線——似乎能較殖民地上其他被認知為是「殖民地臣民」的受殖者，更早一步被收編為「帝國臣民」。或許在這個層面上，可以看出這種福利救助系統的另一面統治性格。然而因為目前的證據尚有待補充之處，及限於筆者的能力不足，僅於此試著提出一種觀察殖民地受殖者身份的角度，留待日後再進行深入的討論與思索。〔註124〕

不過，在殖民地統治前期的社會救助階段時，統治者即賦予窮民這個明顯對帝國來說，在人種及民度上皆有所差異的受殖者以「帝國臣民」身份，這個舉動本身是否也顯示出，帝國希望藉由救助政策所夾帶有施捨的、感恩的精神賜予，展現帝國在精神統治方面的意圖？這一點，或許可以從改隸初期帝國屢屢以天皇、皇太后名義發放的各項「御下賜金」的名目當中找到軌跡。

李健鴻認為，這種救護事業的意涵，其本質「是為了消除反抗，進行政治與社會控制，並且進一步欲藉著『反抗消弭』來彰顯所謂『皇恩仁政』。」〔註125〕然而，正是此種內含的「皇恩」——將受殖者視為「帝國臣民」、與內地人同樣共沐皇恩——的舉措，顯示出總督府社會事業積極重視精神統治的意味。

有關1940年代初期開始的「皇民化」的精神考察，在荊子馨的《成為日本人：殖民地台灣與認同政治》〔註126〕一書中，已有詳細的論述。但如果我

〔註124〕關於「臣民」的思考，與〈時事小言‧帝國臣民殖民地臣民〉同日，於1911年5月14日《漢文台灣日日新報》中日文欄中，亦有另一篇〈臣民權義調查（十三日東京發）〉，對「臣民權義」進行簡短的敘述，其中提及，拓殖局分為對內關係（參政權）與對外關係（對於國外殖民地的人民，日本國人應給予同等待遇），對屬性不同的臣民進行不同的調查內容。另外，在1921年4月中旬連載於《台灣日日新報》由執行「治警事件」的三好一八檢察長所撰〈台灣の憲政に就て〉一文中，也將臣民分別為「本島臣民」與「帝國臣民」兩類；以上兩則或許可提供作為另一個觀察「臣民」屬性區別的面向。【本條注釋的日文資料翻譯部份，感謝愛知大學大學院中國研究科中國研究博士生王敬翔學長、淡大日本語文系畢業陳約均二位摯友協助。】

〔註125〕李健鴻，《慈善與宰制：台北縣社會福利事業史研究》，頁15。

〔註126〕荊子馨著，鄭力軒譯，《成為日本人：殖民地台灣與認同政治》（台北：麥田，2006年）。

們從帝國自 1920 年代起，便著力於通過實施「社會事業」，將收編的窮民視爲「帝國臣民」並對受殖者「窮民」採取的精神統治技術等方面，對照日後總督府於 1920 年代始推行的「內地延長主義」，此處是否可以視作「皇民化」運動正式推行前，通過殖民社會事業率先對受救助下層窮民進行的實體化的「皇民」認同改造？若從這個脈絡來進行推敲，這種統治者藉著現代性社會事業對受殖者的自我認同進行轉化的手段，是否可以視爲另一種通過「救助事業」收容的「利誘」行爲，轉而對受殖者進行的精神上、認同上的一種「皇民化」統治技術？關於這個部份的推測，則有待筆者日後通過更多的史料與證據進行檢證與討論，於本文不擬多作贅述。

那麼，當殖民地式經濟開始建置、加壓時，主要以「御下賜金」名義救助社會下層階級的窮民使其「沐浴皇恩」的作法，是否也突顯出帝國重視對台灣人窮民心理層次上的統馭，要高於其外在生活條件的救助，以及殖民地下層窮民作爲影響殖民地式經濟體制環節中位置的重要性，是我們在思考窮民在殖民地社會的下層、邊緣位置時，所不能忽略的部份。

二、「窮」——帝國與受殖者認知衝突

（一）帝國話語中的「窮」、「窮民」與「失業者」〔註127〕

清代社會救濟措施，是通過官民合營的蠲卹系統，以及較爲寬鬆的救濟限制來賑濟、收容求助無門窮民，如《大清會典》有保息之政十：「……四曰振鰥獨，設養濟院以居窮民無告者。」〔註128〕又如伊能嘉矩《台灣文化志》所述：

1. 賑孤獨，即設置養濟院，以安置鰥寡孤獨無依者。
2. 收羈窮，即設立棲流所，以收養外來流民之貧病者。
3. 養幼孤，設育嬰堂，以養育被遺棄的嬰孩。
4. 安節孝，設卹嫠局，以安置矢志守節的嫠婦。〔註129〕

然而，如前所列，從日治時期「救助規則」中，對於窮民的資格限制，表現

〔註127〕關於受殖者身份屬性的建構，請參考本論文「附錄一：殖民地身份建構與身份流動／作品貧困書寫示意圖表。」
〔註128〕〔清〕允陶編，《大清會典》戶部卷 19〈蠲卹〉（河南：黃山書社，愛如生數字化技術研究中心，2008 年），頁 86～90。
〔註129〕伊能嘉矩著，江慶林等譯，《台灣文化志》（東京市：刀江書院，1928 年）（台中市：台灣省文獻委員會，1991 年）復刻，頁 129。

出總督府在判斷受殖者是否符合受救助「窮民」標準時，並非是以「經濟上的窮」作爲篩選考量，而是以受殖者身體上、社會狀態上的「窮」爲標準，亦即被救助受殖者必須處在需要被帝國從內在加以整頓的「窮」的狀態，如：廢疾、不具、以及重病者滿 60 歲以上之老衰者、未滿 13 歲者、非單身且家中有符合窮民救助標準之老幼等，才能被救護事業所收容。我們不難發現，從上述這些限制條件來看，基本上確實都與「經濟狀態」以及「能否在社會上維持生活」未必直接等同，顯見以往我們將受殖者窮民畫爲「被壓迫的整體」，或如殖民地文學文本中大寫的「窮民」認知，確實有需要再做進一步釐清的必要。

杵淵義房在說明「經濟保護事業」的範疇時提及，對於救助這種已經陷落於貧窮狀態的「極貧者」，是採取將其提升至「貧乏線以上」的「應急的、消極的窮民救助事業」。而對於無產者、失業者，則將他們定位站在比極貧者稍高位置上的「次貧者」身份，提出對這類次貧者同樣應採取經濟上的援助、指導和保護，但是，是一種避免他們陷落到貧乏線以下的，積極的、預防的、使他們「向上」的經濟保護事業。〔註 130〕

這也就意味著，即便失業者、無產者與窮民同樣處於極貧窮的社會生存狀態，但是若未能滿足「窮民救助規則」所設定的條件，即使同樣處於極度困窮的狀態，仍無法受到帝國救護事業照顧，被帝國給定「窮民」身份，而必須被歸類入「經濟保護事業」下。

田子一民〔註 131〕在《社會事業》中，論及所謂社會事業認知下的「窮」，是「生活的不自由、人類的退化、精神的、肉體的退化。所謂的防貧、救貧，便是以助其返回普通生活爲目標。」〔註 132〕換言之，帝國視線下的「窮」，是一種侷限的、淪落至普通生活以下的、退化的、無法工作的狀態。若將這個帝國視野的「窮」，與「經濟保護事業」設定的選取對象——尚可以工作維生——的「失業者」性質兩相比對，兩者各自背後承載的帝國認知概念上的差異，便顯得更爲清楚。

〔註 130〕杵淵義房，《台灣社會事業史》，頁 1184～1185。
〔註 131〕田子一民（たご　かずたみ，1881.11～1963.8），東京帝國大學法學部畢，政治家，曾任職日本的官員，如眾議院議長、副議長、農林大臣等，著有《社會事業》（東京：帝國地方行政學會，1923 年 4 月）、《改造の歐米より》（東京：白水社，1919 年 5 月）。
〔註 132〕田子一民，《社會事業》，頁 190。

　　當我們了解到窮民與失業者間的區別後，再重讀經濟保護事業中的「職業介紹」、「授產事業」、「公設質舖」、「小資通融」等項目，便可以發現，這些救助事業的確都並非是以極貧者「窮民」為對象，而是專為社會中的失業者、無產者等「次貧者」所量身設計的。

　　從《台灣日日新報》、《台灣民報》與《台灣時報》等相關資料與文獻內透露出社會事業施行前，以「窮民」為報導對象的文章，對於所謂「窮民」、「貧民」的理解，都是直指賴土地維生，與土地關係密切，並處於極貧者狀態的「農民」。其中，農民又與可提供勞動力的「失業者」與「勞動者」有著決定性的不同。關於「失業者」的部份，將留待第三章另行討論。

　　對於窮民身份的認知，從〈關於台北州下的社會事業〉中對於社會事業的描述，也可以歸納出帝國社會事業看待窮民的基本界定及視線，那些符合窮民條件而被帝國社會事業，諸如：「護國十善會」、「三成協會一新舍」、「萬華仁濟院」等等機構所救助的對象，大抵都普遍地被以「社會的落伍者」或是「社會的缺陷」稱之；非但將這些被他們歸納為社會的缺陷、落伍者窮民視為社會上犯罪的溫床，尤其強調這類被選取的「窮民」與「健康者」的差異，在於「健康者」可以接受帝國所提供的諸項職業訓練，提升到貧窮線上，進而實行「社會奉仕」〔註133〕，「窮民」則否。這些貧窮線下的「窮民」，因為無法用刑罰和強制撲滅的方式使其絕跡，只好用救濟、收容的方式消極地防止他們犯罪，擾動社會穩定〔註134〕。

　　此外，帝國這種將窮民與勞動者、失業者進行區分之外，另外還給予了窮民兩個內緣屬性：(1)以能否規劃成為勞動力作為分類標準的特色。(2)無能力生活（生存）者。從這個區分標準來看，整個「救護事業」下的「窮民」的真正內在意涵，即是以「農民」為對象，強調外部身體、生存狀態的「窮」，而且是必須被在排除「經濟狀態的窮」外，另具備內在的「窮」的狀態──一個與失業者屬性不同，無法被帝國提升至貧窮線上成為勞動力，並且處於整體社會狀態的極貧者的位置，如此一來，才可以被認定為「窮民」進而被事業收容。

〔註133〕社會奉仕（しゃかい　ほうし），對有關社會利益與福利的事務，提供無償的勞力行為。

〔註134〕秋澤烏川，〈關於台北州下的社會事業〉，《台灣時報》1921年2月，頁108～111。

（二）受殖者話語中的「窮」

那麼，這類對帝國來說被歸類爲無法再向上提升的極貧者「窮民」，又是以何種姿態出現在受殖者視線之中？

一篇名爲〈水利之於窮民〉的報導中，對於「窮民」有如此形容：「下海岸地帶之地。因水利不便。地質不佳。該地二萬之蒼赤。不得安心於生計。偶遭旱魃。民不聊生。故自社會政策上。與農業政策上。其他各方面。一爲視察。實不可不籌救濟方策。」〔註135〕文中的敘事對象「蒼赤」（依文脈，即窮民），指的便是與「土地」有密切連結關係的農民。而在另一篇刊載時間更早的《台灣時報》〈台灣的貧民調查〉文中，以嘉義廳受到旱災而進行的調查，對其廳中貧民的描述，也是圍繞在因土地受到旱魃侵害，並且還得面對物價高漲而感到困苦的農民：

> 廳直轄地　山仔頂、台斗坑、紫頭等區內的人民，以農耕爲主要著
> 重的生活方式，依受災的程度，由於鹿麻產竹頭崎兩區靠近山麓，
> 尚可以接灌溉的渠道，然而專營農業以維持家計的平地人民，因爲
> 受到旱災間接造成物價高漲的衝擊，人民正面對著沉淪於困苦的結
> 局。〔註136〕

> 新港支廳部內　【貧民】最慘的狀況是牛稠溪埔出現有蕃薯混草根
> 食用的情形。一日兩餐者有二二〇戶，一〇一四人。一日一餐者，
> 有四三〇戶，一九五二人。〔註137〕

《台灣時報》另外一篇〈苦哉貧民〉，則是爲了批判當時物價騰貴、米價暴漲而作的議論文，除了提及社會環境之所以困苦的原因之一，是由於「砂糖好況之影響，種稻之面積減少」〔註138〕的米糖相剋情形，通篇圍繞在描述大環境不景氣、帝國施行殖民地經濟政策所造成貧困情況，卻沒有因爲提及不景氣及物價高漲，而將描寫的對象從農民移至如杵淵義房所說的「次貧者」身份——失業者、無產者。雖然在考查這篇文章時，不能不去注意到當時殖民地社會環境中的勞動者與從事農業農民人口的比例差距，可能成爲論者挑選敘述對象時的重要考量；然而，文中將「貧民」限定爲僅從事農業維生的「農

〔註135〕〈水利之於窮民〉，《台灣日日新報》，1911年2月28日，「臺政要聞版」。
〔註136〕台灣的貧民調查〉，《台灣時報》（原《台灣協會會報》第45號），1902年6月20日，頁41。
〔註137〕同註136，頁42。
〔註138〕〈苦哉貧民〉，《台灣時報》，1918年4月，頁10～11。

民」，卻提供了我們思考處在極貧狀態下的「窮民」的「窮」之所以產生的社會環境及背景。

　　從〈農民生活的一考察〉一文，我們更能清楚辨別出當時對於這種細微差異的認識。伴隨著當時社會經濟環境每況愈下，作者提到「中小作農的生活，既是那樣，若至於一般農業勞動者的生活怎麼？那就不堪設想了。」〔註139〕在以「土地」爲辨識標準的前提下，農民做爲單一技能職業的身份，與土地的連結關係的強弱與否，成爲了直接影響「農民」陷落到「窮民」的「窮」的因素。也因爲「土地」這項要素，成爲了帝國分別「農民」與「勞動者」間身份差異的標準之一。

　　對於當時許多以農維生的台灣人來說，雖然與帝國視線下的「窮民」處在同樣極貧的環境之中，其對於「窮民」背後所承載的內含，主要卻著重在強調其與土地間的不可分割關係，而與統治者著重外在生理、生活狀態的判斷有所不同。此外，將受殖者區分爲「窮民」與「失業者」、「無產者」兩類，亦顯示出總督府在經營與實施社會事業時，非但沒有如其所標舉，展現出「社會連帶」的精神，反而將殖民地社會上的下層台灣人更細分爲「無法再上提升的極貧者」，以及「可以被提升的次貧者」兩類，以強化其因勢利導的統治需求。

　　從上述看似簡略實則嚴密的貧困分級及身份定義系統中，筆者發現，除了受殖者的主體被依帝國的統治需求及人力資源價值而切割劃分，顯露出帝國社會事業視線下有條件限制的「窮民」屬性外，此一帝國話語中的窮民亦與受殖者透過社論所描摹的殖民地現實中的「窮民」，有其本質上的認知與形象的差異。

　　因此，當我們以這套帝國對於台灣殖民社會中的受殖者「窮民」所採取的條件化規則，去重新閱讀殖民地文學文本中所描寫的受殖者窮民時，將如何地對我們的詮釋產生影響呢？而作品中是否有透露出與統治者的分類視線進行對話的訊息呢？它們以何種方式進行？又如何與帝國社會事業內部意涵發生對話呢？

三、殖民社會排除與「貧窮」文化

　　伴隨著 1917 年沙俄發生十月革命、第一次世界大戰結束，與 1919 年發

〔註139〕〈農民生活的一考察〉，《台灣民報》第 120 號，1926 年 8 月 29 日，頁 3～4。

生的朝鮮「三一運動」，以及中國五四運動，在國際社會瀰漫自由主義氛圍下，無可避免地對帝國日本統治下的台灣造成程度上的影響，連帶對殖民統治帶來一定的阻力與騷動。日本若想要持續維持殖民經濟的最大利潤，便不可能在進行殖民經濟剝削的同時，毫無條件、無限制地提高統治成本，以應付「修補」殖民地社會問題所需的資源消耗。因此，如何有效針對被殖民資本主義汰選出的殖民地「落伍者」進行「資源回收」，在維持殖民地產能的同時又能壓低統治成本、穩定殖民地社會環境，成為了總督府實施社會事業時必須思考的內在邏輯。〔註140〕

那麼，在將受殖者區分為可繼續供應勞動力的「失業者」，與無法再提供勞動力價值的「窮民」的過程中，台灣總督府也無可避免地必須要面對社會學研究者所觀察出的「貧窮線」之測量問題。

當代社會學研究者潘維琴於〈從「貧窮線」的概念談福利國家之相關倫理議題〉文中，引 DiNitto 對於「貧窮」定義，將貧窮分為剝奪（deprivation）及不平等（inequality）兩個概念，並以「必需品的缺乏及不正常的生活」定義貧窮，強調此種個人嚴重缺乏生活所需的物質資源，以致於可能於短期內危害個人存活的貧窮情形，乃是屬於「絕對貧窮」的範圍。〔註141〕此種概念，正是對殖民地經濟體制壓迫下受殖者狀況的絕佳理論註解。

《台灣民報》一篇名為〈農民的悲哀〉的評論中，便述及此種「絕對貧窮」的狀態：「因為他們大多數沒有智識，所以容易被人家侮辱，被人家壓迫，……有的呼號生活計之困難，有的伸冤土地被人家霸占，有的叫苦竹林被人家強奪去。」〔註142〕當總督府的「土地拂下政策」〔註143〕剝奪去具備

〔註140〕李健鴻所，〈邊陲統制與倫理教化：台灣社會救濟體制形成之研究〉，頁 157～178。

〔註141〕潘維琴，〈從「貧窮線」的概念談福利國家之相關倫理議題〉，《應用倫理研究通訊》第 42 期，2007 年 5 月，頁 56～62。

〔註142〕社説，〈農民的悲哀〉，《台灣民報》第 143 號，1927 年 2 月 6 日，頁 2～3。

〔註143〕《台灣民報》於 1927 年 4 月 3 日一篇〈農村振興政策與土地拂下的矛盾〉中，對於「土地拂下」有做出如下的解釋與批評（節錄）：「**不合理的拂下自作農制定的問題**，日本雖然沒有具體的進行，而原則上為政者是不能不尊重這種的精神。但是在政黨腐敗的現時，（唯黨利是爭，致國民全體的利害於不顧）為政者不僅不肯特別保護農民，反要弄出不利於農民的怪事件哩。例如官有地的拂下，應當是要給能夠自身耕作的農民引受，才適合理，而大部分的拂下地竟是落於資本家之手。在為政者的辯明是說：一般的農民沒有資力可以開墾，所以拂下給資本家的是為著國家經濟的起見。這是自欺欺人之語。……

「準窮民」身份的台灣人農民賴以維生的土地，逼使沒有其他謀生技能的農民成爲「眞正的窮民」時，社會上大多數受殖者農民們，終究仍會因爲不符合「帝國的窮民」資格，而面臨即使淪落爲實質上的窮民，被排除在社會邊緣，處於社會學者所定義的「絕對貧窮」的狀態，也無法受到救助的困境。因爲這在帝國救助事業有條件的篩選下，只不過是受殖者的屬性變化——從「農民」被轉定義成爲「失業者」而已。因爲就帝國及其所實施的社會事業判斷標準來看，他們並不是窮民。

　　曾於雜誌《台灣》發表過〈她將往何處去——給苦惱的姐妹們〉〔註144〕的追風（謝春木），也曾以〈農民の悲哀〉爲題，發表在《台灣民報》的「民の聲」欄中，提及「農民」走向「窮民」這條絕望道路的幾個困難，在於有不當得利機關的從中斷害，令米價低落無法改善，加之收入降低、生活水準的物價消費卻未跟著降低，使得無論台灣人農民順從帝國政策與否，最後都只能淪落爲「眞正的窮民」，〔註145〕或選擇如林越峰的小說〈到城市去〉〔註146〕的內容所述，到都市去碰運氣，成爲另一個空間裡的失業者。（容後論，詳見本論文第三章第四節，第五章第一節。）

　　除了「絕對貧窮」狀態，潘維琴也提及，在社會學者一般關注的貧窮者之所以貧窮的客觀條件如：低經濟生產力、缺乏可供販售給雇主的人力資本之外，亦有學者提出「貧窮是一種代間傳遞的文化，是一種生活方式」〔註147〕的論述。正是這一概念，提供了本文在分析受殖者知識份子集中對殖民地社會上的「貧窮」現象進行「貧困書寫」時的一個合理的文化論述框架，並提

　　　爲政者是故意把大批的土地——數十甲？數百甲？數千甲？——不肯分割拂
　　　下給多數的農民，故此有資力的問題可以藉口的。」〈農村振興政策與土地
　　　拂下的矛盾〉，《台灣民報》1927年4月3日，頁2～3。

〔註144〕追風，〈她將往何處去——給苦惱的姐妹們〉，《台灣》第3年第4～7號，1922年7～11月出版，1922年5月21～23日完稿，收錄於葉石濤、鍾肇政主編，《光復前台灣文學全集——一桿秤仔》（台北：遠景，1979年7月7月），頁3～36。

〔註145〕追風，〈民の聲・農民の悲哀〉，《台灣民報》第181號，1927年11月6日，頁11。

〔註146〕林越峰，〈到城市去〉，《台灣文藝》創刊號，1934年11月5日出版，收錄於葉石濤、鍾肇政主編，《光復前台灣文學全集——薄命》（台北：遠景，1979年7月），頁233～246。

〔註147〕所謂的「代間」，即是generation：世代，在世代間發生影響、連鎖的狀態。潘維琴，〈從「貧窮線」的概念談福利國家之相關倫理議題〉，頁56～62。

升文學文本分析中討論貧窮的層次，將原本對文本中貧窮形象的關注，從「經濟」壓迫層面轉移到對其中代間貧窮現象，進而匯聚成一種對殖民地文本中透露較屬於精神性「貧窮文化」的理解。

現今社會學研究者討論貧窮常使用的判別方式，乃是採取「所得」或是「消費水準」方式，來測量對象的經濟資源，繼而產生「絕對貧窮」或「相對貧窮」等區分標準。如前所述的「絕對貧窮」，只是計算出一個維持基本生計的最低生活水準，而「相對貧窮」則是依照社會的平均生活水準來決定貧窮線，並非根據維生所需的標準來決定。然而，諸多社會學研究者皆認為，這種根據「所得的缺乏與否」做為分別的標準過於狹隘，無法完整反映出貧窮者的真實生活。英國的貧窮研究學者 Peter Townsend 便立基於這種二元分類標準之上，另闢面向探討貧窮者無法參與社會生活的情形，即是所謂物質剝奪（material deprivation）與社會剝奪（social deprivation）〔註148〕。這種剝奪情形，基本上指的是「勞動市場的邊陲地位、貧窮、社會孤立等現象會互相影響，而形成多重的劣勢情況。」〔註149〕在法國，原是指涉不在社會保險保障之內的人口，繼而也將失業人口至於討論範圍內。美國則是使用於「低下階層」（underclass）的概念來討論同屬於社會排除範圍內的非裔美人〔註150〕。援引這三種社會學研究所提示的「社會排除」概念，來解釋殖民資本主義所造成的結構性貧窮的受殖者台灣人，是本段所欲開闢的結合社會學研究與文學文本交互分析的主要途徑。將現代社會學所提出的「代間的貧窮文化」與「社會排除」概念用於觀察殖民地社會的情形，是否能得出較過去深層的、關於殖民地貧窮文化的解釋呢？

王永慈整理過去社會學者對於「社會排除」的討論，將之分為七類：

(1) 勞動市場的排除：即失業或處於勞動市場的邊陲位置。

(2) 貧窮至無法維生而需要依靠福利國家的情況。

(3) 空間的排除（spatial dimension）：是指被排除者集中居住於某區域內。（被社會隔離）。

(4) 文化的排除：Kronauer（1998）指出是無法過社會主流的生活，或是與主流的生活不同而受到社會性的處罰。

〔註148〕王永慈，〈「社會排除」：貧窮概念的再詮釋〉，《社區發展季刊》，頁72～73。
〔註149〕同註148，頁73。
〔註150〕同註148，頁75。

(5) 制度性排除：Kronauer（1998）指出是失業者與貧窮者在教育制
　　度、就業或社會福利制度上所受的忽視。

(6) 社會面的排除：Percy-Smith（2000）所謂的社會面排除包含傳
　　統家庭的解組、青少年未婚懷孕、遊民、犯罪等。

(7) 個人的排除：Percy-Smith（2000）是指身心不健康、低學業成
　　就或低工作技能、自尊心喪失。〔註151〕

若我們援用這些社會學家的分析，與殖民地台灣的現實狀況相互參照，可以
發現其中具有特殊解釋意義的地方：與第一項相同之處，在於殖民帝國判斷
「勞動者」與「窮民」的區別，同樣也是以「能否重新回到勞動市場成為生
產力」為標準。與第二項相同之處，在於帝國承繼台灣原有社會救助體系的
核心目的──以國家力量救助社會上無法維生的貧窮者。再者，慈惠院與仁
濟院等機構，則亦如第三項所述，乃是帝國採取「空間排除」方式，將無力
生產，又可能造成社會不穩定的受殖者窮民，藉由集中管理的方式，將之與
殖民地社會隔離。交互使用這種社會排除手段的結果，即是如西方社會學者
所分析「貧窮文化」的產生。

　　整個論述的翻轉之處，在於王永慈舉西方右派社會學家所主張的「貧窮
文化是形成社會排除的原因」，而非結果。她引 Wilson W. J.的觀點作結，認為
「貧窮文化」是貧窮者面對社會上有限機會的一種「回應方式」，認為「貧窮文
化是一種結果而非原因」〔註152〕，社會上之所以產生「貧窮文化」，並非是社
會排除所造成的結果，反而是貧窮者集體與「社會排除」對話的方式。〔註153〕

　　立基在社會學研究者的思考，我們又能否從日治時期殖民地台灣知識分
子的發聲裡，觀察到這種殖民地社會集體企圖與帝國所造成的社會排除相互
對話的「貧窮文化」？

　　《台灣民報》一篇由一舟〔註154〕所撰的〈弱者的特權〉中，提到所謂「弱

〔註151〕王永慈，〈「社會排除」：貧窮概念的再詮釋〉，《社區發展季刊》，頁73～75。
〔註152〕王永慈，〈「社會排除」：貧窮概念的再詮釋〉，《社區發展季刊》，頁75。
〔註153〕王永慈，〈「社會排除」：貧窮概念的再詮釋〉，《社區發展季刊》，頁75。
〔註154〕郭明昆，號一舟，臺南麻豆人（1908.12～1943）日生。臺南商業專門學校預
　　　　科畢業，留學日本早稻田大學哲學系。畢業後返臺，在臺南州立第二中學任
　　　　教，又往日本入早大文學院文學部，從津田左右吉研究中國社會史。而對閩
　　　　南語之研究尤為熱心。1934 年日本外務省文化事業部遴選他到北京留學，
　　　　1935 年寫成〈甥姪稱謂與漢族稱謂制之側面史〉，發表在《東洋學報》，引起
　　　　陶希聖重視。所著《中國家庭制及語言之研究》為其傳世力作。並有〈福建

者」的成因與所處位置，皆是因為被強者推落所致：「強者站在水平線上，弱者被推落水平線下，於是乎強者越藉他所有的權威、金錢來搾取弱者的膏血去造他的勢力。」〔註155〕那條看不見的水平線，是否就是由殖民經濟剝削體系所建構起來的「貧窮線」？那些被推入貧窮線下的窮民，又該如何運用其「弱者的特權」與強者抗衡？他強調，「如貴族之與平民、資本家之與勞動者、治者之與被治者、再則一民族之與他民族、一種族之與他種族的差別，都是強者要利用弱者的肉體精神來搾取弱者的膏血構成的。」〔註156〕而這裡的「特權」，指的就是透過貧窮文化的概念與意識形態，形塑出對抗排除的能量。正是因為強者如同依附著弱者的「寄生蟲」，因此排斥和驅除強者，反而成為了弱者的特權。

這種概念上的實質表現，也可以在追風的〈現在的農民運動〉文中找到。他舉內地的農民運動為例，鼓勵台灣人採取農民組合與經濟鬥爭的運動方式，意圖通過串連即將陷落極貧者窮民的農民抗爭及參與社會活動，爭取農民的生存位置，以對抗帝國殖民資本主義所造成的社會排除情形：

> ……農民的生活問題依據搾取形式而歸為經濟問題；而政治問題則是民族問題。二林的蔗農運動的內容便是反對區域制，並提及政治問題，如取引方法、價格及秤量等問題。關於經濟問題的爭議和官憲方面的政治問題，則必須注意法律上的陷阱。這些都是在我們眼前所展開的現實問題。〔註157〕

除了肇因於帝國殖民資本統治而形成殖民地社會結構上的社會排除，帝國一直以來的差異眼光，也加深了殖民地社會排除效應，並擴散到帝國的社會事業體系之中。在《台灣民報》一篇〈內臺人差別的細民救濟事業——乞食也有優越權〉中，便詳細地說明了發生在社會事業內部對於窮民的「排除」情形，顯示出受殖者知識分子在面對帝國殖民經濟造成的殖民地社會排除情形，與殖民社會事業內部的排除時，在心態上的自覺和心理建設：

話的古語研究〉，發表於《台灣文藝》。摘錄自，國家圖書館特藏組編輯，《台灣歷史人物小傳——明清暨日據時期》（台北市：國家圖書館，2003 年 12 月），頁 474。

〔註155〕一舟，〈弱者的特權〉，《台灣民報》第 2 卷第 8 號，1924 年 5 月 11 日，頁 1。

〔註156〕同註 155，頁 1。

〔註157〕追風，〈現在の農民運動〉，《台灣民報》第 181 號，1927 年 11 月 6 日，頁 12。

就中抱著民族的優越感最重的内地人委員，凡對於台灣人的説話，莫不搖頭縐眉現出鄙薄的態度，甚至出生阻礙。及至聽了林某冗長的開講，不覺無名火直發，頻向議長的教育課長，要求其中止林某的發言。其他的人們的發言，便是侵犯著他們兩的佔有權。就中清水頗善敷衍，心裡頭未知抱著怎樣，而表面上則殷勤與台灣人相周旋。所以凡一切討表示，都是大塚以當其衝。而清水反裝出和事老的態度，居於緩衝地帶。思慮淺薄的台灣人，罕有不受其籠絡的。當日清水也提出建築台灣人乞食寮的問題，來搏台灣人委員的歡心。然而事實内地人本位的乞食寮（或不稱爲乞食）自老早已經決定了。……同是要受救濟的細民，怎麼也要分内地人台灣人？連乞食也有優越權，内臺人的差別未免也太過於徹底呀。〔註158〕

由此可知，即便是設置用來調查、救助社會窮民的社會事業方面委員會内部，也因爲民族間的差別待遇，影響了政策施行的效能。在來自多方面社會排除力量交相作用的殖民地社會上，台灣人窮民不僅在外部經濟問題方面，必須面對來自統治者的經濟體制壓迫，同時還必須面對因政治問題而產生的差別待遇，影響到受救助的程度，使得即使面對總督府夾帶福利的統治政策，也因爲體制内部產生的排除力道，而終究無法享受福利政策所可能帶來的正向作用；也因爲這種排除力道的包圍，將溢散在殖民地上的窮民，凝聚成爲一種集約式、密集表現困窮狀態的貧窮文化。

小　結

綜上討論，從一系列對社會事業話語意義的分析中，隨著筆者逐步了解此事業内涵，觀察到潛伏在帝國這樣屬於救助性質的社會事業結構中，隱而不顯的帝國修辭與殖民地現實，其中包括有：受救助的「窮民」等於認同「帝國臣民」身份的推測、帝國社會事業本身嚴密的收編分類體系，其中帶有的與「連帶精神」相矛盾的差異視線；與殖民地現實、台灣人認知有所差異的統治者視線下的「窮」、「窮民」的統治者邏輯；被帝國依統治需求、勞力資源需求切割屬性爲「窮民」（極貧者）、「失業者」（次貧者）的台灣人下層階級；殖民地社會源自於外部（經濟、政治）與内部（社會事業體制）對於台

〔註158〕〈内臺人差別的細民救濟事業──乞食也有優越權〉，《台灣民報》第 330
　　　　 號，1930 年 9 月 13 日，頁 3。引文中清水、大塚皆爲日人方面委員。

灣人「窮民」的排除等等。

　　我們同時觀察到，台灣人知識份子亦有通過描述被壓迫階級的「窮民」的社論，集約地記錄屬於台灣人認知的窮民；而通過這種書寫記錄，在他們的觀察與描寫中，逐漸建構出一個作爲與帝國對話、抗頡殖民統治的權力話語——以貧窮、被排除等方式形塑的「貧窮文化」。當然，社會事業作爲帝國政策的一環，自然會被賦予一定程度的話語權力在其中，然而，在面對帝國所給定的窮民形象及定義，與殖民地現實有所出入時，台灣人通過文學創作，又會採取何種表現方式，描繪出屬於受殖者的殖民地窮民？而筆者以上述這些概念作爲詮釋作品中「貧困書寫」對象之一的窮民時，又能否基於掌握此一窮民背後複數意涵，重新詮釋出不同於過去殖民地文學研究分析出的受殖者形象？是本文接下來要處理的部份。

結　語

　　以上我們逐一理解了帝國社會事業雖「殖民」卻「福利」的矛盾衝突本質、「修補」與「預防」目的背後的「精神統治」意圖，以及事業實施時無可避免地發生的殖民資本壓迫、差別待遇與治理失效情形，乃至於受殖者對社會事業的核心概念進行話語挪用與重構等現象。當社會事業內部標舉的「窮民」及圍繞它所建構的一系列概念，成爲殖民帝國及其受殖者各自建構權力話語的場域（field）時，我們可以看見，一方面，帝國藉由持續對社會事業的經營，建構屬於殖民者的認知及統治技術；另一方面，受殖者也不斷藉由依附統治者所建構的話語產生相應的語法，並經過他們的視角轉化，從帝國所給定的話語內部進行解構與再建構。

　　在殖民地社會上持續不斷的權力話語鬥爭情況下，雙方都在許多過去研究中視爲理所當然的「貧窮話語」上進行緊密的交鋒；因此，便開啓了我們對於原有的文本進行以「貧困書寫」重讀之的可能與必要。

　　藉由本章對社會事業背景及其內部概念探討，筆者發現，過去被認爲是文學及社會學語法中僵化的語法，或是從未被納入考量的討論路徑，帝國社會事業中救護事業的主要對象——「窮民」，在被以帝國概念固著時，其承載的意涵，是由統治需求的權力話語所單方面描述與定義的。但是，通過閱讀殖民地時期的台灣新文學作品，我們發現到，縱貫殖民統治由 1920～1937 年間爲數眾多的小說作品，尤其內容以受殖者窮民爲主要敘事對象的作品，一

直以來也都是被做爲理解或觀察台灣殖民地時期社會環境、殖民統治、經濟情勢、律法制度，乃至於衛生論述所不可或缺的重要依據。

　　在帝國日本與台灣人知識份子同樣圍繞「窮民」進行書寫與建構的過程中，本章掌握到了雙方圍繞社會事業所展開的一連串話語詮釋與認知衝突情形。其中，既然台灣人有通過發表社論的形式，與統治者話語進行概念詮釋權與認知建構爭奪的歷史社會現象；此時期間的受殖者作家小說作品中，是否也有這種與殖民話語所建構的「窮民」進行對話的情形？他們是否有藉由文學創作，通過大量圍繞「窮民」形象進行「貧困書寫」的作品，建構出一個由窮民活動所連結起來的「貧窮文化」？並進而與殖民者定義的窮民權力話語、認知體系進行對話與詮釋權爭奪？這種書寫如何展開？是本文接下來在重新以「貧困書寫」閱讀及思考殖民地文學中受殖者形象時，所必須要著力處理及分析的部份。

第三章 殖民地小說中的複數「窮民」形象

前 言

　　台灣總督府若想要在台灣得到經濟的「利益最大化」（profit-maximization），在必需花費人力物力經營社會事業，以維持穩定的、適合殖民剝削的社會條件前提下，其計算公式至少應如下：經濟剝削利得－（殖民成本＋社會事業開銷）＝最大利益。要在經濟剝削的利潤，減去了社會事業的開銷後，才能算得上是實際的利潤。而這其中，也包括了諸如基礎建設、軍事、治安維持等殖民成本開銷在內。換句話說，如何在攫取最大程度的經濟利益之餘，將維持殖民地社會穩定的統治成本壓至最低，就成為帝國日本在殖民統治上迫切思考的問題。

　　然而，正因為社會事業這一統治技術與殖民經濟目的在本質上具有二律背反（antinomies）〔註1〕特性，提供了受台灣人知識份子依附在這個帝國政策背後反過來，解構帝國殖民政策的最佳場域。

　　本章共分為四節：(1)「窮民」作為殖民地文學研究的方法、(2)土地喪失──淪為生命共同體的「農民」與「窮民」、(3)連帶精神下的文化斷裂、

〔註1〕這種發生在殖民地經營上的「二律背反」情形，也可以在日本帝國擴張初期（第一次世界大戰發展前後）找到例證，表現在「資本主義」（自由發展）及「軍國主義機構」（目的性壓制）之間的發展衝突上，是一種「必要和同時也是阻害」的殖民發展過程中的情態之一。參考小山弘健、淺田光輝，《日本帝國主義史（上）》（東京：新泉社，1985年8月），頁267～268。

(4)與社會排除相抗衡的社會參與——離農轉工。

　　第一節試圖追溯過去殖民地文學研究中關於「人物形象」的研究方式，提出本文以「窮民」形象作爲解讀日治時期小說作品的方法論，其中的思考邏輯、論述方式的不同及必要之處。繼之，處理農民與窮民兩者命運共同體的形象，農民作爲帝國視線下的「準窮民」身份，究竟如何在小說作品中維持其「殖民地窮民」身份，其背景及意義爲何？第三節針對帝國社會事業呼告的「連帶精神」，分析殖民地文學作品中所表現的「文化斷裂」情形，與其中所蘊含作爲解消殖民帝國話語的書寫策略。第四節處理在帝國話語中，理論上應該處於被社會排除位置的殖民地窮民，是如何在小說作品中，通過「離農轉工」的方式，在殖民統治壓迫底下，將社會排除轉化爲社會參與，並藉由文學創作，爭奪回殖民地受殖者身體的主動權。

　　本章以「貧困書寫」爲閱讀框架，思考殖民地時期新文學小說中窮民形象，與過去將小說主題與人物形象交互演繹、人物形象分類爲「民族」、「職業」、「性別」等論述方式最主要的不同之處，[註2] 在於有筆者意識地跳脫既有的小說主題與理論導向的研究方式，而導入過去未曾深入理解的社會事業內涵，以及其所賦予受殖者窮民屬性的認知方式，並以此爲參照基礎，閱讀殖民地文學中展演的窮民形象，著重於觀察小說中的人物形象表現出何種「窮」的姿態，及窮民在殖民地小說所呈現的出內在象徵意義。本章有別於過去「觀看」殖民地文本中人物形象的分類方式，提出殖民地文學「貧困書寫」中的窮民形象在文學空間中所展現的姿態，以及其所承載與前行文學研究的結論有所不同，與殖民話語爭奪的意念與抵殖能量；除了藉以翻轉殖民政權所宣示的一系列提升受殖者位置的企圖，也是台灣人知識份子回應這個遮掩壓迫本質的福利政策的一種文化抵殖民策略。

〔註 2〕 以這些研究方法進行論述的碩博論文，可參考如：徐美雲，〈台灣文學作品中的養女形象研究〉（台北：中國文化大中國文學研究所碩士論文，2005 年）、曾婉君，〈《三六九小報》通俗小說中的女性形象——文學敘事與文化是域的探討〉》（台北：國立政治大學台灣文學研究碩士論文，2006 年）、陳南宏，〈日治時期農民小說中的菁英主義與農民形象（1926～1937）〉（台南：國立成功大學台灣文學研究所碩士論文，2007 年 6 月）、張惠琪，〈日治時期台灣農村小說研究〉》（台南：國立中正大學台灣文學研究所碩士論文，2007 年）。期刊論文如：許俊雅，〈日據時期台灣小說中的人物形象——以女性、知識份子、農民爲探討對象〉，《思與言》第 31 卷第 1 號，1993 年 3 月，頁 73～109、蔡孟珂，〈蔡秋桐小說中的農民形象探析〉，《中國文化月刊》2005 年 10 月，頁 64～91 等。

第一節　土地喪失──淪爲生命共同體的農民與 「窮民」

前　言

　　本節的第一部份，首先企圖處理「窮民」如何作爲殖民地文學研究的閱讀方法論的問題，以開啓後續閱讀與詮釋可能性。第二部份，試圖討論「農民」與「窮民」這兩者看似有其「屬性」差異的身份，思考他們在作品中的連結情形，説明兩者在帝國及受殖者的視線下，各被通過何種書寫策略，連結成爲生命共同體，而此一「共同體」又展現出何種意義？目的爲何？第三部份則將討論，當此共同體在身披帝國殖民統治底下的「準臣民」身份時，作品中又是如何呈現出與帝國社會事業所給定的窮民屬性有所差異的形象？其目的又爲何？

一、「窮民」作爲殖民地文學研究的方法

（一）文藝上的酥穢描寫

　　在對研究對象進行設定之前，本段將穢先分析郭秋生在 1932 年 9 月 27 日發表於《南音》的一篇〈文藝上的酥穢描寫〉，以作爲本研究的核心閱讀框架。郭秋生的〈文藝上的酥穢描寫〉，原本應是撰寫用來回應連雅堂對其創作〈一個車夫〉所提的批評，爲了替自己的創作態度與創作觀辯白所撰的文章。文中，郭秋生首先連結了社會與文學的關係，進而説明社會的缺陷與文藝創作間的關係，強調正是由於有所缺陷的緣故，才使文藝具有生命力：

> 勿論什麼時代的社會，都有某種形態的缺失，卻未曾有如近代的物質文明的飛躍隨之露骨，出來的缺陷之重且深唯其重深之故，所以也創製出未曾看過的暗黑面的巨口。在過去的文藝，唯其社會體的傷痕不大，一向不甚引人家的留意，並且是以除非才子佳人不足以爲對象的時代精神，自然事務使隱蔽及棄斷缺陷的醜惡以恣心靈的放縱爲能事而疏外了現實生活的一切。〔註3〕

在郭秋生強調要以書寫「社會體的傷痕」作爲文學創作的目的時，該期《南音》的〈卷頭言──第三文學提唱〉，也正好提出了一個有別於「普羅文學」

〔註 3〕　郭秋生，〈文藝上的酥穢描寫〉，《南音》（台中：南音社，1932 年 9 月 27 日），頁 3。

的文學創作觀「第三文學」：

> 一個社會的集團，因其人種，歷史，風土，人情應該會形成一種共
> 通的特性。第三文學是要立腳在這全集團的特性去描寫現在的台灣
> 人全體共同的生活，感情，要求和解放的，所以第三文學須是腳立
> 台灣的大地，頭頂台灣的蒼空，不事模仿，不赴流行，非由台灣人
> 的血和肉創作出來不可。這樣的文學纔有完全的自由，纔有完全的
> 平等，進一步也纔可以寄與世界的文學界……。所以第三文學的建
> 設不但於台灣自身有絕對的必要和價值，由客觀的看來也是世界的
> 文學所賦予的使命呀！深望島內的文人作家，放大眼光，認識台灣
> 文學的進路，超越一切階級的羈絆，用我們的歷史，風土，人情來
> 寫貴族與普羅以外的第三文學。〔註4〕

若以〈文藝上的酥穢描寫〉與〈第三文學的提唱〉並置觀之，可以發現，這
兩篇文章內所反應的文藝態度所強調的，既不是「普羅文學」，也不是資產階
級文學，而是一種超越的、獨立的文學創作位置。那麼，郭秋生筆下的「酥
穢描寫」，究竟是如何運作的呢？他在文中如此描述：

> 然而近代人的神經既被重苦的現實生活尖銳化了，基於生存鬥爭的
> 物質的追求欲一刻都不容有放鬆，怎還有功夫做悠揚的清夢，何況
> 所有事物已在科學之前平凡化，也沒有神秘也沒有才子佳人，也沒
> 有所謂美，鮮豔的花當結起來不過是一種植物的生殖器，而其行具
> 現出來的文藝當然是不遺餘力於事物現實的解剖的，排除心靈方面
> 的幽玄與死執注重片面的形式，也甚至必然於擴大暗黑面的傷痕，
> 赤條地曝露其傷痕的深度，以觀照自己的現實生活而後可。〔註5〕

乍看之下，郭秋生似乎於文中透露出了強調「寫實主義」的創作傾向，非但
強調創作內容要回到現實，甚至還要求突破浪漫主義的創作窠臼，暴露社會
的黑暗面：

> 暗黑面的暴露必是一種自然破壞的促進作用啦！大破壞之處有大建
> 設，沒有破壞怎還有建設的餘地嗎？罪惡醜穢都是缺陷的產物，其
> 型態是千種萬別的，能夠以痛切銳利的筆鋒和緻密徹背的觀察，把
> 住病（作者按：疑為「生病」）的現象的一斷片或全面細心解剖，從

〔註4〕 同註3，頁1。
〔註5〕 同註3，頁3。

暗黑赤條迢地暴露於眾眼昭彰之下，勿論其索取的題材是沖犯了人
工的道法或法律的罪惡，或是子曰詩云先生說要掩耳閉目的醜穢怪
狀，只要能夠肉迫人們的心靈，而能使冷靜的人人以之觀照自身和
周圍，了徹現象的根底的，什麼表現形式都不要緊才是啦。〔註6〕

在強調以「暴露黑暗面」為創作目的的前提下，郭秋生進一步對「暴露」的
本質與意圖進行說明，他認為在唯有「深入現眾的奧裏，以精緻的主觀，細
嚼其構結的成分方才能判明事物的真相」，言下之意，這種創作的態度，非但
突破了浪漫主義的耽美觀，挑戰了自然主義直書現實的創作手法，似乎也較
之寫實主義的批判性創作態度有所差別，是一種更深入地企圖透過反覆觀察
與思辨，以文學表現出一種不僅止於「暴露黑暗」、「書寫缺陷」，更同時有某
種對現實產生助益的建設在其中。最後，他並且以實際分析自己所創作的〈一
個車夫〉，作為創作與閱讀殖民地時期小說的範例，強調這種酥穢描寫的文藝
創作觀的可行性；他認為，創作〈一個車夫〉的本意，是用來暴露近代社會
的缺陷的缺陷，強調現代人可以為了錢什麼都不要的醜陋行徑，也暗示著「一
種黑暗的人間苦」。

　　綜上所述，一方面，郭秋生企圖以這種「酥穢描寫」，重新為當時正受到
時代風氣與社會經濟環境改變的大環境中的文學創作形式，找到一個可以以
文藝創作切入、對社會產生影響的有力書寫策略，而在這個策略底下，無論
是何種主義與書寫形式，都沒有比文藝創作如何「能夠肉迫人們的心靈，而
能使冷靜的人人以之觀照自身和周圍，了徹現象的根底的」來得更為重要。
筆者認為，正是站在這個創作書寫觀的基礎上，提供了筆者以「貧困書寫」
的詮釋方式作為觀察殖民地時期文學中的意象系統的連結性基礎，即是更準
確地將文藝創作觀中的「酥穢」，準確地定位在因社會缺陷而被壓制在下層階
級的「窮民」與「失業者」形象上，將有助於我們思考在隱藏在社會缺陷「酥
穢」背後的，更深層的殖民地知識份子的精神世界。

（二）「窮民」作為文學閱讀的方法

　　在「農民」佔日治時期台灣職業最大比例的歷史條件下，日治時期台灣
文學的主題與敘事對象，自然大部分都圍繞在以農維生的農民階層上。過去
殖民地時期台灣文學研究中，亦有大量以「農民」作為文學研究對象的論文，

〔註6〕同註3，頁3～4。

包括諸如討論「農民運動」，例如：廖美〈台灣農民運動的興盛與衰落——對二〇年代與八〇年代的觀察〉〔註7〕、簡慧樺〈國家權力與農民抗爭——以1895～1988 年代台灣農民運動為例〉〉〔註8〕、潘俊英〈台灣農民運動初探（1895～2005）〉〔註9〕，都以跨時代的時間軸為研究方法，切入農民運動與統治權力的相互角力關係。其次，討論「農民形象」方面，值得注意的有如：石弘毅〈台灣農民小說的歷史考察（二〇～八〇年代）〉〔註10〕，企圖從歷史現場中的文學現象著手，討論以農民為議題的小說書寫史。陳南宏〈日治時期農民小說中的菁英主義與農民形象（1926～1937）〉〔註11〕，企圖擺脫殖民地文學中的農民大多由非農身份作家所書寫的視野侷限，重新觀看作品中的農民形象，討論存在於台灣人內部階層間的殖民意識與階層化的情形，賦予農民形象嶄新的內涵與位置。最後，有關農民的活動空間——「農村」的探討，則有張惠琪〈日治時期台灣農村小說研究〉〔註12〕，有別於過去圍繞「人物形象」的討論框架，改以殖民地空間——「農村」作為研究對象，從單「點」的人物形象，提昇到「面」的空間層面。綜上所述，對於「農民形象」的研究方法部份，則大抵都不脫許俊雅於 1995 年所著《日據時期台灣小說研究》〔註13〕中所設立下的討論框架。

　　許俊雅在處理殖民地文學文本中的「人物形象」時，主要是採取「綜論式」的分類論述，先處理文學文本各自所欲呈現的思想內容，譬如：批評社會的陰暗面、諷刺台灣人民之性格、譴責日本殖民統治等。繼之，「日據時期台灣小說中的人物形象」一章，將日治時期台灣新文學小說中出現的眾多人物，依其「代表性」及「意義」，分成四類：婦女、知識分子、醫師、農民，

〔註7〕 廖美，〈台灣農民運動的興盛與衰落——對二〇年代與八〇年代的觀察〉（台北：國立台灣大學社會學研究所碩士論文，1992 年 8 月）。

〔註8〕 簡慧華，〈國家權力與農民抗爭——以 1895～1988 年代台灣農民運動為例〉（台北：台灣大學政治學研究所碩士論文，1998 年 6 月）。

〔註9〕 潘俊英，〈台灣農民運動初探（1895～2005）〉（台北：國立台灣師範大學政治學研究所在職專班碩士論文，2004 年）。

〔註10〕 石弘毅，《台灣農民小說的歷史考察（二〇～八〇年代）》（成功大學歷史學研究所碩士論文，1995 年）。

〔註11〕 陳南宏，〈日治時期農民小說中的菁英主義與農民形象（1926～1937）〉（台南：國立成功大學台灣文學研究所，2007 年 6 月）。

〔註12〕 張惠琪，〈日治時期台灣農村小說研究〉（嘉義：國立中正大學台灣文學研究所碩士論文，2007 年）。

〔註13〕 許俊雅，《日據時期台灣小說研究》（台北：文史哲，1995 年 2 月）。

分析小說中人物形象所突顯的思想性格，或個別深入處理人物形象的問題，強調小說「人物形象」之於「主題」的重要性與互文關係。〔註14〕接著，在寫作策略上，她企圖將該論文第二章與第三章所論述「小說蘊含的思想內容」互爲表裡，疊合出一幅日治時期台灣小說人物形象與思想內容交互展演，具有縱深的舞台。這種將作品思想與人物形象分而論之並交互補充的「人物」（characters）研究方式，提供了本文繼續朝小說中的人物形象及其代表意義與思想內涵繼續深化思考的動力。

　　再如許俊雅在第五章第四節處理「農民形象」的部份，便是基於她前行處理各篇小說時梳理出的思想邏輯，以及對小說人物形象的文學詮釋，總結出農民在經歷殖民統治時所展現的面貌。最後，通過觀察作家筆下的人物與小說主題意識間的對應關係，理解受殖者人物形象在故事中的意義，以作爲判讀殖民地歷史的參考值。〔註15〕

　　其他研究成果，或者以「單一作家」作爲研究主題、或以「議題」作爲研究對象的論文，在處理小說中的人物形象與主題意識時，基本上多半與許俊雅的研究方式相仿，皆採取主題意識導向的討論方式，闡述因歷史條件而造成人物活動的變異，以及其所衍生的情節，最後再回歸論者所欲開展的議題；也因爲方法論相似，使得前行論者在思考作品中人物形象背後的驅力與活動的內在意義時，易落入將小說人物形象定型爲討論者所要表現的特殊議題服務的「物件」，例如：文學中農民生活慘澹的原因與殖民統治的關係、舊禮教傳統與殖民地女性的關係等等；因此，與殖民地作家可能企圖描繪的「殖民地行動者」〔註16〕的定位，產生落差，形成了「作家筆下的人物形象是爲服務論題所創造」的情形，進而歸結出諸如「類型化」、「典型化」、「刻板化」等等詮釋結論。

　　其中，和本章所討論的對象——殖民地文學中的「窮民」形象，可以產生直接之討論聯繫與碰撞的，可以陳南宏於 2007 年所撰寫的碩士論文〈日治

〔註14〕許俊雅，《日據時期台灣小說研究》（台北：文史哲，1995 年 2 月），頁 601。

〔註15〕許俊雅，《日據時期台灣小說研究》（台北：文史哲，1995 年 2 月），頁 646～652。

〔註16〕殖民地行動者，在此與社會學範疇中所指稱，以代稱主體與客體位置的「行動者」（agent）意義有所不同。本文所謂的「殖民地行動者」，指的是殖民地社會中活動的人，如：漢醫、西醫、農民、失業者、傳統家庭中的婦女等，在經由作家書寫後，而產生了在文學中承載作家意圖而活動、屬性更動的角色，是一個具有特殊活動可能的角色。

時期農民小說中的菁英主義與農民形象（1926～1937）〉爲代表。

陳南宏引印度庶民研究者古哈的「殖民地菁英主義」論述爲研究框架，說明日治時期台灣殖民地文學中的殖民地庶民書寫「刻板化」情形，乃是一種「文明等級制意識型態」的表現，並據此重新解讀與闡述殖民地知識份子所書寫的「農民小說」，以及其中描述的「農民形象」。他提到，因爲他們忽略了農民在面對困境時所進行的理性計算與決策，而產生了與整體殖民地社會中的刻板化庶民形象發生共謀情形：

> 比較殖民者菁英主義與啓蒙知識份子菁英主義筆下的庶民形象，大抵上，它們多半是被刻板化爲落後的、粗鄙的，有時，殖民者菁英主義會爲了統治目的策略性的展示出優秀的、進步的庶民形象，但這些庶民形象登場的必要條件也都必須是經過殖民者的文明改造；然而，就這一點上，啓蒙知識份子菁英主義沒有爲了文化抗爭或者其他政治目的，賦予庶民一個進步、文明的形象，反而是接受了殖民者菁英主義，將殖民地社會固定在文明／不文明、進步／野蠻二元結構位置的邏輯，將自己塑造成文明的領導者，而庶民是需要文明的落後者，即使能對本土文化的做出肯定，但他還是站在等級制意識形態的邏輯擷取了知識菁英所認可的、所需要的，還是無法看到站在庶民主體的位置，察覺那些不被認可的、不被需要的庶民形象背後，隱含著的庶民意識。〔註17〕

因此，陳南宏將已經被學者認爲是「模式化」、「公式化」、「概念化」的書寫關於殖民地被壓迫的農工階層的情形，更進一步視爲是殖民地知識份子菁英刻意爲之的一種「等級制」操作手法，是他們藉由創作突顯自身在殖民地中位置的手段。〔註18〕

本節則試圖重新連結殖民地作家與其書寫對象的關係，試圖提出一套詮釋小說人物形象的方法論，在過去長期以研究外圍議題主導小說文本研究及解讀的傾向之間，通過嘗試新的研究方法論，對殖民地小說作品中的人物形象背後所可能承載的精神世界進行勾勒。

因此，本文採取以殖民地知識份子與帝國社會事業兩者各自認知與建構

〔註17〕陳南宏，〈日治時期農民小說中的菁英主義與農民形象（1926～1937）〉，頁36～37。
〔註18〕同註17，頁18～46。

下的受殖者窮民形象相互辯證的方式，首先釐清窮民形象在殖民地小說中承載的特殊屬性——「窮」。這種屬性的特殊之處，在於它跨越了「職業別」與「性別」、「知識份子」等過去研究既定的分類方式，但又能同時兼具對基本命題的討論，如對殖民統治、傳統舊俗、殖民經濟的揭露與批判，不致落於為了對應人物形象與作家思想內涵，而產生類型化的詮釋侷限。另外，由於對這個窮民形象的認知來自殖民主與受殖者雙方的辨證與認知衝突，因此在移植到作為解讀作品內部表現的窮民意涵的過程中，較能貼合作家通過文學創作，與殖民帝國所規劃、形塑的殖民地空間相互爭奪詮釋權與批判話語的脈絡。

　　經由理解社會事業所賦予受殖者的內涵，對照殖民地知識份子對於此事業及事業關注的對象的認知，重新閱讀殖民地文學文本，以期能在過去長期被學者認為是僵固的與類型化思考的殖民地人物形象詮釋死角中，研究出如許俊雅所言，礙於人在實際生活中的複數角色，出現角色具備複數屬性時，增添了解釋和歸納分類上的困難。〔註19〕

　　著眼於此，本文對於殖民地文學中窮民形象的認識與研究，即是希望從原本「單數的」殖民地人物形象，改以對其背後可能摻雜有殖民者與受殖者雙方各自意涵的「複數的」殖民地人物形象的思考方式，進行重新閱讀與詮釋，以期能如 G. C. Spivak 所說，提供閱讀殖民地文學中人物形象一種可能的「讀法」與新的嘗試，以一種在政治上有用的方式。〔註20〕

二、「土地喪失」——連結「農民」與「窮民」的生命線

　　究竟是什麼將農民與窮民連結成共同體呢？筆者認為，是「土地」，是被帝國權力與資本壟斷的土地。

　　本文在前一章討論「『窮』的概念」時，已經通過爬梳史料文獻得知，無論是台灣人視線中的「窮民」，或是帝國視線中的「窮民」，其屬性之一，便是處在土地持有權喪失的狀態。這種持有權的喪失狀態，有時肇因於地主的不義，有時則歸結於殖民統治的濫權與殖民資本的剝削。通過「土地喪失」而將農民與窮民宿命連結起來的作品，可以在楊守愚〈凶年不免於死亡〉中看到。

〔註19〕許俊雅，《日據時期台灣小說研究》，頁601。
〔註20〕Gayatri Chakravorty Spivak 著、國立編譯館主譯、張君玫譯，《後殖民理性批判——邁向消逝當下的歷史》，頁161。

〈凶年不免於死亡〉中描述主人翁林至貧因爲老朋友來訪，而道起了自從賣女、喪妻而獨自扶養著獨子，一再因爲荒欠、打零工到住處升租而無以爲繼的下層階級的苦況。原本是替富戶人家佃耕的主人公農民「林至貧」，一直以來在鄉下，也都僅只是過著「尙可度日」的生活而已，然而，他最大的生存壓力，卻並非來自維持生活本身，而是來自同爲台灣受殖者的地主階級所訂定的「鐵租」〔註21〕。他對著阿義哥說，爲了要活下去，「租谷雖然較別人爲多，但是在我們一輩子窮苦人家，沒處做苦工過活，也就迫不得已承受了下來。」〔註22〕這種不爲了生活，而是爲了維持租佃權拼命繳納租谷的續命方式，除了反面突顯出農民與土地間的緊密依存關係，也藉由象徵與殖民壓迫體系串聯環節的「租谷」，透露出農民注定淪落爲「窮民」的困窮宿命──既是因爲租谷而與土地連結，也是因爲租谷而與土地斷裂。

　　楊逵在〈送報伕〉一文中，曾經如此描述農民與「土地」的相互依存關係：

> 到幾年前，我們家鄉的××製糖公司說是要開辦直營農場，爲了收買土地，大大地活動起來了。不用說，收買的成績很差。因爲耕地是自耕農民看得如自己性命一樣貴重的東西，除了幾個負債累累週轉不過來的農民以外，誰願意把自己的耕地放手？〔註23〕

以今日對殖民地史料的掌握，自然得知日本人收購台灣農民土地的「陷阱」；然而，在當時面對資本家的壓迫與掠奪時，仍然堅定地選擇「土地」作爲維生工具，自然有當時的經濟現實、文化背景與歷史地緣條件在其中。代代都是自耕農的楊君父親面對會社的土地買賣計畫時，不斷重複呼喊：「是我們的耕地，我們要在那裡耕種才能活命，……。」〔註24〕「我的土地，我要自己

〔註21〕 「佃租又稱鐵租，這意味著不僅絕對不能減免，地主還可單方面調漲，而且若以現金繳納時，地主也有權單方面決定換算價格。」參考，向山寬夫著，楊鴻儒等譯，《日本統治下的台灣民族運動史》（台北：福祿壽，1999 年 12 月），頁441。

〔註22〕 楊守愚，〈凶年不免於死亡〉，《台灣民報》第 257～259 號，1924 年 4 月 21、28、5 月 5 日出版，收錄於葉石濤、鍾肇政主編，《光復前台灣文學全集──一群失業的人》（台北：遠景，1979 年 7 月 7 月），頁6。

〔註23〕 楊逵，〈送報伕〉，《文學評論》第 1 卷第 8 號，1934 年 10 月，收錄於葉石濤、鍾肇政主編，《光復前台灣文學全集──送報伕》（台北：遠景，1979 年 7 月），頁32。

〔註24〕 同註 23，頁 33。

耕種才能生活……。」〔註 25〕等話語聲中，楊君的父親終究爲了維護身爲農民與「土地」的關係而犧牲了生命，其他依憑土地維生的鄉鄰們，也僅有極少部份如殖民政府所預先規劃那樣，成爲會社裡的勞動力；大部分台灣人農民，仍必須面對殖民資本入侵的各種手段，及所帶來的失業、飢饉、鬻子等生存問題，而逐漸向下淪落爲「窮民」：

> ……叔父叔母也是被迫出賣了耕地的一家，剩下的耕地不夠做了，只好到遠遠的地方去找零工做來糊口，生活忙亂的很。製糖公司這一舉動，一下子就把幾百農家趕離了耕地，他們都像叔父叔母一樣，只好向四鄰鄉鎮去找零工，……。零工是一做幾停，不能繼續的。〔註 26〕

〈送報伕〉一文，就故事情節而言，除了透露殖民地時期的殖民資本與權力壓迫情形，也細緻地描繪了受殖者定義的窮民屬性——「土地喪失」。同時，作品通過呈現農民面對殖民政策時的動態反應，暗示了在「失去了耕地之後」〔註 27〕以後，逐漸由「農民」身份陷落爲打零工的勞動者，最終因爲現代性資本主義與機械化生產，淪落爲與「窮民」成爲「共同體」〔註 28〕的複合身份。

賴和也曾在〈善訟的人的故事〉中，揭示這種台灣人農民與土地的緊密連結關係，認爲土地就是「人生幸福的基礎」：

> 人是不能離開土地，失去土地人就不能生存，人生的幸福，全是出自土地的恩惠，土地盡屬王的所有，人民皆是王的百姓，所以不論

〔註 25〕　同註 23，頁 37。
〔註 26〕　同註 23，頁 39。
〔註 27〕　同註 23，頁 42。
〔註 28〕　對於這一個「共同體」的概念，Zygmunt Bauman 在《Community：Seeking Safety in an Insecure World》中，在這個「共同體」內部分化成正向「共同體」及負面「隔離區」，強調「隔離區意味著共同體的不可能。隔離區的特點，使得具體化爲空間的隔離與固定化的排斥政策，變成了在社會中倍覺安全可靠的選擇，這個社會不再能讓它的所有成員 "在這個城市中玩這個唯一的遊戲"，但又希望所有其他玩得專心、愉快的人首先便得溫順起來。」參考齊格蒙・鮑曼（Zygmunt Bauman）著，歐陽景根譯，《共同體 Community：Seeking Safety in an insecure World》（南京：江蘇人民，2008 年 2 月），頁 144～145。同樣是「共同體」，帝國日本提供的「共同體」向上想像，與帝國事業透過策略所造成的「貧窮共同體」，中間存在著明顯的落差。作家將「農民」與「窮民」串聯成一個複數的身份，實際上同樣可以視作一種與帝國「共同體」進行話語對抗的策略之一。

什麼人，應該享有一份土地的權利，來做他個人開拓人生幸福的基礎。〔註29〕

這種強烈表達人與土地之間羈絆關係的內容，也可以在〈貧農的變死〉中一窺究竟。楊逵於 1935 年刊載的〈貧農的變死〉中所表現的，是一齣由貧農阿達叔經過連串人禍積累，而朝向「窮民」衰敗的悲劇。文中也藉由描繪阿達叔的身世，投射出「受殖者農民」所無法逃脫的共同宿命——因「離土」而向下陷落爲「窮民」的結局：

> 寬意的頭殼中被每天受到頭家命令去催促小作料所看到的，像貧農阿達叔們的家中慘狀所充滿着。這群**窮民**的凄慘狀況時時不絕地纏着他的頭腦，現到他的目睭前，使他困苦。〔註30〕

這個導致農民不得不向下與窮民疊合成爲共同體的原因，包括繳不起租谷而被迫與「土地」分離、長期忍受著繳完租谷便無以爲繼的地步、或是土地遭殖民會社恣意徵收而喪失維生能力等因素。在「乞求要來賺個五分一甲」〔註31〕也不可得的殖民地環境下，農民不是死，便只能選擇離開土地。可是，離開務農本業的農民，就猶如魚離開水面，如同楊守愚〈凶年不免於死亡〉內所描述的那樣，因爲一輩子務農而沒有一技之長，「沒處做苦工過活」〔註32〕，終究只能繼續在承受不合理的租谷，或是離開土地討生活這兩條路之間做出抉擇。

然而，如楊守愚〈凶年不免於死亡〉中無法逃脫受殖者宿命而被迫離開土地的農民，或者如翁鬧〈憨伯仔〉中世代受貧窮壓迫的憨伯仔般，苟延殘喘「只不過一天到晚挖掘同樣的一塊狹窄的土地而已」〔註33〕的農民，都在〈貧農的變死〉中，被通過文學創作，疊合成既殘破又完整的台灣人窮

〔註29〕 賴和，〈善訟的人的故事〉，《台灣文藝》第 2 卷第 1 號，1934 年 12 月 18 日出版，收錄於葉石濤、鍾肇政主編，《光復前台灣文學全集——一桿秤仔》（台北：遠景，1979 年 7 月 7 月），頁 122。

〔註30〕 楊逵，〈貧農的變死〉，《台灣新民報》1935 年 4 月 2 日～5 月 2 日，收錄於彭小妍主編，《楊逵全集——小說卷（1）》（台北市：文化保存籌備處，1998 年），頁 318。【粗體爲筆者所加】

〔註31〕 楊逵，〈貧農的變死〉，頁 324。

〔註32〕 楊守愚，〈凶年不免於死亡〉，頁 6。

〔註33〕 翁鬧，〈憨伯仔〉，《台灣文藝》第 2 卷第 7 號，1935 年 7 月 1 日出版，收錄於葉石濤、鍾肇政主編，《光復前台灣文學全集——送報伕》（台北：遠景，1979 年 7 月 7 月），頁 299。

民形象。殘破之處，在於生而爲農民，卻又被迫與土地分離的被壓迫者離地宿命：

> 老實！阿達叔的勞動可講是達到極步的。受頭家的命令天天往訪的寬意，也是未曾看過他在休息的。
>
> 阿達叔在田中有閒暇的時候，手中是未曾放落稻草的，他無暝無日守著他的副業——編草包的。
>
> 這樣的拖磨不只是他一個人，連他的老婆及二個幼少的囝仔也是總動員在這副業裡。
>
> 他與寬意講話的時間，他嘴講手依然是在振動著，明明他及他的家族是不得更加多少勞働的，他的勞働已是達到極步——
>
> 自年頭到年尾，天天是這樣拖磨，他們依然不得脫出這樣悽慘、這樣窮窮迫迫。……像是人類最大的標本。〔註34〕
>
> 舊年在田邊苦煉樹叢吊死的羅漢叔，想起來是自己親目所看最初的犧牲，他是受我的追迫小作料，追迫到難堪纔去自盡的最初的**窮農民**。〔註35〕

而「完整」之處，則在於故事通過青年寬意的「知識份子」之眼，透視了受殖者農民的眞面目——與殖民主在社會事業中所強調的受殖者陷落於「窮民」的成因不同，站在替受殖者窮民辯護的立場，建構了屬於受殖者的「窮民」形象：

> 回想這四年的經驗，寬意明明白白地發見了這樣**窮民**的增加及慘狀的加倍沉重。
>
> 在其反而，他又發見了頭家厝內的豪奢加了幾十倍的重大事實。〔註36〕
>
> 他們的勞働及生活狀態，寬意卻是更詳細地觀察到，他們大多數都是眞拖磨又眞節儉的。
>
> 想到不得了解的寬意，竟要懷疑起這等窮民的潔白啦！
>
> ……他們豈不是賭博輸去？或是嫖妓亂費去？〔註37〕

〔註34〕楊逵，〈貧農的變死〉，頁318。
〔註35〕同註34，頁320。【粗體爲筆者所加】
〔註36〕同註34，頁320。【粗體爲筆者所加】
〔註37〕同註34，頁321。

由於現代化殖民地式經濟入侵與殖民統治權力壟斷，仰賴傳統農業經營模式維生的殖民地農民，他們原有的耕地被迫必須配合殖民資本與政策發生變動、喪失，或是遭受地主資本主義式壓榨。作品非但特意表現出受殖者農民的殘破形象，也有機地突顯了農民與「土地」相互緊密羈絆關係。正是因爲受到這種剝奪與壓迫，當「土地」被迫喪失或是被搾取殆盡時，農民終將不得已與「窮民」身份交疊成一個「完整的」受殖者形象，如〈貧農的變死〉中的阿達叔、羅漢叔般，一一陷落至死亡的生命線下。

除了反面呈現農民被剝奪土地後的淪落情形，突顯農民與窮民之間的區別僅在於土地的有無，賴賢穎在〈稻熱病〉一文中，則是正面地表現出農民與土地連結的關係：

> 王海底事情，王金是都曉得的。田地裡的活，王金也是全般曉得的，本來他們兩就是一起種地來著！雖改途拉車子有七八年了，王金依然是個道地的莊稼漢，對那過去的生活，他還是持續著有濃厚的執戀的。而且假使當時那耕地不致被人搶奪了一半去，他也許不會棄了莊稼生活不幹，跑去拉車子。〔註38〕

若非殖民會社以雄厚的資本入侵，若非自己的田地越耕越少，生存的壓力越來越大，故事中的兩兄弟仍是擁著對土地的熱情，未曾減少。然而，即使他們尚有地可耕、有車可拉，卻不明所以地，面臨到不得不借貸維生的窘迫狀態。故事透露出受殖者農民在殖民統治底下的另一種令人費解的窘境與悲哀，如果連努力耕作的農民尚且如此，更遑論已是窮民者將會以什麼樣的姿態生存了。

生江孝之在歸納窮民發生貧困的原因時，將之分爲「內因」（主觀的）與「外因」（客觀的）兩類；其中，他提出窮民陷落的原因，主觀的成因如：怠惰、放縱短慮、特殊疾病、缺乏生存判斷力、不健全的性慾、浪費、淫亂、酗酒、家庭關係敗壞、食物攝取不當等等。而客觀的成因，則如：天然資源的缺乏、氣候不佳、衛生設備不完全、境遇惡劣、法律知識不足、錯誤不適當的教育、濫救的慈善、不良的產業狀態（貨幣價格變化、商業界的變動、惡稅、災變、對勞動者的打壓、勞動供需停滯）等。〔註39〕

〔註38〕賴賢穎，〈稻熱病〉，《台灣新文學》第 1 卷第 10 號，1936 年 12 月 5 日出版，收錄於葉石濤、鍾肇政主編，《光復前台灣文學全集——植有木瓜樹的小鎮》（台北：遠景，1979 年 7 月 7 月），頁 254。

〔註39〕生江孝之，《社會事業綱要》，頁 70。

在第二章對帝國社會事業視線下的受殖者窮民進行歸納後，我們得知，經過「帝國政策差異化後的受殖者窮民」，與「受殖者視野中的窮民」，實際上有其形象與意涵上的認知差異。作家筆下的窮民之所以陷落的社會背景，非但與殖民者所強調造成窮民的主觀成因不同，他們甚至通過文學創作，主動替受殖者陷落成為窮民身份的原因辯護，即使殖民帝國與受殖者之眼中同樣將農民與窮民視作「共同體」，只是前者是企圖將之分開，後者卻是企圖將之疊合；然而，因為陷落於窮民的成因與形象不同，窮民的意義與形象也因此被通過台灣知識份子的文學創作，更清楚地建構起來，成為了與帝國想像不同的共同體。

當日本帝國的思考邏輯通過實施社會事業，強化了社會上的窮民被救助的、被排斥的弱勢位置時，殖民地知識份子同樣通過文學創作，積極表現出以受殖者話語中對於窮民身份進行爭奪的意識。

過去理解殖民地作品中人與土地的關係時，多從控訴剝削與殖民權力壓迫等角度切入，在理解殖民帝國實施的社會事業背景與理論基礎，及帝國之眼如何看待失去土地的受殖者，他們又採取哪些統治措施後，筆者理解到，對殖民地文學「貧困書寫」中大量出現的農民被迫與土地連結斷裂的情節、農民陷落為窮民後的生活姿態，以及採取受殖者話語建構出與殖民帝國定義不同的窮民身份與形象，殖民地時期的文學作品非但不僅止於表面事態的控訴，也更深層地通過結構化、具目標性的貧困書寫策略，呈現出與殖民帝國窮民認知敘述，與統治邏輯相異的，屬於受殖者立場出發的窮民認知建構。

殖民地作家群通過對窮民形象進行創作，集體性地對受殖者被給定的形象——窮民、被認知的身份——殖民地上注定要被帝國救助，受制於帝國的社會下層，做出自我肯定和重構。這種現象暗示了即使在失去土地之後，台灣人農民同樣能藉助文學藝術作品，爭奪到精神性的自我定義與自我建構的能量，以從殖民帝國看似正面的壓制性統治術語中解脫出來。

作品中原有具控訴性質的「土地」意象，隨著作家填充、完滿「被迫與土地分離」這一歷史情境背後的條件後，與報紙社論不同的地方在於，「土地喪失」這一意象，從原本象徵殖民暴力統治的隱喻（metaphor），經過作家的再現，不再僅是一種消極的控訴，轉而成為了受殖者積極爭奪「窮民」身份定義的場域（field）。

　　故而，筆者欲提出的便是，在日治時期的新文學小說創作中，「土地喪失」不僅是不得已的情況下的一種書寫，更是一種必要的書寫。

三、「不符規則的」窮民——受殖者「窮民」屬性建構

（一）外在條件上的「不符規則」

　　在理解殖民地文學文本通過「貧困書寫」，表現農民的「土地喪失」情形，受殖者知識份子透過文本建構「農民」到「窮民」的疊合形象後，本文進一步通過「外在條件」與「內在精神」兩個層面，對「受殖者視線下的窮民屬性」進行了解。

　　透過觀察〈凶年不免於死亡〉中的受殖者活動姿態，筆者發現，從遭逢凶年，無力支付地主要求的租谷而與土地斷裂，到殖民資本主義工廠低薪長工時的剝削、無力承租房子的失根狀態，再到最終不得不變賣子嗣；故事中造成這些台灣人「典型化」宛如悲劇生產線般的陷落宿命的，幾乎都並非是爲了維持基本生活的壓力，而是爲了要應付維持生活以外來自帝國與上層階級的加壓力——納稅、租谷、殖民地不平等公權力等等。這種遭受地主與統治者雙重剝削下的困窮狀態，不僅顯現出身爲「準窮民」的農民與土地的連結關係必須視地主的租谷與殖民統治的政策而定，甚至連「生命所有權」也因殖民統治而遭到剝奪。

　　從林至貧的家庭環境組成結構來分析，因爲受到地主壓迫，他從農民轉成爲工廠裡的小職工、爲了生活而變賣次子、受到變賣次子影響而害病去世的妻子，這種台灣人家庭結構因爲受到殖民經濟壓迫而裂解的過程，本身便已經暗示了一條觀看受殖者，從農民墮落爲窮民身份時特殊的變遷軌跡。

　　仔細分析作品中主人公在這種被剝奪情形下的生存態樣，筆者發現，活動於故事中的受殖者窮民形象，實際上是和帝國企圖透過「台灣窮民救助規則」、「慈惠院規則」等外在條件化設定收容的「窮民」完全不同的受殖者「窮民」形象——尚有工作能力的鰥夫（與土地離散後，轉而進入工廠做工，卻只能維持最低生活條件的「次貧者」身份）、無母子的阿榮（因爲父親並非被殖民帝國歸入「無產者」，而無法受到兒童保護事業照顧，成爲至貧的另一種生存負擔，因此造成鬻子結局）。作品條件式地一一表現出受殖者視線中的「窮民」屬性，是一個明顯與帝國規則所設定的受救助「窮民」形象截然不同的屬性。

　　若將〈凶年不免於死亡〉更典型地納入社會事業下的受殖者窮民形象建構的討論中，這種外在條件上的不符規則情形，還包括對殖民社會事業內部事業的回應，如公設當舖（被迫賣嬰「之前」的選項）、公營住宅（無屋可住的主題）、救荒事業（因荒歉而被地主壓逼的情形）、兒童保護事業（避免賣嬰的對應措施）等。

　　從這個角度來看，作品中所「再現」（representation）的殖民地社會，以及活動於其中的台灣人窮民，非但被作品投射出一個在殖民暴力環境中毫無社會事業實施痕跡的空間，也揭露了帝國社會事業所提出的各項事業項目的本質，終究只是與受殖者窮民需求有所差異的殖民統治術語，而非殖民地現實。

　　同樣的情形，我們也可以在徐玉書〈謀生〉一文中讀出這種「不符合」資格的殖民地窮民形象。身為「家裡沒有恆產的清貧農家」〔註40〕主人公競英，白天在公學校學習，課後則隨著父親耕作著那片「不是他們自己底田」〔註41〕，為了要支付母親患病的開銷，在耕作微薄的所得幾乎無法養家的情況下，便必須利用閒暇時去替別人做短工。然而，由於當時的社會環境，地主們無不為了升租的利潤而剝削佃農，「佃人只能赤裸裸地為田主任所欲為」〔註42〕，統治者也正通過各項嚴酷的租稅宰割著農民與土地的關係，彷彿耕作並非農民與土地的唯一連結，而是必須經由殖民帝國與資本家認可其所有權才行。

　　通過〈謀生〉前段對農民生活狀態的敘述，清楚揭示了身為僅依耕作維生的農民與土地失聯的困窮情形。這種困窮狀態，非但表現在與「土地關係」上，也連帶表現在窮民的「親子關係」上。

　　滿足了種種受殖者農民淪落為窮民的外在條件的競英一家人，在如此困窮的環境底下，唯一的生存方式，除了和競英的父親、阿明叔、鄉里間營養不良的嬰孩一樣「病亡」，就只能選擇「離開生活的故鄉」，離開與生命密切連結的土地，到未知的異鄉去。而婚姻，只不過像是困窮的宿命找到了可以延續的出口那樣，非但不是幸福的象徵，反而是不幸與悲哀的擴

〔註40〕徐玉書，〈謀生〉，《台灣文藝》第 2 卷第 3 號，1935 年 3 月 5 日出版，1935 年 1 月 28 日作，收錄於葉石濤、鍾肇政主編，《光復前台灣文學全集——送報伕》（台北：遠景，1979 年 7 月 7 月），頁 129。

〔註41〕同註 40，頁 129。

〔註42〕同註 40，頁 130。

散。被迫剝離的人、地關係、因生存壓迫而死別的親子關係等等的剝奪感，一切都在「鐘聲」〔註43〕響起時，加諸在背負著「窮民」的宿命的競英身上，驅使他「抱著落魄的靈魂，離開親朋和故鄉，而踏上異鄉漂泊的旅程了」〔註44〕。

對於這種嗟嘆「生活苦」、淪落爲社會落伍者的受殖者窮民，正是因爲不符合殖民帝國的「窮民規則」，而處在即使困窮也無法受到救助的社會邊緣的處境，在帝國不斷通過各種宣傳強調社會事業與其他社會上與窮民救助相關的舉措的同時，究竟其所欲達到的目的和受殖者窮民所要求生存權呈現怎樣的差異，使得這種救助成爲「不可能」？

（二）內在精神上的「不符規則」

《台灣警察時報》在一篇〈社會事業と警察〉〔註45〕文中曾提到，警察存在於殖民地社會上，只是一種「消極的」補強措施，而除了維持法律的有效性之外，順應社會狀況，也是他們的工作項目之一。其中，在說明警察存在目的時，文中做出了與社會事業目的相疊合的情形，強調其同樣是爲了「維持社會的安寧、增進民眾的福利」而設置的機構。

身爲台北南警察署署長的岡野才太郎認爲，消極的方面，警察的存在是著重在檢舉犯罪和犯罪後的處置，並且基於預防犯罪，「應給予自由必要的限制」。積極方面，他強調「社會的相互提攜，民眾的相互協力」〔註46〕，終是增進民眾福利的最佳方式。在這篇1922年發表的文章中，他列舉了在社會事業開始施行後，所遭遇到的諸多社會問題，區分爲：精神、職業、感化保護等類。其中，經過統計的結果，其中又以精神問題居首，職業問題居次，分別佔該年總辦理件數5204件中的1095件與1069件。〔註47〕

〔註43〕在此處，「鐘聲」成爲催促競英一家人生離死別的機制，是否暗示了日本統治所展現的現代性控制，催逼了受殖者群體的裂解？而競英因爲鐘聲的催促而向外尋求新的發展，是否也可以視爲一種離開鐘聲的控制，尋找新的活動空間的契機？是可以繼續思索下去的意象。有關於現代性時間觀的相關論述，可參考，呂紹理，《水螺響起：日治時期台灣社會的生活作息》（台北：遠流，1998年3月）。

〔註44〕徐玉書，〈謀生〉，頁146。

〔註45〕岡野才太郎，〈社會事業と警察〉，《台灣警察時報》第56號，1922年1月25日，頁7～13。

〔註46〕同註45，頁8。【粗體爲筆者所加】

〔註47〕同註45，頁8。

　　面對殖民統治者以「精神問題」對自身的狀態進行「定調」，身為「準窮民」的台灣人農民，在面對殖民統治的壓力時，除了身體與環境皆被剝奪，而成為困窮的狀態，他們的心理又呈現什麼狀態？張慶堂的小說〈鮮血〉〔註48〕中的家庭狀況，提供了我們最佳的理解圖譜。

　　故事中的主角佃農「九七」，跟地主五老爺贌了較之一般佃農負擔倍增的重租「二車租」後，雖然明知沉重，卻流露出他因為能與土地繼續保持聯結，而「已經比什麼都要快樂的事了」〔註49〕的興奮感。然而，「地球是無留戀的轉著」，隨著收成逐一被各種名目不同的租稅、田裡的鐵租、先前的借貸扣除後，「他們的臉孔便不約而同的慘澹起來。這時的苦痛，是比下種時的痛苦，較為屬害。前的痛苦是勞動的，是肉體的，物質的。後的痛苦，卻是精神的。精神上的痛苦，教於物質上的痛苦為甚的事，那是大家所共知的。」〔註50〕作家敘述至此，透過農民一步一步被社會與環境排除至窮民的動態過程，導引出與帝國所提供的，純屬肉體的、物質的、外在條件式的「社會救助」完全不同的「精神性的」窮與苦的狀態。

　　在以農維生，連「只想維持家內的生活」這個微不足道的生存權都不可得的情況下，九七終於不只肉體的、物質的被剝奪而必須掉入窮民的狀態，連內在精神也一併被這種外在壓力給吞噬了。

　　與先前所引的作品相同之處，在於〈鮮血〉同樣把外在現實壓迫，視為驅動農民陷落於窮民的驅力，而這種困窮，是伴隨著農民與土地關係斷裂、家庭內部親子關係崩解而來的，最終不得不淪落至精神上的自我否定，認為自己終究是存在於這個現實社會的敗北者：「但是，世上的事，往往是多支折的、奇形怪狀的。過去的發財的理想，現在，仍然是個理想，永久是個理想罷。承了他乖巧的勞動、耐苦，結局成為事實而給與他的，原來是一年以後的三生！他現在覺悟了。過去種種的理想，到現在來不能不一足而加以蹴碎去了。」〔註51〕正是這種因為殖民地社會環境所造成的「精神性」悲哀與衰

〔註48〕張慶堂，〈鮮血〉，《台灣文藝》第 2 卷第 9 號，1935 年 9 月 24 日出版，1935
　　　　年 7 月 25 日作，葉石濤、鍾肇政主編，《光復前台灣文學全集——薄命》（台
　　　　北：遠景，1979 年 7 月 7 月），頁 317～344。

〔註49〕同註48，頁 317。

〔註50〕同註48，頁 323。

〔註51〕同註48，頁 328。三生，〈鮮血〉故事中作為對照的另一名較九七更早敗北的
　　　　可憐農人。

弱，突顯出受殖者窮民對於帝國的社會事業，如「人事相談所」〔註52〕、「方面委員」、「方面助成會」等機構來說，不過只是一個個白紙黑字的數據而已。在不符合帝國「遊戲規則」的前提下，任何受殖者視線中的窮民，都不過是與殖民者所設定救助的窮民形象截然不同的受殖者形象，持續地活動於殖民地社會環境與文學空間之中。

小　結

綜上所述，「宇宙間仍然是給黑暗繞鎖著」，台灣人農民面對最終淪爲窮民身份的悲哀，無論是外在物質上、肉體上，或是內在精神上，都透露出農民與窮民生命共同體的命運相依特質。帝國實施社會救護事業的對象，非但與殖民地社會上的台灣人窮民形象有著截然不同的屬性，其欲與殖民地社會問題相應的救助規則，也似乎無法對眞正苟延殘喘於殖民社會上的窮民有所助益。正因如此，提供了我們在閱讀作品經由「貧困書寫」所描繪的窮民形象時，可以批判性地閱讀的可能。

當時的台灣作家書寫與官方設定、企圖收容的窮民形象有所出入、截然不同的受殖者窮民形象，是否可以視爲殖民地文學文本所企圖表現出，用以解構大量帝國官方社會事業文書中的窮民救助意義、規則、目的與統計數據的一種策略？筆者發現，當我們在比對帝國所設定救助的窮民，與活動於殖民地文學創作中的窮民形象後，發現到兩者有其本質上「不符合資格」的屬性與定義差異後，我們似乎可以換一個角度思考：正是由於作品中此種對受殖者窮民「不符合資格」、屬於「受殖者的」窮民形象建構，使得無力在殖民地現實掙脫殖民統治結構枷鎖的受殖者窮民，得以藉由文學創作，精神性地找回主動脫離帝國對「受殖者窮民」身體及定義的詮釋與掌控權，將自身從作爲帝國「他者」的階層化視線中解放出來。

是否一旦「受殖者窮民」不等於帝國視線中的「受救助窮民」時，在某種象徵意義上也就拒絕成爲「帝國臣民」，進而可以迴避被帝國視線納入殖民統治最邊緣的救濟體系內的被統治宿命，保持「殖民地窮民身份」這個批判殖民統治的合理位置？在此我們看見，通過閱讀「貧困書寫」對「窮民」身份的爭奪與維持，使得台灣人窮民形象得以自殖民帝國視線的內部設定中脫

〔註52〕人事相談所，類似社會福利的諮詢中心、顧問機構，目的在對社會上生活狀況窘迫的「特定個人」提供教化和指導的服務，同樣是用來解決窮迫問題的社會事業機構。參考杵淵義房，《台灣社會事業史》，頁1218～1219。

逸出來，連帶緩解了帝國對於殖民地社會文化上、內在精神上的控制，藉由文學創作重新建立受殖者自我意識與認知主體，使得受殖者得以閃避殖民地「窮民」被統治者通過官方社會事業資料與設施收編爲「帝國臣民」的統治陷阱，還原了帝國藉由福利修辭所意圖修飾的大量殖民地社會中的窮民姿態，一併解消了殖民福利事業的虛假面紗。

第二節　連帶精神下的文化斷裂——父母雙亡、鬻子及離鄉書寫

前　言

　　前一章了解了帝國社會事業的「連帶」意涵後，除了認識到殖民地社會運動份子曾以社論與理論譯介的方式，與帝國統治術語的詮釋權進行爭奪與挪用的情形外，作家又如何透過殖民地文學作品，與帝國統治話語中所強調的「連帶」精神進行對話呢？

　　本節採樣殖民地小說作品的標準，首先考量故事中的主要「行動者」，必須爲本文最核心的殖民地主體——受殖者視線下的窮民，繼之則以情節中慣常出現的三類書寫主題：(1)「父母雙亡」書寫、(2)「鬻子」書寫、(3)「離鄉」書寫爲分析對象，討論在帝國積極通過社會事業宣傳「連帶精神」的同時，殖民地文學作品如何通過書寫「窮民」活動，與殖民統治話語進行對話，進而呈現出有別於汗牛充棟的帝國社會事業資料與紀錄中的窮民形象，以及殖民地文化遭受到帝國統治話語扭曲、變形的樣貌。其中，不乏有這三種主題交互出現在作品情節裡的情形。

　　在《庶民研究 Subaltern Studies》一書的序言裡，編者許健芝、劉兆麟對於相對於官方大敘述歷史中有關庶民歷史的編寫，提出了「庶民歷史的力量就在於召喚這樣的改變——對慣常的閱讀習慣、思想傾向、價值認同等提問和改造，從而在過去看似不可能活動的處境中看到可能活動的空間。」〔註53〕之庶民觀看方式。在現有大量日治時期帝國遺留的社會事業文書、數據資料面前，如何能夠對已經積累了數十載前行研究能量的殖民地作家作品，重新觀看並解讀出其中與官方話語對話的空間，將是本節主要嘗試處理的範疇。

〔註53〕劉健芝、許兆麟編選，張雲箏、林得山譯，《庶民研究 Subaltern Studies》，頁2。

一、父母雙亡

　　日治時期的台灣新文學小說情節，可以說幾乎都籠罩在「死亡」的陰影中。其中，又以「病死」最多，如：賴和〈一桿「秤仔」〉、〈可憐她死了〉、楊逵〈送報伕〉、吳希聖〈豚〉、楊華〈一個勞動者的死〉、徐玉書〈謀生〉等，「意外身故」則次之，如：楊逵〈貧農的變死〉、巫永福〈黑龍〉、楊華〈薄命〉、張慶堂〈鮮血〉等等。

　　過去的研究者無論是討論殖民地文學中的「疾病」或是「死亡」，大抵都傾向將之解釋爲通過悲劇來對殖民統治進行控訴，無論是政治因素、家庭因素等，以「悲劇」作爲一種批判的書寫策略，已經是各個殖民地文學研究者普遍的共識。然而，當我們將「死亡」視爲一種「現象」時，往往卻忽略了死亡的「主體」身份，即「究竟是誰的死亡」這個問題。

　　因此，本段試圖跳脫「疾病」、「死亡」等分析框架，改試著提出與前行學者不同的觀看殖民地文學的方式，不再圍繞在殖民地場景裡疾病的成因、受殖者發生疾病的身體等對象進行思考，亦不對死亡本身的象徵意義再做過多的演繹，而是替死亡加上主體，思考究竟是「誰」的死亡？以及這種「身份的死亡」又在殖民地情境中象徵了什麼？並將這個分析，與本文對殖民社會事業的歷史性理解並置，思考這個在殖民地文本中死亡的「身份」，究竟有何意義？

　　以賴和〈一桿「秤仔」〉中主角「秦得參」的遭遇爲例，「當他生下的時候，父親就死了。」〔註54〕只剩下秦得參和他的母親。雖然母親招贅，然而「他後父，把他母親亦只視作一種機器，所以得參不僅不能得到幸福，又多些挨罵……」〔註55〕。而在秦得參二十一歲那年，他的母親又因害病而病故：「可憐的得參，他的幸福，已和他的母親一併失去。」〔註56〕秦得參終於在母親離開後失去了他最後的「幸福」。

　　以「父、母雙亡」作爲故事的潛劇情，無疑暗示了一條殖民地下層人物精神陷落動線，既喻示了他們不幸悲劇的開端，同時也是失去幸福的起點。雖然故事後續發展鋪陳了多條可能的閱讀線索，如以「法治」視角切入，或

〔註54〕賴和，〈一桿「秤仔」〉，《台灣民報》第92、93號，1926年2月4日、21日，收錄於《光復前台灣文學全集──一桿秤仔》（台北：遠景，1979年7月7月），頁57。

〔註55〕同註54，頁57～58。

〔註56〕同註54，頁59。

是從「醫病」觀念切入；但是，無論以何種方式觀看本篇作品，內容所隱伏的「父母雙亡」書寫，卻都指向一條暗示殖民地受殖者因爲殖民統治而血緣斷裂的路徑。當受殖者與雙親血緣斷裂時，受殖者便幸福不再。而這裡的「血緣」，既是「文化」的隱喻，也留下指向「傳統」存續的可能。

在另一篇楊守愚化名爲翔所寫〈女丐〉中，也同樣可以找出這種「父母雙亡」的潛劇情。首先，敘事者提及女主人公明珠的「妓女」身份，說明「明珠」這一「艷名」的由來，強調其並非「眞名」，更非「生母」所命名，而是後來的「假母」替她取的。甚至連她的眞實名字叫做什麼，都已經無從知道了。那麼，她生母呢？「**當她還很幼少的時候，生母便去世了，只剩她一個零丁孤苦的小女孩，上既無兄，下又無弟，也只好跟著她父親過著流浪的生活。**」〔註57〕而雙親中僅剩的父親，也並不就眞的符合父親的形象：「**她的父親，本是一個性極好賭的粗人，終日裏，不務正務，總是把女兒帶到賭場去廝混。有時人家叫她去做點工，也曾賺到一點小錢，可是哪裡夠得他的賭吃？所以父女倆，永遠都是窮苦過活。**」〔註58〕所以，明珠很快地就連父親也沒有，而「**墮落在不堪設想的煙花世界，去過那非人的生活了。**」〔註59〕那年，明珠才十一歲。

較之追風的〈她將往何處去──給苦惱的姐妹們〉的殖民地女性化隱喻，後出轉精的〈女丐〉一文，似乎有著更爲完整的對應結構。從一開始，「明珠」就像是作爲「殖民地」的換喻似的，背負著被「假母」（帝國日本）所給定的「身份」（殖民地）。「明珠」這個「艷名」，就像是反諷殖民地作爲帝國資源攫取之用的「掌上明珠」，終究卻是不斷地被糟蹋與剝削。正是在「生母」不可考而被「假母」所虐待的象徵下，暗示了受殖者自身歷史性斷裂的「血緣」，指向因爲殖民統治而喪失文化根源的隱喻。「生母」無從得知，又沒有「眞實名字」（喪失自我認同的鏡像），到僅存的父親（帝國以不符合父親形象的姿態出現在文本中）離開，終於將「明珠」這個喪失自我與歷史的個體，推向「孤兒」（殖民地）的隱喻關係鏈中。

〔註57〕翔（楊守愚），〈女丐〉，《台灣新民報》第346～347號，1931年1月10、17日出版，1928年11月28日完稿，收錄於葉石濤、鍾肇政主編，《光復前台灣文學全集──一群失業的人》（台北：遠景，1979年7月），頁167～168。【粗體爲筆者所加】

〔註58〕同註57，頁168。

〔註59〕同註57，頁169。

　　另一篇吳天賞的〈龍〉，也明顯地描寫出主人公「龍」父、母雙亡的身世背景：

> 我的朋友龍誕生於這些屋宇中的一間，成長在這種老街特有的固陋與因襲當中，是個天資聰穎的思索型青年。

> 病後的他正躺在二樓頂屋的中國古床上，他有時平靜地回視自己的一生，有時則對於兄姐等人在自己臥病時所表示出來的手足之情而眼淚不禁奪眶而出。龍幼年喪父，近年又喪母，其後又拋棄了自己的未婚妻，因而遭受族人及街坊鄰居的指責，成天過著孤苦憂愁的日子，乾脆離開了家人，一個人住在鄉間。〔註60〕

龍的遭遇不只如此，善於思索的他，在成長之後，也必須面對到其他人的死亡問題：「他從未想到別人的死會與自己牽扯上關係。平時，他老是思考著如何使自屬的民族，從無知解救出來，但此刻，他卻面臨了一個可憐女子死亡的切身問題。」〔註61〕善感的龍不僅必須面對「父母雙亡」的身世，甚至還必須在他的生命裡，面對更無關係的人的生死問題。最終，他選擇的則是面對「自身生命」存續與否的問題：「……我的朋友龍滿心誠懇地在向未婚妻說明人世的不如意及人性的醜陋，以及死亡是多麼美好，它可以化解世間的一切不平的可憐姿影。」〔註62〕當「死亡」成爲殖民地上最殘酷的現實時，作品中透露出了受殖者的龍心中所產生的與雙親血緣斷裂，甚至擴及整個殖民地社會上與各個不相干彼此的斷裂。原本被視爲是悲劇的「死亡」，在被由殖民地行動者進行反思之後，轉而成爲了一種對「主體」的召喚，藉由描寫死亡的主體描寫受殖者主體之間的斷裂感，最終指向因爲殖民統治而造成的主體間連結的斷裂。

　　當時參與《福爾摩沙フォルモサ》〔註63〕雜誌作家群的旅日留學生巫永

〔註60〕吳天賞，〈龍〉，《福爾摩沙》創刊號，1933 年 7 月 15 日，收錄於葉石濤、鍾肇政主編，《光復前台灣文學全集──豚》（台北：遠景，1979 年 7 月），頁299。

〔註61〕同註60，頁302。

〔註62〕同註60，頁30 2。

〔註63〕《福爾摩沙フォルモサ》雜誌：於 1933 年 7 月 15 日創刊，1934 年 6 月 15 日停刊，共計發行三期，爲台灣旅日留學青年在東京所組成的「東京台灣文化サークル」（1932.3.25）解散後重組的「台灣藝術研究會」（台灣文藝聯盟東京支部）（1933.3.20）的機關誌。參與的人士有：蘇維熊、王白淵、張文環、巫永福、吳坤煌、施學習等人。是提示日本統治下台灣人文藝的方向的重要

福，在雜誌中發表的〈黑龍〉一文中，也同樣描繪了主人公黑龍面臨「父母雙亡」時精神與生命階段的遽變：「他升上二年級時，父親卻因感冒引起肺炎併發症死了。父親死後，家道中落，母親隨後也死於肺病，那年他十二歲。」〔註64〕尤其是母親，巫永福採取了與吳天賞不同的書寫方式，不再只停止於思考「斷裂」，而毋寧說是抱持著「復歸」的態度，通過黑龍寄人籬下無根與夢遊般的身體，像是召喚某種記憶似的，黑龍「他時常回想著父親在世時的母親及死時的母親」，終於通過近乎病態的幻想，超越了現實的斷裂，而與母親亡靈重又取得連繫。

　　巫永福這種描寫主角因為現實壓逼，轉而在內心召喚與雙親相處時經歷的美好記憶的故事模式，也可以在張慶堂的〈鮮血〉中讀出相似的軌跡。先是父親於主人公「九七」十二歲的時候便離開了他與母親，接著母親又隨著父親的腳步死去。九七便因此背負著雙親亡故，以及「愚蠢而陷於不幸環境」的「孤兒」身份，游離在殖民地社會中，只能依靠「回憶」去麻痺那遠較物質上的痛苦為甚的精神折磨：

> 一個人，當他陷在慘淡底環境裏，欲掙脫而不能的萬般苦慘之際，
> 總會回憶去重嚼他甜美的時代的美味……，在這猙獰的遭遇中，被
> 鞭撻而凄嘆著的九七，他回憶起童年的事跡去了。〔註65〕

與雙親共同構築的美好過去終究只存在於記憶中，在慘淡經營的殖民環境裡，「父母雙亡」的九七，非但自己失了「血緣」，在故事的尾聲，也似乎像是早就已經替九七預排好了結局：無論他拋下田地走到哪裡，無論他如何鞭撻自己，在殖民現實陰影籠罩下，終究無法不承繼雙親的悲劇結局，宿命似地甚至沒等到孩子出世，便喪生在「自動車」無情的輪轍下。而繼承了「血緣」的孩子，是否又像九七的翻版似的，復刻著受殖者宿命的「血緣斷裂」似的，繼承了「失根」的悲劇輪迴？

　　整個的宇宙，仍然是被黑暗緊緊地罩著。但是，太陽不久就會出來

文藝刊物。參考中島利郎編，《日本統治時期台灣文學小事典》（東京：綠陰書房，2005年6月），頁54。

〔註64〕巫永福，〈黑龍〉，《福爾摩沙》第3期，1934年6月15日出版，收錄於葉石濤、鍾肇政主編，《光復前台灣文學全集——豚》（台北：遠景，1979年7月），頁219。

〔註65〕張慶堂，〈鮮血〉，《台灣文藝》第2卷第9號，1935年9月24日出版，1935年7月25日作，收錄於葉石濤、鍾肇政主編，《光復前台灣文學全集——薄命》（台北：遠景，1979年7月），頁331～332。

　　了，這黑暗的宇宙，不是永久會這樣黑暗的，它總有變為光明的時
　　候呢。〔註66〕

如果說「自動車」代表了殖民現代性與殖民統治冷酷無情的現實暴力，那
麼，九七雙親的死、九七自身的死，或許非但僅只作為一種深沉的抗議、對
受殖者身份不可抗的嗟嘆；更深層地，也同時暗示一條與統治者的社會連帶
話語截然不同的方向，朝向受殖者延續其悲慘結局的血緣上不可逆的「斷裂」
宿命。

　　然而，僅只是控訴，僅只是反應殖民地的慘澹現實，又如何能夠真的通
過創作替受殖者主體開闢出肉體上、精神上出路？在〈鮮血〉中，作品不止
還給了九七（受殖者窮民）生存權的選擇機會，使得他能從無止盡繳納負擔
不起的田租的輪迴中脫逸（即使最終的結局是失敗的），也悄悄地保留了九七
的精血。未出世的孩子再也不會（在故事中）出世了，是否意味著作家對於
這種無法抗拒的受殖者悲慘宿命輪迴的拒絕？

　　從〈一桿「秤仔」〉、〈女丐〉、〈龍〉到〈黑龍〉等故事的潛劇情中，筆者
發現，一方面，作品內部將殖民地被壓迫的共同記憶表現在「血緣斷裂」的
隱喻中，鮮明地與帝國社會事業所標榜的「社會連帶」精神產生衝突，突顯
出社會連帶終究只是帝國荒謬的統治者術語。另一方面，透過書寫帝國造成
的受殖者「血緣斷裂」書寫，也供了受殖者存續文化記憶的空間。

　　殖民地上流淌著的「鮮血」，既作為對殖民統治的控訴，是否也同時是一
種對於「斷裂血緣」的轉喻？「父、母雙亡」作為殖民地新文學小說中屢見
不鮮的書寫主題，恰恰提供了我們從多元角度深層詮釋文本的可能。

二、鬻子

　　在慣性地將殖民地文學中呈現的悲慘境遇，理解為帝國經濟剝削產物的
殖民地文本解讀史中，許多先行研究都已指出，日治時期小說從殖民者和地
主的壓迫，土地喪失到失業，再到最後走上絕路之典型敘述。筆者則注意到，
當文本中活動的被壓迫受殖者主體，在生命走到盡頭以前，往往選擇以販賣
子嗣這種「炒短線」的方式，苟延殘喘地維持已如殘燭般的生活。我們又可
以怎樣重新解讀這種主題社會文化意涵？

〔註66〕張慶堂，〈鮮血〉，《台灣文藝》第2卷第9號，1935年9月24日出版，1935
　　　　年7月25日作，收錄於葉石濤、鍾肇政主編，《光復前台灣文學全集——薄
　　　　命》（台北：遠景，1979年7月），頁344。

本段不擬處理究竟是什麼力量，逼使受殖者淪落到選擇以這種方式面對諸如稅賦、維持生活等現實經濟壓力；而是試圖集中討論殖民地文學中出現的鬻子行為背後的象徵意涵。筆者將以楊守愚〈凶年不免於死亡〉、賴和〈可憐她死了〉、瘦鶴〈沒有兒子的爸爸〉和柳塘〈轉途〉為討論對象，在加入對殖民地社會事業的理解後，跳脫過去對殖民地文學情結的慣性聯想方向，嘗試開發出更貼近作品內在世界的詮釋能量。

首先，殖民地社會事業於 1921 年開辦以來，便一直陸續有在各地設立了有養育事業、保育事業等兒童保護事業，〔註67〕以及公設質舖（公營當舖）〔註68〕、提供小額事業貸款的經濟保護事業等等政策。當然，我們不能因此而直觀地期望，有了帝國設置的救助事業，「鬻子」這種行為就會在台灣社會銷聲匿跡。本文反而想試著通過重讀殖民地文學文本的過程，理解作品所呈現的殖民地空間中的「鬻子」行為這種類型的文學話語背後可能隱含的象徵意圖。

殖民地式經濟體制造成的生活與生存的壓力，的確叫身處下層的受殖者群體喘不過氣，甚至屢屢危及生命。然而，在面對經濟拮据甚至緊迫的時候，作品中的「行動者」——下層的「受殖者窮民」，卻彷彿無視殖民政府所提供的諸多救助設施，而屢屢選擇以「販賣子嗣」這種「割裂血緣」的方式，切斷繁衍自自身的生命臍帶。除了一幕幕令人鼻酸的「生活苦」場景，被催迫得不得已所做出的抉擇，也叫人不勝唏噓。那麼，除了這個行為表面上形塑的「悲劇」效果，通過「貧困書寫」後的鬻子情形背後還有什麼可能的象徵意涵？

賴和在〈可憐她死了〉文中，以「一個貧窮的勞動者的家庭」為場景，替女主人公「阿金」揭開了通往死亡的序幕。受殖者「病體」的原罪，逼使

〔註67〕養育事業，以扶養孤兒、貧窮兒、遺棄兒為主的事業，目的是為了改善台灣當時的人身買賣風俗而設的機構。保育事業，針對無產的幼兒，在白天替其父母進行看護的工作，以使得扶養者能夠增加他們的勞動力，不必因為為了孩子操心，而降低勞動力。參考，杵淵義房，《台灣社會事業史》，頁1204～1205。

〔註68〕「俗稱以物質錢曰當，經營這種生意的謂之當舖。但在日據時代，台南市當舖的招牌，一律標明『質屋營業』，『質』也是當的意思。」參考〈當舖考源及台南市質屋業〉，原載於《台南文化》第6卷第4期，1959年10月，收錄於許丙丁原著，呂興昌編校，《南台灣文學作品集【二】——許丙丁作品集（下）》（台南市：南市文化，1996年5月），頁515。

得人們聯想到幾近令人崩潰的親情選擇題。然而，強大的生存壓迫並沒有留給他們絲毫喘息與拒絕的餘地。夫妻之間簡單交代的對話，卻處處是血緣與現實之間的拉鋸：

（阿琴）唉！這都是我的罪過，都是我病中將所有粒積〔積蓄〕些的金錢開銷所致，要不然定不會弄到如此窮困的地步！在我的意思不如將阿金來賣。

（阿琴丈夫）賣！將阿金來賣！唉！賣子原是貧人的事，但是咱也只有阿金一個，而且這樣大了，雖則我們捨得賣，恐阿金也未必肯去，縱使這一期戶稅不納，也不是就要拿去刣頭〔殺頭〕，何至著〔就得〕要賣子。

（阿琴）啊！若是刣頭就快活啦！『一死萬事休』，像阿德哥那樣弄得落花流水，是你所親見的，又像戇九嫂，不是因爲戇九兄什麼科料金不能繳被拿去關，趁食人〔幹活的人〕無趁無得食，不忍聽著大細〔大人小孩〕的啼飢叫餓，她才去乞食，在戇九嫂那有料想到要做乞食也要官廳應準〔准許〕，求乞沒有幾日就碰著警官，被打到那樣你也是曉得，不是因此傷心不過才去上吊，你若是被拿去關，我餓死是不相干，阿金要怎樣？囡〔女孩〕是我生的，我豈會比你更忍心？〔註69〕

僅僅是夫妻間像是閒話家常的口氣中，卻凝縮進了整個殖民地現實悲慘的縮影：因沒錢而無法治癒的病體、繁重的戶稅和各項名目的手續費用，以及殖民地警察的橫徵暴歛。無論是上吊自殺抑或是餓死，兩人的話題終究嘎然而止在以「死亡」作爲最終不可抗拒的宿命，卻往往使人忽略了仍活著卻將要面臨骨肉分離、血緣斷裂的殖民地受殖者命運。

然而，命運眞的就因此得以緩解逐步朝向死亡的速率嗎？阿金以「傳統女性」身份的被動姿態，被擁有她生命「所有權」的富戶人家一賣再賣，甚至開始出現怨嘆是自己的不幸牽連了別人的「加害妄想症」情形。「這條路是連到自由幸福呢？是墜入火坑呢？」〔註70〕這不僅是阿金的自問，也是作家

〔註69〕賴和，〈可憐她死了〉，《台灣新民報》第363～366號，1931年5月9、16、23、30日，6月6日出版，收錄於張恆豪主編，《台灣作家全集——賴和集》（台北：前衛，2002年11月），頁133～148。【引文括號內粗體爲筆者所加】
〔註70〕同註69，頁133～148。

面對（受殖者）生命主體掌控權不屬於自己的詰問。

阿金終究是死了。我們卻要問，整個阿金的女性生命史，除了將不幸的女體比喻為殖民地身體、以及透過她的悲慘身世控訴殖民地現實的慘況，我們還能讀出什麼隱微的訊息？

「死亡」既是終點，也是文學藝術解讀的起點。正是作品中仔細地描繪了阿金即將赴水邊浣衣的場景，以及細緻地刻畫了她的心理變化，讓人不得不預感死亡的降臨：

> 是一個月明幽靜的夜裡，阿金因為早上腹部有些痛，衣服不曾洗，晚來稍覺輕快，要去把她洗完，便自己一個人從後門出去，走向荒僻的河岸來，不一刻已看見前面有一條小河，河水潺潺作響，被風吹動，織成許多皺紋，明月照落水面，閃閃成光，空氣很是清新，沒有街上塵埃的氣息，胸中覺得清爽許多，便蹲下去把往常洗衣時做的石頭拭乾淨，移好了砧石，把衣服浸入水裡，洗不多久腹裡忽一陣劇痛，痛得忍不住，想回家去，立了起來，不覺一陣眩暈，身體一顛竟跌下河去，受到水的冷氣，阿金意識有些恢復，但是近岸的水雖不甚深，阿金帶了一個大腹，分外累贅，要爬竟爬不起來，愈爬愈墜入深處去，好容易把頭伸出，想開口喊救，口才開便被水沖了進去，氣喘不出，喊亦不成聲，被波一湧，又再沉了下去，那個瞬間阿金已曉得自己是會被淹死的，很記掛著她的阿母，記掛著將要出世的孩子。〔註71〕

最後一幕，作家以慢鏡頭的方式敘說著一場殖民地受殖者邁向死亡儀式，阿金也像是早有預感自己將死的命運，隨著畫面感受著從未享受過的寧靜，既是現實的寧靜，也是精神上的寧靜。在她滌淨了自己的心情後，劇情便開始急轉直下。快速有如切片般的分割畫面，一幕幕催促著阿金往下沉淪，終至滅頂。作家留給了阿金擁有「孩子」的權力，卻也不得已給了她幻滅。肚子裡的孩子（血緣）又怎麼真的能夠生下來？那個背負著受殖者不幸與悲慘命運的血緣，又怎麼能夠再一次延續在殖民地現實中？

比起張慶堂的〈鮮血〉，賴和更早地在書寫殖民地作品時，便似乎有意通過「鬻子」與「死亡」的意象，試圖奪回屬於受殖者生命的主動權。既然阿琴丈夫知道販賣子嗣不過只是一時的「炒短線」，為何仍做出如此決定呢？通

〔註71〕同註69，頁147～148。

過受殖者不得不然、違反倫常的「鬻子」以求續命的行爲，作品深層地透露出受殖者血緣斷裂的軌跡，但同時也藉由這種「斷裂」，自阿金的身上截斷了另一種象徵著承受殖民統治暴力血緣的延續。

前者呈現出受殖者在面對生存壓力時被迫「血緣斷裂」的惡夢，後者則是潛伏在對殖民地現實的悲慘遭遇進行控訴的表面底下，深層地通過對自己的生命採取「同歸於盡」的方式，展現受殖者毅然決然阻絕悲慘的身世與不幸的血緣延續的「主動」姿態。

另一篇瘦鶴〈沒有兒子的爸爸〉爲例，故事首先點明了年邁的老祖父與還是幼兒的孫子小寶，以「怎麼一個被叫做爸爸的，倒會是一個沒有兒子的人呢？」提問，推展「不在場」（absence）的「兒子」的存在：

> 因爲賣了一個女兒，得了兩塊錢做個小小的生意本，此後幾年，沒有兒子的爸爸的家裏，總算比較好過了一點。就說兒子，也接連著生了兩個男的。但，不曉得是命定的呢？還是怎的？這共三個子女，也都給跑掉了。〔註72〕

雖然瘦鶴以「跑掉了」委婉地交代了三個子女的命運，卻反而更強化了唯有販賣子女，才得以延續生命的殖民地弔詭又悲哀的現實——當淪落到要販賣了子女（血緣斷裂）以維生的地步時，延續生命又有什麼意義呢？統治者所說的社會連帶又在哪裡呢？

在歷經了生命中接二連三遭遇的土匪、「蕃仔反」〔註73〕、經濟不景氣、流行病等困厄後，「沒有兒子的爸爸」總算看著僅存的兒子長大成人並且娶妻生子了，卻沒想到，終究必須面對兒子被「火車」輾斃的喪子之痛。隨著孫子帶有同情與好奇的問題「你能允許帶我去看看他嗎？」，將殖民地受殖者的遭遇與現今的悲慘生活疊合出令人心碎的殖民地社會中的受殖者生命史：

> 父親是被土匪結果了，大的兒子，因了走反，也扔掉了，嬌小可愛的女兒，又因爲沒有飯吃，而賣卻了一個，現在又爲了這一次的鼠

〔註72〕瘦鶴，〈沒有兒子的爸爸〉，《台灣新民報》第 368～370 號，1931 年 6 月 13 日、20 日、27 日出版，收錄於葉石濤、鍾肇政主編，《光復前台灣文學全集——一桿秤仔》（台北：遠景，1979 年 7 月 7 月），頁 348。

〔註73〕指蕃人作亂，後來泛指外人侵台皆稱之。遠景註。收錄於葉石濤、鍾肇政主編，《光復前台灣文學全集——一桿秤仔》（台北：遠景，1979 年 7 月 7 月），頁 353。

疫的流行，死掉了兩個，家產更加是歸於烏有了。〔註74〕

從匪亂到疾病，作家將殖民史嵌入敘事中，對著天眞的孫子訴說著「沒有兒子的爸爸」，如何必須不斷面對因爲各種困境而賣子、喪子的代間血緣斷裂的命運，即使好不容易帶著僅存的兒子阿牛活了下來，終究還是宿命論地必須面對阿牛被火車輾斃的結局。

當「火車」做爲承載著殖民帝國種種如法治、衛生、疾病、經濟剝削等現代性隱喻的集合體，輾壓過好不容易才得以延續血緣的阿牛的「身體」時，不單只是文本所呈現的那些殖民帝國的壓迫與暴力被放大，而是那個橫亙過殖民地血緣的漫長輪軌，阻絕了受殖者文化、精神延續的一切可能性。

隨著阿松上氣不接下氣的說著令人無法承受的打擊，彷彿就像是車輪正撕裂殖民地上的受殖者身體般，凸顯了受殖者遭逢異民族統治的文化斷裂與悲哀。故事中被殖民現實所剝奪去的「血緣斷裂」，反倒藉由作品通過文化傳承的代間「不在場」設計，更深刻地還原出受殖者血緣眞實存續的歷史時刻。

此外，無論是楊守愚〈凶年不免於死亡〉中，面對官廳「叫貧民賣兒子納稅」的林至貧，最終不得已選擇了賣掉了自己的女兒，或是柳塘〈轉途〉中，在阿才心中不停默數著的八歲、四歲、二歲的兒子，像是被他被貼上了價格一樣的異化了的血緣關係的悲哀，殖民地小中中都無獨有偶地藉「鬻子」這個主題，不只表層地以之爲一種控訴，強調殖民現實的不幸宿命與悲哀的生存窘境，更各自將「行動」背後作爲「文化斷裂」隱喻的「血緣斷裂」，隱含在作品的敘事結構中。

三、離鄉

對「離鄉」主題最明顯的敘事，要屬楊逵所寫，曾刊上內地《文學評論》雜誌的〈送報伕〉。無論是到東京討生活而發出帶有自我異化（alienation）的感嘆：「家鄉，回到家鄉又怎麼樣？」〔註75〕或是待在「家鄉」面對被迫離散的情形：「恰恰與他們所說的『鄉的發展』相反，他們給我們帶來的正是『鄉

〔註74〕瘦鶴，〈沒有兒子的爸爸〉，頁343～353。
〔註75〕楊逵，〈送報伕〉，《文學評論》第1卷第8號，1934年10月，收錄於葉石濤、鍾肇政主編，《光復前台灣文學全集——送報伕》（台北：遠景，1979年7月），頁31。

的離散』。」〔註76〕作品都深刻地建構出了一個帝國帶進殖民地台灣的資本主義現代化空間；這個空間的目的並非用來容納本來就生存在殖民地上的受殖者，而是將他們排擠、切割於自己的土地與血緣之外。

楊守愚在〈一群失業的人〉中，也將這種被迫「離鄉」的無奈，轉化爲一種再無以名狀的流動狀態，以此強化了離鄉的象徵力道：

> 一群四處漂泊，找尋工作的窮人，一壁兒跑路，一壁兒說著話，來安慰自己的愁悶，消磨無聊的日子，看來，大家似乎都很疲倦了，跑起路來，都有些兒蹣跚，小小的一個包裹揹起來，若有不勝其重的樣子，大概流浪的日子還不很久吧，但個個人的臉上，除卻表現同一個饑色外，在那憂鬱的面孔，都蒙上一層厚的塵垢，這不能不說是他們風餐露宿，跋涉長途的標記。〔註77〕

爲了生存，離鄉覓職成爲務農以外唯一的選擇；緊迫的生存條件，逼使著受殖者們遠離家園，卻因爲殖民地式經濟體制所造成的不景氣，即便「跑了一百餘哩，三十多個村莊」，依舊是無工可做，無薪可領的狀態；即使有份短工，工資也賤得僅夠止飢而已。揹著從家鄉裡帶出來的「小小的一個包裹」，像是象徵著僅存的本土文化，但無奈於禁不住殖民統治對台灣人生存的壓逼，終於也不得丟失在離鄉的途中：

> 「喔？我們的包裹呢？」
>
> 這一個最新的發見，直把一群人，都弄得發怔了，你看著我，我看著你，靜默地面面相覷，好像末日臨頭一樣，個個剛受了驚的心兒，總緊張地加上了許多憂懼。
>
> 「蕃薯偷不到，倒又丟了一大堆包袱。」
>
> 「雨又是這樣下個不止，我們將怎麼回去呢？怕不凍死、餓死嗎？」〔註78〕

作家通過文學藝術性的敘事方式對殖民資本入侵進行書寫，從一群失業的人的漂泊離散狀態，至因飢餓而違反意志墮落成爲竊盜；整個受殖者因爲殖民壓迫僅以身免地離鄉覓職的動態圖景，到最後暗示連「家」也「回不去了」

〔註76〕同註75，頁42。

〔註77〕楊守愚，〈一群失業的人〉，《台灣新民報》第360～362號，1931年4月18、25、5月2日出版，1931年3月10日作，收錄於鍾肇政，葉石濤主編，《光復前台灣文學全集——一群失業的人》（台北：遠景，1979年7月），頁39。

〔註78〕同註77，頁50～51。

的悲哀，一再地暗示著因殖民壓迫造成的失根、無垠的文化斷裂狀態。而此種與帝國社會事業內涵中所標舉、強調要推行的「連帶精神」相悖的斷裂現象，也可以從徐玉書〈謀生〉中發現到。

小說內歸結了不景氣的原因，在於殖民現代性入侵後，瓦解了傳統的城鄉連接，製造出了城鄉間的差距：

> 農村愈來的物價，一天低下一天，可是都市的物價卻一天一天的高
> 起來，這層就是使咱們農夫的一日困窮一日的。農村和都市的不調
> 和的結果才做景氣的現象。〔註79〕

必須面對與土地關係斷裂的競英、被生存壓力扯斷農村內部情誼的阿八與阿牛，以及為了生存而不得不骨肉分離的競英一家人，再再都暗示著在帝國「連帶精神」口號底下，受殖者的「斷裂」情形——無論是內在精神、傳統文化或是血緣，正朝著與「連帶」、「提攜」、「向上」等統治者話語相反的方向進行書寫：

> 終是離別了，他們抱著落魄的靈魂，離開親朋和故鄉，而踏上異鄉
> 漂泊的途程了，他為著生活和債務的驅使，不得不拋棄了他底父親
> 遺下給他這支鋤頭的生活，而轉向別途的生活了。〔註80〕

象徵著在代間傳承意志的「鋤頭」，在生存壓力前被擱下了，身為農村窮民的年輕後輩為了續命，轉而開始往城市去尋求生存機會，以農為本的殖民地傳統社會的生活模式與文化血脈又該如何存續？原本的農村文化將剩下什麼？又如何才能接續起這種殖民壓力造成「斷裂」？

大友昌子在論述「殖民地社會事業的擴大期（1921～1933）」時，分析認為總督府此時想要在台灣推行的社會事業，是以「解體」和「社會統合」為目標。〔註81〕即是以具現代性型態的殖民政策，對殖民地住民採取統合的手段，通過經濟、教育、律法等各方面，對原有的殖民地社會進行「解體」，再通過社會統合，達成殖民地支配常態化的施政目標，以確保施政時的安定。

當日本通過社會事業的社會連帶觀，在台灣社會強調一系列如：「社會共同責任」、「文化精神向上」、「連帶幸福」、「幸福文化」、「全體生活的美滿」

〔註79〕徐玉書，〈謀生〉，頁137。
〔註80〕同註79，頁129～148。
〔註81〕大友昌子，《帝國日本の社會事業政策研究——台灣・朝鮮——》，頁419。

等概念時，殖民地上的台灣人作家與作品，也正潛伏在總督府的統治政策底下，表面上描寫殖民地社會的現實情況，實際上卻是通過藝術性的文學書寫策略，深層地著力在賦予文本中的形象背後屬於台灣人的價值判斷，與描寫傳統社會文化與價值崩壞斷裂的「內在變動」，暗示著帝國社會事業所強調的心靈與社會層次上的「連帶」，正是建立在其對殖民地的「破壞」的前提上。

對於殖民地作家來說，其使命不僅是通過文學作品表象地指陳殖民暴力與壓迫，更通過書寫這種殖民地社會內部斷裂情形，賦予文學意象深刻的意涵，展現出與帝國話語相抗衡的積極「反連帶」精神；也以書寫殖民地原有的價值與文化的崩壞情形，與帝國對受殖者「窮民」精神上及文化上的統治與收編意圖對話，建立起自身的殖民地文化、精神史。

殖民地時期的新文學小說作品，這時不再僅只作為控訴帝國物質統治與壓迫的外部抵殖民文本，更呈現出受殖者內在的精神層次的形象建構與重塑，通過文學上的「貧困書寫」，作家重新搭建起屬於受殖者認知的內部主體——「窮民」形象，成為在殖民話語下具有積極建構意義的受殖者話語。

小　結

殖民地一方面肇因於帝國殖民地資本主義式的統治技術影響，產生了貧窮、無醫、犯罪、墮落為社會落伍者或者死亡等等副（負）作用；一方面又必須承受來自帝國施展的正面補救措施——社會事業所推展各種文化上、精神上的向上力量。使得受殖者作家的作品中，各種原本被視為與殖民主相抗頡的作品，必須得從更深度的書寫主題諸如：「父母雙亡」、「鬻子」、「離鄉」等面向挖掘，才能理解出殖民地本土作家群挹注在文本中，通過文學藝術性包裝過後的內在精神與主體建構的思維。

本節正是通過將總督府實施社會事業的對象——窮民，還原其另一面屬於受殖者方的身份，並以之作為解讀殖民地文學意象的方式。藉由理解殖民地上極度衝突與矛盾的殖民統治技術，從殖民地文學內部的意象層面，思考隱藏在作品深層結構中的受殖者文化精神狀態，以及作家通過文學作品進行的主體話語爭奪與建構情形。

第三節　消解「社會排除」與社會事業意圖的敘事 ——離農轉工

在前文釐清台灣人窮民與帝國窮民彼此在屬性、定義及認知上的差異後，本節所要處理的，是當日本將現代化資本主義式工、商業經濟模式引進台灣，並且實施帶有剝削性質的經濟統治政策，進而使殖民地台灣發生了現代化社會典型的「社會排除」情形時，殖民地小說如何表現這種狀況，又如何通過文學創作，賦予那些因為殖民地社會汰選而隨時可能淪為窮民的農民抵抗社會排除的能量；或如社會學研究者王永慈所分析，以「貧窮者面對社會上有限機會的一種回應方式」〔註82〕——「貧窮文化」作為一種與統治者對話的方式呢？

此外，殖民地知識份子又如何在由文學內部所建構的殖民地空間中，與被帝國給定的窮民身份對話，與那個淪為受救濟（助）、收編進入「帝國臣民」的窮民命運爭奪受殖者身體的自主權？

隨著殖民地上農民逐漸無力負擔日漸升高田租、殖民資本與統治權力不合理地土地兼併所造成的農民出走情形加劇，以及帝國律法與殖民經濟政策的交互掣制等帝國逐漸加壓的統治力道，台灣人農民在殖民地社會上的位置，如矢內原忠雄所述，實際上是一直處在節節敗退的狀態。〔註83〕由於殖民統治政策機動性地視總督府的調整與需要而更動，社會上出現的卻不是更多的就業機會與幸福生活，而是更多被迫離開田地（楊逵的〈送報伕〉），游離在城鄉之間的「臨時僱工（苦力）」（楊守愚〈一群失業的人〉）。遭受喪失土地的打擊，受殖者農民們為了生存，為了養家活口，「離農轉工」終於成為了他們在面對殖民經濟壓迫力道時所不得已面對的現實選項。

延續前章對殖民統治下殖民地社會上發生「社會排除」情形的討論，本節擬以「與社會排除相抗衡的社會參與——離農轉工」為題，整理並分析殖民地作家在作品中所表現的「離農轉工」情形。如果說前一節討論的「離鄉」書寫主題所承載的，是受殖者遭受殖民統治而產生的反應——隱含有「文化斷裂」的意象系統。那麼，我們又能從以農民為故事主角的潛在動態——「離農轉工」情形中，詮釋出何種不同於過去的殖民地文本意義呢？

〔註82〕王永慈，〈「社會排除」：貧窮概念的再詮釋〉，頁75。

〔註83〕矢內原忠雄，周憲文譯，《日本帝國主義下之台灣》（台北：海峽學術，2002年1月），頁24～30。

　　典型的「離農轉工」文本，可以翁鬧的〈憨伯仔〉為代表。

　　由於殖民資本強勢入侵的關係，使得主人公「憨伯仔」從身為典型的「窮民」形象，得以在文學文本中昇華成具有展示「貧窮文化」動態能量的代表：曾經因為種香蕉而得過一等賞（總督府所頒）的憨伯仔，在「不景氣與玉山的山風一塊吹下來」，以及鳳梨罐頭製造業的產業轉移（殖民政策的轉變）下，終於不得不轉作鳳梨以維生。然而，一直依循統治者步調前進的憨伯仔，卻因為殖民資本未能有效調節供需問題的結果，使得他終於落到即使轉作也無法再以農營生的地步。

　　自從「瞎眼的老爸突然死了，一家人又搬回山下」〔註84〕的流動狀態，不只是暗示台灣人的生存空間遭到統治者驅趕（從山下被趕上山，再從山上到山下，從種香蕉到種鳳梨，到最後無物可種），也將憨伯仔推上了「離農轉工」的命運：

> 這些日子以來，憨伯仔不再整天在園裡做這做那了。清楚地讓他看
> 到日頭向西落下，透出開朗面孔的時間越來越短。只在白天裡拔拔
> 草，給香蕉樹撐撐支柱，砍砍伸到園上來的小竹枝，有時也種種鳳
> 梨苗。這些鳳梨苗多半快地就被雞抓扒起來。隨著空氣漸冷，香蕉
> 也在萎縮。偶而會有麻雀從香蕉裡驚地飛出來。
>
> 植物成長情形不好，老伯仔便沒有多少活好幹了。〔註85〕

憨伯仔逐漸遲緩的動態生活軌跡，像是喻示了受殖者被一步步排除在逐漸異化、縮小了的殖民地空間中；帝國帶來的不景氣，非但將殖民地推入「冬夜」，也隨著文本中憨伯仔「離農轉工」，隨著鏡頭的推移，由「鄉村」帶進了「城鎮」。

　　憨伯仔「瞎眼的老爸」的「死亡」，就像是受殖者命運的投射，當他自己的眼睛也開始和他的父親一樣，逐漸走向（只看見）「黑暗」時，父子兩人的命運終於交疊在一起：

> 憨老伯仔的眼睛一點也不見好。大家都告訴他，如果再不去看眼科
> 的專門醫生，眼睛就要瞎了。然而，老伯仔除了等待那一天以外，
> 還能怎麼樣呢？〔註86〕

〔註84〕翁鬧，〈憨伯仔〉，頁305～306。【引文粗體為筆者所加】
〔註85〕同註84，頁305～306。
〔註86〕同註84，頁306。

因此，趁著田裡植物的生長情形不佳，他便放下了那塊「一天到晚挖掘同樣的一塊狹窄的土地」〔註87〕，轉而成爲一個「臨時勞動者」，送米、劈柴，甚至最後成爲一個魚乾店內受老闆遠親排擠的老工，他都還是撐著臉皮做那飯都沒得吃飽的勞務。這一切全都靠著爲了要使妻兒吃下去的心願，才得以推動著憨伯仔不停地驅策著自己疲老且衰敗的身體；也正是因爲憨伯仔的「轉工」，在小吃攤上巧遇了「和尚頭」——一個即使是得了痴呆症也得日夜不停歇地工作的勞動者：

> 肉丸在油鍋裡滾著，一隻和尚頭在電石燈下雙手叉在胸口打瞌睡。感覺到有人來了，那雙手自顧地伸出來，拿了盤子和一把竹叉子。看來好像是個給攫去了魂魄的人，只是照習慣的惰性動著。爲了不想成爲一個乞兒，窮人到了晚上必須連麻痺了的神經也拼命地去驅策。由於不分晝夜不間斷的勞動，加上一定要使妻兒吃下去的心願，可憐這個和尚頭是患上了痴呆症啦。〔註88〕

爲了要對抗帝國經濟統治所造成的「社會排除」，迴避帝國爲「社會排除」所實施的社會事業，爲了要能串連整個殖民地空間中的受殖者窮民，作品展示了一條受殖者身份置換的動線：由「農民」到「窮民」，再因「離農轉工」，而成爲「勞動者」，最終，則陷落爲「失業者」。在〈憨伯仔〉一文中，透過憨伯仔的身份轉換，與他瞎眼的父親命運交疊的窮民形象，爲了不要步上「受殖者的死亡宿命」，因而選擇了進入城鎮，成爲「勞動者」。正是通過「離農轉工」這一個動態過程，受殖者窮民的身份置換機制得以開啓，從「農民」轉而成爲「勞動者」，不僅串連了兩個殖民地空間，也同時藉由同一個受殖者形象，承載了雙重的受殖者身份。

　　原本該如殖民資本與日本帝國所設定的那樣，逐步向下陷至「窮民」邊緣的台灣人農民，在通過文學創作賦予他們在殖民地空間中的「離農轉工」動能以後，得到了來自於文本中抵抗「社會排除」的抗體；藉由筆下受殖者窮民身份置換軌跡，整個殖民地空間（無論是鄉村或是城鎮），或是在空間中活動的受殖者（無論是農民或勞動者身份），到受殖者主體自身（從父親到兒子的悲劇宿命的繼承），被透過文本組裝成一個在精神上趨於完整的「貧窮文化」。

〔註87〕同註84，頁299。
〔註88〕同註84，頁309。

　　這種通過文本建構而成的「貧窮文化」，除了展現在受殖者悲慘形象的串聯中，也凝縮在〈憨伯仔〉中通過「離農轉工」組合起來的殖民地場景內。「生命」在這個空間中，是極其脆弱地維持著：

> 牆的顏色褪去，屋舍傾圮，原來那麼活潑的人們，都不得不過著寒僧的生活。村子裡，人人都牛馬般地幹著活。他們之中沒有一個人懶惰的，也沒有一個人在想著生活以外的事，或策畫著什麼陰謀。然而，那種晴朗的笑卻從他們臉上消失了。他們都變得習慣於用萎縮的、扭曲的面孔來看東西，與別人交談。〔註89〕

> 老伯的村子裡根本就談不上什麼過年。村人們只是胡亂地加上了一歲又一歲，胡亂地死去。〔註90〕

此外，憨伯仔此種因爲生存壓力而「離農」的姿態，也展現出台灣人爲了活得有尊嚴所堅持的生存原則，既然不甘屈於如乞兒般的生活姿態，更遑論提及統治者所經營的社會事業了。

　　然而，翁鬧似乎早已對憨伯仔離農轉工後的結果瞭然於心：「不管怎樣掙扎，都是沒法從**陰暗溽濕的地方**逃開的好長好長的過去呵！」〔註91〕憨伯仔的「受殖者」身份，終究還是他轉而爲工後最沉重的負荷；那無法適應現代社會的傳統習性、源自於殖民地式經濟體制造就的貧窮命運，都像是憨伯仔一開始就沾染上的「砂眼症」一樣，一點一點地剝奪了憨伯仔的未來：

> 憨伯仔又回到乾魚店，但馬上又回家了。這不是爲了回家團圓，而是因爲魚乾店不要老伯仔了。原本就不必僱老伯仔的，勉強僱了以後，兩個年輕店員工作量減少，不再那麼勤快了。老闆盯著老伯仔的爛眼睛這麼說。在老伯仔這邊，總覺得是自己的眼睛在受著責難似的。這一陣子，老伯一空下來就非得閉上眼不可，所以受到責難也沒話說。……。買賣實在不好做，所以還是回去當農人比較好，老闆這麼安慰他。相當農人也沒有田啦，老伯仔回答。於是他回到長了跳蚤的稻草屋子。〔註92〕

作家像是利用憨伯仔彷彿宿命似的遺傳自父親的眼疾，預示了受殖者雖然藉

〔註89〕同註84，頁317。
〔註90〕同註84，頁319。
〔註91〕同註84，頁318。【引文粗體爲筆者所加】
〔註92〕同註84，頁319。

由「離農轉工」的方式，迴避了跌落進「窮民」的宿命，連結起殖民地空間悲慘的命運；然而，殖民地勞動者的未來仍舊是模糊的，看不清楚的一片慘澹。「村子裡的人都是這樣死去的」。那些「倒斃在路旁的人」，也僅只是受殖者農民無止盡的悲哀輪迴中的一小部分犧牲者而已。

文末，憨伯仔最後「回到長了跳蚤的稻草屋子」一幕，像是暗示著由受殖者藉空間移動與身份置換所凝聚的「貧窮文化」，終究被侷限在了無生氣和沒有未來的殖民地上。只不過，「轉工」後所帶來的契機仍在：「第二天早上天還沒亮，老伯仔又挑起了籠子，走過闃無人聲的村路，並用路邊的石頭擦著因露水和泥巴而重起來的草鞋，爬往那座已經沒有了屍首，只剩下扁擔的有牛墓的故鄉的山。」〔註 93〕即使憨伯仔仍舊必須要為了生活而奔波，但這條「路」終究與過去的悲慘路徑有所差別，是一條通往暗示「希望」與「傳統」的「後山」、「故鄉的山」的方向。

這種以「離農轉工」開啟殖民地文本中受殖者主體能動性的例子，同樣也可以在徐玉書〈謀生〉中看到。

「繼承父業」的競英，由於「不願意在矛盾下生活」，不願意一輩子農耕卻必須遭受田主不公平的壓榨與對待，決定偕他的夫人一同轉向別途，利用從事其他勞務的方式來清債務。這種面對生活與環境的壓力所做出的「離農轉工」選擇，既然是寧可他去做會社工、短工，而妻子去做些「婦人工」也不回頭的意志下的產物，那麼，隨著受殖者「離農轉工」，自然也就離殖民帝國所預設的「窮民」身份更遠了。除了競英夫婦以「離農轉工」的方式與社會排除下的受殖者宿命抗頡外，這種「離農轉工」敘事，在〈謀生〉中也同樣連結起殖民地上的鄉村與城市兩個空間，以及農民與勞動者兩種身份：

> 竹圍村自這回荒災的襲來之後，村裏都出現很蕭條的景象，村裏的人們有個因為著荒旱的影響，于是生活更難維持下去，在這時候有個不得不跑到他村與人家做著零碎的工作，或有個跑到 K 市找工作，以維持他們的生活，有個到市內找不到工作終於在饑餓的路上徘徊著，到末有個做著不正的行為，社會上有不正的行為常由如此發生，那末由此看來，是他們的本意嗎？〔註 94〕

宿命般的荒災，像是暗示著被統治者異化了的殖民地空間，身處其中的主人

〔註 93〕同註 84，頁 322。
〔註 94〕徐玉書，〈謀生〉，頁 129～148。

公競英即使面對與土地斷裂的情形、離鄉背景的苦難與骨肉分離的血緣斷裂，還是決定漂泊「異鄉」尋求別途工作，展現出受殖者在現實壓迫之下所發生的「離農轉工」情形，既是殖民統治造成的受殖者生存空間轉移的情形，也是身爲準窮民身份的農人爲了避免陷落成爲「帝國窮民」所不得不面對的選擇：

> 鐘聲一噉噉的響的，這鐘聲，在他們兩夫妻的心坎底，如像感覺著催促他們兩夫妻離開生地的故鄉，老實的說，他們兩夫妻委實都沒有依戀著生地的故鄉，他們以爲可謀得生活，到處都是一樣的，這層可說是他們意志堅定的表現。
>
> 〔中略〕
>
> 終是離別了，他們抱着落魄的靈魂，離開親朋和故鄉，而踏上異鄉漂泊的途程了，他爲着生活和債務的驅使，不得不拋棄了他底父親遺下給他這支鋤頭的生活，而轉向到別途的生活了。〔註95〕

然而，「離農轉工」後的競英，眞的「沒有依戀著生地的故鄉」嗎？答案當然是否定的。「離農轉工」後的受殖者，雖然依舊承受著來自統治者的壓力「抱着落魄的靈魂，離開親朋和故鄉」，落魄卻來自於對於故鄉的依戀與執念，「鋤頭」雖然被拋下了，可是開放性的結局卻暗示着往赴「別途的生活」的受殖者的內在雖然可能斷裂了，可是對於文化延續的想望又可能在新的地方開啓，成爲一種隱藏在流動狀態背後，精神性的掙脫與出走。

林越峰〈到城市去〉尤其突出地表現出這種農人在面對淪爲「窮民」前的掙扎與憧憬。源自於對農村生活的絕望、對現代性都市的嚮往，以及生活隨時可能無以爲繼的危機；站在十字路口的主人公「忘八」，並沒有掙扎得太久，很快就放棄了原本的農民身份，改行當個補靴工，然後是替地主做事的田工。即使爲了生存而前進城市，所面對的，卻仍如同憨伯仔一樣，除了出身低下而受人鄙視的過去，眼前歷歷在目的盡是現代化城市的風景也叫人心酸：「雖然洋樓是高大，水銀燈是明亮，坐著汽車，吃著大菜的人們，也很是不少。」，「但是在其陰影下，餓著肚皮，受著風霜的人們，卻也多著哩。」在通過小說描述組合成一個完整的「貧窮文化」，以及殖民地空間被壓迫圖景的同時，作家也一語道破了即使想要藉由離農轉工逃避被排除成爲帝國窮

〔註95〕同註94，頁146。

民，終究仍不過只是換個身份而已的台灣人下層階級的悲哀宿命。

　　除了上述兩篇小說，在賴和〈一桿「秤仔」〉（1926）、楊逵的〈貧農的變死〉（1928）、楊守愚〈一群失業的人〉（1931）、蔡秋洞〈新興的悲哀〉（1932）、楊逵〈送報伕〉等作品中，也都能觀察到與「離農轉工」主題極其相似的敘事結構。

　　除了延續本章第二節論述的，作家賦予農民「不符合資格」的窮民形象的能動性——既閃避了殖民政權收編的意圖，也賦予了受殖者窮民主動選擇的權力。筆者也發現到，殖民地作家在書寫批判殖民地現實的文本（以經濟壓迫議題為例）的時侯，通常鮮少只單就一個「場景」進行批判，既非單將鏡頭擺放在城市的失業問題，也不僅只將畫面停留在鄉間的田地越耕越窮的悲哀上；即使總督府社會事業提供了諸多看似比農民的選擇更好的的選項，作品所呈現出的，卻仍是受殖者主體通過「離農轉工」，將兩條殖民地經濟壓迫的悲慘音軌，串連成一條線性播放的受殖者輓歌。

　　不在乎農人的本職背景、打破性別的框架、亦無視進入大城市後所能夠從事的工作有限的問題，作家所描述的受殖者窮民，僅是單純的因為生存問題而被迫「離農」，繼而奮不顧身地轉進都市空間而成為「勞動者」的身份。通過貧困書寫，「離農轉工」這一看似為了生存而不得不然的行動，成為了串連鄉村與城市兩個被殖民空間中的受殖者的悲哀宿命的畫格，連結從窮民到失業者的被壓迫位身份，聚集成為一股突顯出受殖者「貧窮文化」的能量。

　　藉由「離農」，原本在田間坐以待斃的農民，不再限囿於無法營生的田地上，消極受制於帝國以社會事業「窮民規則」的標準，而是展現出積極找尋新的出路的形象，因而迴避了被「社會排除」邊緣化，以及帝國收編的可能。通過「轉工」，作家在統治者的經濟支配下，還給了台灣人窮民主動社會參與的生存選擇權。雖然就結果論來說，他們所經歷的依舊是被殖民地經濟剝削、壓榨的命運，但是，正因為受殖者被經由文學創作賦予了隱含有積極意義的能動性——「離農轉工」，以及通過場景串聯與身份置換等意象，使得被凝聚起來的「貧窮文化」在文本中，不再是單純的受制於殖民帝國的被動狀態，而是具有積極批判與指涉意義的意象系統。

　　雖然「離農」無疑是以農為本的受殖者對於殖民政權最大的掙脫，「轉工」之後也未必能夠突破被殖民地式經濟體制壓制的下層階級生活；然而，不能

不說，正是這種藉由文學賦予受殖者窮民的能動性，成爲了受殖者得以精神性回應帝國統治話語的一種方式。一方面在文本中爭取到了不被「社會排除」而淪爲被帝國收編、理所當然化的被統治者身份；一方面也藉由精神性的「參與」，連結「鄉村」與「城市」這兩個被分割開來的殖民地內部空間，組成完整的受殖者「貧窮文化」的圖譜。

　　無論是殖民資本主義經濟所造成的現代化社會排除情形，或是帝國針對此種「社會排除」對象「窮民」所設計的社會事業，都將在作品中的受殖者「離農轉工」的行爲過程中一併被解消了。

結　語

　　在以理解帝國社會事業的內涵爲前提下，本章擷取社會事業中救護事業所實施的對象——「窮民」爲對象，並據此與受殖者作家書寫對象「窮民」對話。筆者發現到，小說中的受殖者首先藉由不斷被帝國剝奪的「土地喪失」情形，將農民與窮民的「身份」合理化連結起來，除了藉此區分被統治者所區隔出的與「失業者」之間的差異，也突顯出一個與被帝國藉由救助規則固著化的「窮民」身份有所不同的「身體」。

　　同樣以「窮民」作爲主體，殖民地文學文本並未將帝國社會事業有計畫、有系統欲收編的「窮民」身份的詮釋權拱手讓人，而是通過「貧困書寫」的方式，對這一形象進行建構與詮釋話語爭奪。「受殖者窮民」身份不僅，未如帝國的「窮民」話語所述，處在需要被救助、邊緣化、需要被提升向上的階層，反而在文學空間中，穩固地扮演著無法被救助、無法被向上提升的形象。除了「形象」外，通過對於文本中的意象系統的觀察，也可以發現到受殖者窮民的活動，處處與帝國社會事業的核心內涵——「連帶」意圖相悖的痕跡。藉由對農民與窮民「生命共同體」身份的探索、對「父母雙亡」、「鬻子」、「離鄉」、「離農轉工」等書寫主題的詮釋，殖民地文學中的「貧困書寫」所呈現的，正是一個與殖民帝國社會事業所標榜的「連帶」概念全然相反的隱喻——文化與血緣的斷裂。

　　通過對殖民地受殖者形象的重新閱讀與觀看，日治時期台灣新文學小說中大量出現的窮民形象，乃是以「與帝國社會事業認知不同」的屬性與身份，活動在文本之中。受殖者窮民面對此種並非屬於直接下壓力性質，卻因爲殖民統治政策與福利事業間的落差而產生矛盾的帝國社會事業，所採取的回

應，不只是表面上所要呈現的壓迫／抵抗的二元對立書寫策略，更是透過深層的「貧困書寫」描繪窮民的「形象」與「活動」，精神性地表現受殖者的能動性與主體批判力道。藉由以文學藝術等等審美要素參與殖民地文本的後殖民閱讀，使得本章得以重啓對殖民地文本解讀的空間，並以之作爲解構引入殖民現代性後所產生的社會排除情形，使這些殖民地時期的文學作品，不僅只作爲批判帝國負面統治的文本，也得以在作爲帝國慈善假面的社會事業所強調的「向上」、「連帶精神」等各種矛盾統治技術的最佳佐證時，從被壓迫身份固著的台灣人窮民形象背後，翻轉出一套受殖者自我建構的具精神性意義的主體身份，使通過文學創作中的意象系統來與帝國權力話語進行對話的判斷成爲一條可能的詮釋路徑。

第四章　殖民地式經濟體制下的
「異」、「己」失業者論述

前　言

　　自 1895 年甲午戰後至 1905 年初總督府財政獨立，日本利用這段殖民統治初期前十年，幾乎已經大略地完成了各項殖民地式經濟體制在台發展所需的重要基礎建設。以最具代表性的法律來說，譬如：敕令「台灣總督府條例」（1896）、「第六十三號法律」（1896）、律令「台灣地租規則」（1896）、「特別會計制度」（1897）、「台灣米穀市場」（1897）、「環境衛生法」（1898）、「台灣地籍規則」（1898）、「砂糖消費稅法」（1901）、「台灣糖業獎勵規則」（1902）等，都在這段期間內陸續制訂與實施。在硬體方面，譬如：內台海底電纜（1897）、設置台灣銀行（1899）、舊慣調查（1900）、引進製糖會社資本（1901）、蔗作為主的砂糖農業改良（1903）、灌溉系統設置（1903），及各項專賣事業等等，也都一一整備運作。這種帶有「針對性」的現代化產業建設發展傾向，使得改隸之初仍處於傳統產業型態的台灣，逐漸具備了提供殖民帝國發展現代性殖民地式經濟的雛型。

　　及至往後的 15 年間（1905～1920），日本所採取的殖民地式經濟體制策略，依涂照彥分析，則是著重於將台灣從原本前現代性農業結構為主的經濟模式，轉為以殖民母國需求為主要考量的「現代化製糖工業」為主的商品化經濟型態。〔註1〕伴隨 1920 年代後，殖民資本主義式經濟在台有系統地推

〔註1〕涂照彥認為，在日本統治之前，台灣本地社會經濟型態實際上已進入現代性

展，總督府所進行的一連串圍繞製糖工業而起的商品化經濟行為，以及配合帝國擴張所採取的策略性殖民統治技術，種種歷史因素都構成台灣本地農民因應殖民地式經濟體制，自原本農業體系轉型其他產業的時空背景。

由於發展殖民地式經濟體制造成的工業化、都市化與現代化，以及成為帝國殖民地後，經由與內地連結而與世界經濟體系接軌的緣故，台灣也開始與日本一樣，自社會結構內部發生失業問題，或是受世界經濟景氣影響而發生失業危機，連帶成為了影響殖民統治的不穩定因子。

在維繫統治環境穩定的考量下，總督府幾乎與日本內地毫無時差地於1920 年初，開始針對台灣所發生的社會、經濟問題，施行有計畫、系統性的社會事業「經濟保護事業」。

過去，研究日治時期殖民地文學的學者，在討論作品內部反應的殖民地式經濟體制造成的問題時，多從統治者對台灣所採取的正向下壓力如：警察統治、經濟剝削、律法限制等方面切入，而未曾將帝國如此有別於直接統治下壓力，以福利姿態展現的社會事業納入討論範圍中，使得在分析文本中描寫的經濟剝削與壓迫等殖民地現實問題時，多從「屈從／抵抗」或批判、揭露的位置對作品進行詮釋。

在了解到台灣人知識份子與殖民帝國對於殖民地上的「窮民」身份，有其形象認知、論述建構上的差異、及受殖者內部「失業者」與「窮民」分屬不同性質的身份差異後，本章將以殖民地經濟體制下的「失業者」為研究對象。於第一節「米糖經濟與殖民地失業問題」的部份，首先處理造成殖民地失業問題漸趨嚴重的歷史社會條件，並與經濟保護事業進行連結。第二節「帝國殖民地社會事業中『經濟保護』的意圖及形態」，則針對帝國經濟保護事業的架構、內涵，進行有系統的了解，進一步歸納經濟保護事業中建構的「失業者」身份與形象，廓清殖民者究竟如何認知與定位其殖民地式經濟體制底下的受殖失業者。第三節「殖民地失業者差異論述」，將試著導入殖民地社會對於失業者的認知作為參照系，對照殖民地社會中由農業人口被迫轉而成為流動勞動者，繼而受經濟環境影響而失業的勞動者，其在統治者及被殖民者兩造視線中所呈現出的不同形象和身份，以解讀出這個具備複數意涵的「失業者」，在殖民地社會中究竟扮演何種角色，又承載了哪些能量。

「商品經濟型態」的「早期」階段，是一種「前期性」商品經濟型態。參考，涂照彥，《日本帝國主義下的台灣》，頁 17～32。

第一節　米糖經濟與殖民地失業問題

前　言

　　本節首先將整理帝國之所以實施「經濟保護」事業的社會背景，說明在帝國殖民地式資本主義經濟統治下，殖民地勞動人口之所以增加，以及發生失業問題的成因。第二部份，從受殖者的角度觀察殖民地上的失業問題，理解受殖者對於失業問題的看法和觀點。主要的目的，除了廓清失業問題在統治者及受殖者雙方思考邏輯中的位置，主要的用意是對雙方從經濟體系、失業問題乃至於解決失業問題的方法的脈絡，進行較爲客觀且平衡的觀察，以突顯出失業問題的複數價值判斷。

一、統治者的失業觀察──作爲農、工失業主因的米糖經濟

　　第 15 任台灣總督南弘〔註2〕在〈わが植民政策の基調〉一文中，曾對殖民地的發展方針及其與內地間的關係提出解釋。他認爲，振興殖民地產業的第一要務，便是針對適合殖民地發展的產業進行開發：

　　　　〔殖民地的發展〕不僅是模仿與延長內地的產業政策，更要挑選
　　　　對於殖民地來說最適合的產業類型進行發展，在內地充分的連絡
　　　　統制、獎勵助長下，殖民地與內地達成唇齒輔車之實際上的效果。
　　　　〔註3〕

針對台灣的地理環境，他提出日本統治的殖民考量，包括氣候方面有適合發展農業的熱帶氣候；在物產方面有礦物、瓦斯、石油等資源；在地理位置方面，與支那大陸、南支那等地區間的地理關係良好，具有適宜拓展與市場廣大兩方面的優點。〔註4〕也正是因爲符合了帝國拓展版圖的目的，與滿足供應

〔註2〕南弘（みなみ　ひろし），第十五代台灣總督，政友會系，曾任貴族院議員、文部省次官等文官職，其時總務長官爲平塚廣義。在犬養毅內閣總選舉後，由政友會系掌權，接任前任太田總政弘總督，1932 年 3 月 29 日於台北就任。強調涵養剛健的國民精神與內台人融和等作爲統治要務。參考，末光欣也，《台灣の歷史──日本統治時代の台灣（1895～1945／46 年　五十年の軌跡）》（台北：致良，2007 年 11 月），頁 359～360。

〔註3〕南弘，〈わが植民政策の基調〉，日本合同通信社編，《台灣大觀》（東京：日本合同通信社，1932 年 12 月）（台北：成文，1985 年 3 月）復刻，頁 323。【引文前括號內文字爲筆者所加】

〔註4〕同註3，頁 323～325。

其經濟物產上的需求，成爲了殖民地台灣朝向「米糖經濟」集中發展的前緣背景。〔註5〕

　　曾任總督府殖產局長的殖田俊吉，在〈台灣の產業〉一文中，針對在台推行的「米作」與「蔗作」進行說明。米作方面，他一方面提到台灣適合發展農業的熱帶氣候條件，一方面強調殖民地稻米的生產與內地的相互關係──作爲調節內地米作生產之用。蔗作方面，他則說明糖業的特性，是一半農業一半工業的產業型態，藉由在殖民地上發展糖業，除了可供給內地的需求，甚至可以擴展至滿洲、支那等地。〔註6〕此外，大園市藏在《台灣始政四十年》中，也對殖民地的經濟政策及糖業政策提出說明：「台灣經濟政策上最重要的，便是以其多產的砂糖用以彌補母國在砂糖方面生產力缺乏的情形。」〔註7〕他並且提到，這種「補給」關係，正是「決定台灣和母國間的經濟關係的根本基調。」〔註8〕

　　在理解了殖民地發展「米糖經濟」的概略背景與思想後，我們又該如何理解，處在日本資本主義發展脈絡中的台灣，與其內部產生的社會問題間的相互關係？

　　井上清〔註9〕在《日本帝國主義的形成》一書中，敘及日本所發展的帝國資本主義與其他西方經現代化後的帝國間的不同之處，在於日本在國內現代性經濟結構發展是一種尚未成熟之初便混合了政治力與軍事，並投入國家力量以推動資本主義結構前進的特殊型態。〔註10〕他認爲，日本之所以會發展成這類資本主義型態，乃是「由國營企業和同政府結合的特權資本的企業作爲先導」〔註11〕推展而成：

　　　　這種不斷地增稅和發行公債，壓迫了金融市場，使之在一般情況下

〔註5〕關於此一時期的台灣經濟發展情勢，請參考山本昌彥，《躍進台灣の現勢》（東京：改造日本設，1935年5月）（台北：成文，1985年）復刻。
〔註6〕殖田俊吉，〈台灣の產業〉，《台灣大觀》，頁373～377。
〔註7〕大園市藏撰，《台灣始政四十年史》，頁203。
〔註8〕同註7，頁203。
〔註9〕井上清（いのうえ　きよし），（1913.12.19～2001.11.23）日本歷史學者。京都大学名譽教授。專攻馬克思主義近代日本史學。著作有《日本女性史》、《明治維新》、《日本帝國主義的形成》、《日本近代史的觀察》等書。【參考日文維基百科】
〔註10〕井上清著，宿久高等譯，《日本帝國主義的形成》（台北：華世，1986年），頁67～78。
〔註11〕同註10，頁71。

難以進行民間的資本累積，因此帝國議會曾反對增稅和擴軍，而從民間——以農民爲主的廣大勞動群眾與——中小業主——搜刮到政府手中的貨幣，再向民間——但不是農民和中小業主，而主要是以特殊官僚資本家爲中心的大資本家、大商人，以華族爲首的全國的大地主——回流，成爲企業資本。〔註12〕

若以矢內原忠雄的觀點說明，這種資本發展階段還未能滿足獨占資本壓力而向外擴張的帝國主義型態，是一種「早熟的」、「後進性」資本主義形式：

要之，在中日戰爭當時，日本雖然已有近代經濟機構的形態，但金本位制度尚未實行，資本亦欠充足，故植民地的發展，是靠政府著意的計畫及深厚的保護與鼓勵，逐漸推行。當時英德各國的殖民地獲得，是獨佔資本的積極活動，是依「特許殖民會社」（這是資本家的活動）的形態，引導政府、發動政府的；……這就是說：當時的日本還不是高度發展階段的獨佔資本主義國，即還未具備作爲金融資本主義之帝國主義實行者的實質。〔註13〕

從上述二位學者的論述中，筆者發現，無論是馬克思主義史學者井上清，或是自由主義殖民政策學者矢內原忠雄，在分析帝國形成，以及殖民擴張的背景時，都將「國家力量」與「資本」，視爲是台灣殖民地式經濟發展脈絡中的關鍵性因素。

東京帝大法學博士向山寬夫在討論殖民地制度的本質時，說明所謂殖民地式經濟「本國本位」的從屬經濟型態，是「以強大的資本力搭配龐大官營企業從事頻繁的經濟活動」，因此，使得殖民地原有的產業結構不得已必須適應殖民帝國需求而有所調整，處於不自主的狀態：

對本國而言，殖民地僅停留在原料供應市場、工業製品販賣市場、勞動力供應市場階段，理當如此，就算不久進入投資市場的階段，在殖民地興起工礦業等現代產業，也一方面壓制和本國產業競爭的一切產業，而另一方面僅開發資源等立地條件特別優越，又可補全本國經濟的產業。〔註14〕

他並認爲，一方面，殖民地台灣的經濟結構，不僅須依靠本國（母國日本）

〔註12〕井上清著，宿久高等譯，《日本帝國主義的形成》，頁71。

〔註13〕矢內原忠雄著，周憲文譯，《日本帝國主義下之台灣》，頁8～10。或其著作《植民政策の新基調》（京都：弘文堂，1927年）。

〔註14〕向山寬夫著，楊鴻儒等譯，《日本統治下的台灣民族運動史》，頁421～422。

資本在現代化工業與商業上取得的高利潤；另一方面，也必須藉由「維持現代化工業乃至商業基盤農業的前近代生產、經營方式，所確保的低價格取得原料、低工資、高利率，作為利潤來源。」〔註15〕由此看來，因為帝國過早地領有殖民地而採取了國家權力與資本結合的統治方式，以及為了獲得高額利潤的殖民統治目的，使得日本對台灣農民與勞動者階級的經濟統治方式，成為一種揉合國家權力與資本利潤取向的經濟統治，也因此令殖民地式經濟的「壓迫」成為可能。同時使得相應於這個壓迫力道的農民階級、勞動者階級與無產階級等被壓迫階級為主要構成份子所展開的社會運動，成為經濟問題以外，殖民統治必須面對的社會問題之一。

在探討殖民地失業問題的脈絡上，井上清以內地為例，分析了農民因為土地問題而失業，並轉變為「勞動者」身份的過程。由於發達資本主義對農業和農民的影響，加上資本主義擴張造成的都市化和商業化，使得農業人口外移比例增加，連帶促使城市人口增加，對農產品的需求提高，成為了推動商品化農業的動力。〔註16〕因此，傳統的農業行為也必須要增加其播種面積與改良生產技術，以配合日漸升高的需求量。

然而，由於農作物商品化和商業性農業的發展，使得傳統家庭手工業式的農業型態逐漸失去競爭力而面臨瓦解，不得已必需要改變原有以農維生的鄉村自給性經濟結構與自耕農的耕作方式，以增加競爭力，「農作物商品化和商業性農業的發展、舊有的家庭手工業的沒落，給農戶自給經濟帶來了根本性的破壞，造成了農民與農業被捲入資本主義的局面。」〔註17〕

井上清舉當時的農林省技師齋藤萬吉的觀察，說明這種傳統農業面臨現代化的反應：

> 農戶購買品的價格逐年上漲，非米價騰貴可比，而且"子女教育及其他社會交往等需要巨大費用"，農戶無法僅靠以往的農業維持生活，"事態已至無暇論及將來如何，只是一味致力於可增加現金收入較多之任何工作"。所謂可以成為"現金收入"的工作，是商業性農業，是取代老家庭手工業的新家庭手工業，是季節性臨時工及其他掙工資的勞動，是女兒當紡織、繰絲女工，是其他各種各樣的

〔註15〕同註14，頁423。
〔註16〕井上清著，宿久高等譯，《日本帝國主義的形成》，頁80。
〔註17〕同註16，頁81。

"農戶副業"。〔註18〕

這種傳統產業型態因應現代性經濟模式所出現的轉變，突顯出資本主義造成傳統農業經濟結構變化的問題，使得社會上開始出現「貧農、小農的半無產階級化、上中農的小商品生產者化」〔註19〕的情形。而這種情形不僅出現在內地，也同樣出現在日本帝國統治下的台灣，只是過程中還多發生了帝國資本主義、殖民經濟統治與台灣既有的經濟型態之間折衝狀況。

涂照彥分析台灣前期性商品經濟的特色，並與日本帝國所引進的現代化資本主義經濟比較，說明「封建社會的商業性農業的發展及商品經濟的發達，未必能立即轉化爲資本主義制度的生產」〔註20〕的轉型期問題。他強調，由於台灣原有的「地主土地所有制」在日本統治之初便已處於發達階段，因此，對於殖民地式經營模式以及與國家合謀的糖業資本來說，產生了不易以武力克服的經濟統治阻礙。在無法對既有的土地進行掠奪，也無法提高成本收買土地的情形之下，殖民資本改以向台灣蔗農收買原料的方式發展殖民地式經濟。在種種因爲商業資本與國家權力結合的特殊條件，以及將降低收購成本視爲必要前提的統治成本考量下，譬如：「原料採購區域制」、「原料獎勵委員」、「保甲制度」等多元與多層的殖民統治技術，便被統治者一一發展出來。〔註21〕

涂照彥認爲，由於在施行原料採購區域制後，不可避免地會與其他作物如稻米、香蕉、鳳梨等發生競爭，因此，日本在台灣的糖業資本掠奪條件，是極其不穩定的。而正是因爲蔗作與米作同樣作爲資本主義農產品商業化的經濟作物，使得日本殖民資本主義在殖民地產業環境上產生了矛盾。他將造成這種結果的原因，部份歸因於台灣原有的土地私有制的作用——由於殖民地台灣保有原來的土地私有制，成爲了阻礙殖民地式經濟的發展，使得帝國「對本地農民的統治變得困難起來」〔註22〕因此，帝國便不得不修正對台灣的統治技術，改以「保存、並利用地主制」的方式，以遂行對殖民地台灣的經濟掠奪行爲。

綜觀上述井上清、矢內原忠雄、向山寬夫與涂照彥等不同時代的殖民地

〔註18〕同註16，頁81。
〔註19〕井上清著，宿久高等譯，《日本帝國主義的形成》，頁81。
〔註20〕涂照彥，《日本帝國主義下的台灣》，頁25。
〔註21〕同註20，頁25～29。
〔註22〕同註20，頁26。

研究者對於帝國殖民統治的論述，以及他們所觀察提示的歷史現象，顯示出殖民地產業環境及結構的變化，一直是朝著以「帝國需求」為考量的路線前進。當內地傳統農業結構遭逢資本主義現代化衝擊時，其社會結構所發生的變化，是農民（日本國民）直接與國家資本力量折衝，造成小農困窮、中農提升、高度商品化經濟的情形。相較之下，台灣因作為「帝國殖民地」這一特殊條件，使得帝國對於「外地」農業的掠奪方式，「只能主要通過本地地主制，以間接方式進行」〔註23〕。雖然本地地主因為帝國的特殊對待方式，成為了與殖民資本、殖民權力合謀對小作農、佃農施加經濟壓力的管道之一；但是，本質上，帝國經濟統治對殖民地所造成的影響仍舊和內地並無二致，是朝向將小農推向赤貧化，中等以上農家向上商品化農業的結果。

當既有的傳統農耕經濟已不敷維生，加之殖民糖業資本對農業土地的壟斷、地主為因應經濟環境而進行的頻繁的租佃調整，以及帝國租稅的多重加壓，這群佔殖民地農業經濟相當大比例，即將面臨無產化的小農、佃農、貧農人口，便只能被迫離開既有的農業生活模式，轉尋求其他生存機會。井上清曾對這樣一個被壓迫群體，做出如下的觀察：

> 資本主義產業的勞動力也是由掙扎在地主至殘酷壓迫下的小農、貧農家庭提供的。紡紗、繅絲女工就是其代表，而鐵路、港口的土木工程的工人以及煤礦、金屬礦山的礦工也同樣主要來自佔所有農戶半數以上的貧農階層。而且由於把農民的悲慘生活作為樣版，資本家便可以把殖民地式的低工資、長時間勞動、極為惡劣的待遇強加給工人，以保障資本家的高額利潤。〔註24〕

換言之，從井上清對日本殖民資本主義進程的敘述脈絡來理解，資本家施加於內地的經濟壓迫，程度上反而是取法於帝國資本在殖民地所施行的經濟策略。因為統治技術上的相似，造就了對內地而言的「寄生地主制」與殖民地台灣的「地主土地所有制」，兩種同樣連結資本主義與地主的農業治理技術；也因為同樣對資金與勞動力有所需求，殖民資本主義與地主制緊密相連結成的經濟體系，滿足了大量貧農出走而成為勞動力的社會條件：

> ……無論做為資金的來源，還是作為勞動力的來源，寄生地主制對當時的日本資本主義都是不可缺少的。女工和青年男工由於工資低

〔註23〕同註20，頁29。
〔註24〕井上清著，宿久高等譯，《日本帝國主義的形成》，頁84。

得可憐和勞動條件惡劣而無法自立，被家長制束縛住了。而且，由
於有他們的匯款，貧農父母才能繳納高額地租，讓地主賺錢，才能
讓子女接受義務教育。即資本主義產生的低工資和惡劣的勞動條
件，對寄生地主也同樣是必不可少的了。

這樣，資本主義與地主制，以高額地租與低工資的相互依存為中心
相互利用，緊密勾結而發展起來。〔註25〕

向山寬夫在分析資本主義化的台灣經濟特質時，論及台灣傳統地主制與佃農
的租佃情形，認為由於台灣農業所具有的耕地的零星與分配不均等、經營規
模狹小、農民階級分化顯著等特質，加上本身制度的缺陷如：被迫維持前現
代性生產模式使得稻作生產力低、地主制的榨取、耕地轉租人與土壟間的榨
取等問題，本質上便是促使中貧農層逐漸淪於困窮的原因。〔註26〕

此外，因為日本在殖民地上的工商業發展、針對基礎建設的大量勞務需
求，使得勞動者的生活狀態與收入相較之下，要較日漸困窮的農民略優。向
山寬夫比較兩者工資與生活開支後認為，「儘管勞動者的勞動條件惡劣，但生
活狀態卻好過農民」。這或許也可變相地視作當時推動農業勞動者離開本業的
驅力之一。

有關此種農民因「土地喪失」而失業，自農業「出走」的產業轉型現象，
可以由1925年9月27日的《台灣民報》社說欄〈土地問題與無產者〉中看
出端倪：

經濟生活是人類生活万般的根本，衣食足然後知禮節，故不待言，
經濟生活的根源在土地，而今日的農民生活大受威脅，在社會上政
治上多不受人格的待遇……。〔註27〕

明治三十九年的土地調查，失注意而喪失了土地的人不少，官場出
入的紳士反而不當獲得了土地的很多，後來製糖會社區域制度確立
以來，被強制買收而失了土地者也不計其數，業主權的變換似乎與
農民無關，如鹽水港製糖會社利用機械耕作，農民就皆變作了農業
勞動者，大多數都失了生業，於是離散了數村落……。〔註28〕

〔註25〕 同註24，頁84。
〔註26〕 向山寬夫著，楊鴻儒等譯，《日本統治下的台灣民族運動史》，頁430～448。
〔註27〕 社說，〈土地問題與無產者〉，《台灣民報》第72號，1925年9月27日，頁1。
〔註28〕 同註27，頁1。

一篇於 1926 年 10 月刊載於《台灣民報》上的〈失業者與職業介紹所〉，在說明失業者的由來時，便提及了這種農民「離農轉工」的情形：

> 如這次失業者的多數，是因爲歐戰後經濟界的大恐慌，資本家都忍住苦痛而閉塞自己的事業與工場。不論筋肉勞働者或精神勞働者，受了這個影響，而頓呈出失業的狀態，不僅都市要遭此厄，就是農村也蹈在同一的軌道。觀看農村人口的減少，便可以明白農村的生活難，瞨耕條件低下的結果。……而由農村減少的人口，若不是從這地球上消滅去，那麼，一定走向都市間變做勞働者來了。
> 〔註29〕

自 1907 年後，台灣人農民遭受帝國現代性經濟壓迫與世界性的經濟問題影響，而被迫離開農業的驅力，被殖民地社論藉由描述「土地問題」、「世界景氣」等議題表現出來。只不過，爲了緩解生存壓力，而從田地出走到工廠、都市去的農民（準窮民）們，果眞可以如願被來自帝國資本主義式的經營模式或是殖民地式經濟體制納爲勞動力結構中的一員嗎？

二、受殖者的失業觀察──肇因於「社會的原因」的失業

有關受殖者對於勞動者失業問題的論述，劍如〔註30〕曾在〈財界現況及難恢復的原因〉中，提及了至 1920 年以來台灣的社會經濟問題，並試圖提出解決辦法：

> 我們的經濟社會，現在有這個活氣的原因，蓋在於昨年末，各小銀行之倒產紛紛，財界生起恐慌，所以政府欲安財界，使日本銀行以及其他的特殊銀行，融通救濟資金於市場爲重要的原因。〔註31〕

〔註29〕 社説，〈失業者與職業介紹所〉，《台灣民報》第 127 號，1926 年 10 月 17 日，頁 4。

〔註30〕 劍如，黃呈聰（1886～1963），號劍如，彰化線西莊人。光緒十二年（1886）生。彰化第一公學校畢業，考取國語學校實業部，1907 年畢業。投入商界有成。1917 年獲頒紳章。負笈日本，入早稻田大學政治經濟科。1920 年擔任「新民會」幹事。1921 年任臺中下見口區長，聯名要求廢除「保甲制度」，因而離職。1921 年任台灣文化協會「台灣青年總會總務幹事」。次年六月曾到中國，見白話文之普及，乃於 1923 年元旦發表〈論普及白話文的新使命〉一文；三月自早稻田畢業。《台灣民報》創刊，擔任庶務主任與發行人。參考，國家圖書館特藏組編，《台灣歷史人物小傳──明清暨日據時期》，頁 597～598。

〔註31〕 劍如，〈財界現況及難恢復的原因〉，《台灣民報》第 1 卷第 2 號，1923 年 5

他引述了金融方面的「景氣循環說」，作爲自己對這種循環何時會向上不抱樂觀態度的佐證。他也提及帝國景氣恢復延遲的原因，是因爲整個帝國正處於「中間景氣」的階段。文中所謂的「中間景氣」，即是整個社會正處在既非不景氣，卻也沒有可以推動經濟上景氣復甦的「材料」，即使帝國有計畫地採取對應措施，也無法對景氣提升有長遠的幫助：

> 還有一種是看現在呈這樣的活氣，不是景氣的回復，是中間的景氣，
> 所以若細查經濟社會的內容還沒有發見什麼景氣回復的材料，這是
> 一時的，不久應該要再復不景氣的現象了。〔註32〕

正是在殖民地經濟發展作爲帝國「從屬」的經濟型態這個意義上，劍如藉由討論日本內地景氣問題的方式，回頭批判了帝國實際上「自爲最大的消費者」的殖民者位置，非但不節約，「反濫用國費，廣募鉅款的公債，使物價騰貴，在市場與民間當業者爭奪有限的資金，故金融藉不能順調進行，逆轉無常遲延的原因了。」〔註33〕在討論台灣財界恢復延遲的原因時，他提出三點觀察：(1)作爲「促進台灣經濟的發達，全島金融的關鍵」的台灣銀行，未能即時因應經濟恐慌的問題。(2)總督府沒有節約行政經費，以致於浪費行政資源在俸給行政人員和設立新的行政單位，以至於必須要增加民間稅金。(3)米價低廉造成農民收入短少，然而物價卻依舊居高不下，使得出現收入少，支出多的情形。〔註34〕由此觀之，自 1918 年歐戰結束至 1920 年代初期，台灣的財政金融界受到世界景氣以及日本內地經濟界影響，實際上是一直處於低迷的狀態。

對於這樣延續自一次大戰的不景氣的背景，涂照彥認爲，得直到 1930 年代初「九一八事變」後，爲相應日本資本主義將戰略重點置於對外經濟擴張，糖業資本開始對殖民地台灣糖業以外的產業進行多角化的投資時，才活絡了殖民地台灣的經濟情況。此時，便是他所說「以米糖兩大出口商品爲主軸的複合性經濟結構」〔註35〕時期。然而這期間所謂的活絡，不過是趁著日本帝國主義擴張，進而使糖業資本受利於砂糖市場擴大而產生的結果，殖民地台灣的產業活動狀況，仍保持著須與軍需市場配合的從屬身份：

月 1 日，頁 1～2。
〔註32〕同註31，頁 1。
〔註33〕同註31，頁 1。
〔註34〕同註31，頁 2～3。
〔註35〕涂照彥，《日本帝國主義下的台灣》，頁 55。

在一九三〇年代末，作為殖民地的台灣農業，必須根據日本軍國主
義的需要，進行適應時尚的多樣化生產，而由於對農作物面積的分
配規定，必然使糖業資本受到限制而難以再對砂糖進行擴大投資，
由此可以理解糖業資本對砂糖以外的其他事業擴大投資的原因。
〔註36〕

因此，凃照彥總結這種因應帝國需求而發生的經濟活絡情形，認為無論糖業
資本如何向其他產業擴張，「基本上是以糖業資本對市場進行鼎立式的壟斷控
制，以及犧牲台灣蔗農而進行掠奪為背景的。」〔註37〕這種經濟活絡，是立
足在帝國為了抑制米價而對糖業資本進行限制，反使得糖業資本多餘的資金
開始轉而分散投資殖民地上的其他產業，間接充實了當時台灣的金融環境的
前提上。但是，這種對台灣金融環境的充實，實際上卻僅限於「在台日資」，
對本地資本勢力以及更小構成份子的農民來說，仍然是處在完全被壓制的位
置。〔註38〕

正因為台灣原有的經濟型態，遭遇到帝國殖民地式經濟產業形態而發生
轉變，造成了中、小貧農農人因無力再以農維生，而大量自農地出走成為社
會上的勞動者，加上殖民地工商業環境又因為資本分配與流通不均、日人會
社的差別待遇與剝削，以及世界金融環境不景氣等因素影響，使得台灣人即
便離開農業轉進工商業，終究面臨殖民地式資本主義經濟統治下所必然發生
的結構性結局──失業問題。

《台灣民報》在1928年11月18日的社說〈台灣的失業問題──宜講究
救濟對策〉中，便將殖民地社會的失業問題分成兩個層次，一個是「勞動市
場」的失業，另一個則是「台灣人」的失業：

……試看世界之勞働市場，失業者之群，日益激增，此莫非是受人
口增加影響所致，但其主要原因是現代的資本家，因為圖謀多得利
益的起見，而銳意去講力增進能率和減少人工之機械的發明，與商
品製造方法之改良。於此結果因為機械發明，工場遂藉機械之力而
使工人之數減少，或因使用機械而以原有的工人的數目，可以增加
數倍的製品。所以勞働力的需要必然減少，因此而致生出多數失業

〔註36〕同註35，頁330。
〔註37〕同註35，頁323。
〔註38〕同註35，頁323～334。

的勞動者遊軍來了。〔註39〕

台灣雖是一切的資本的施設，比較日本內地，還算屬在幼稚，但是失業的問題於今亦已達到相當的程度。尤其是台灣人方面，另受人才登庸的差別待遇、官衙的辦事人員、除非卑膝奴言的人，確難蒙其採用。至於銀行會社亦有不採用台灣人的傾向，又且由內地渡來的內地人，和由對岸渡來的中國人年多一年，使得台灣人的失業者越受威脅了。〔註40〕

這篇社說中所提出社會上發生失業問題的原因，正是資本主義式經濟帶進台灣後所造成的的普遍性社會問題。第二段則是強調，這一個殖民地上的「勞動市場」，是在資本主義式經濟體系加上「殖民性」後所架構起來的，因此更加重了殖民地台灣受殖勞動者失業問題的嚴重性。

另一篇《台灣新民報》1932 年 1 月 1 日的社說〈殖民政策下的台灣經濟的展望〉，也對進入三〇年代的台灣經濟型態與失業問題提出解釋。在背景方面，文中引述日本國內的經濟狀況為鑑：「日本統治以來，已經閱過三十餘年，期間日本本國亦因資本主義的發達爛熟，資本家階級在國內榨取，財源已經枯渴無餘……」〔註41〕，說明台灣的貿易狀態之所以變動的原因，是因為從屬於日本的貿易定位，以及肇因於內地資本入侵導致的社會問題：

台灣歸於日本領土以後的貿易狀態變動甚激，從來是外國貿易本位，而變做本國貿易本位。……輸出的是低廉的生活資料和工業原料……，輸入品各是高貴的工業製品……。這樣的好結果乃是台灣的生產大眾勤勉努力增產的結晶。若就這樣超額來對算，台灣的生產者必定要富裕而無貧窮的理由才是。然在大部分的生產大眾，各起悲鳴感著生活上的壓退困難，收入不敷支出，而失業倒閉者續出，這究竟是何緣故呢？這樣現象，是由於殖民政策的運用加其深度所致的經濟型態所召來的結果，其中不可輕視的就是住民人口的變動。

〔中略〕

〔註39〕社說，〈台灣的失業問題——宜講究救濟對策〉，《台灣民報》第 235 號，1928 年 11 月 18 日，頁 2。

〔註40〕同註39，頁 2。

〔註41〕〈殖民政策下的台灣經濟的展望〉，《台灣民報》第 396 號，1932 年 1 月 1 日，頁 4。

> 台灣的主要產業是農業，而從事農業的大眾占全住民的七割，農產
> 物中，米和甘蔗爲其大宗，甘蔗皆由內地資本家組織的製糖會社買
> 收，獨佔投資經營，壟斷利益。而米穀和青果製茶等，也皆以統制
> 的名義之下，使不勞利得的機關介在中間榨取利益不少，固表面上
> 的產額雖時增加，在價格常常反爲減少。〔註42〕

綜上所論，台灣人知識份子在觀察殖民地社會發生的失業問題時，首先都傾向於針對經濟統治的型態──資本主義進行討論，進而則處理肇因於殖民地位置而位居帝國經濟統治下的從屬位置的影響；另外，也有從治理問題著手，將失業問題歸因於殖民地差別待遇、官僚統治技術的缺失或從社會階級問題切入。無論如何，歸因於米糖經濟大方向的衝突，或是由於世界性不景氣所影響的失業問題的結論，在受殖者的論述中僅是非常少量的出現，顯現出受殖者與統治者間對於殖民地失業問題的發生，實際上有其關注面向上的差異，也因爲這種差異，使得帝國對於失業問題的解決方法，成爲了本文必須去關注的一個歷史面向。

小　結

在前一段筆者首先對失業問題發生的原因進行背景的爬梳，整理出作爲失業問題背後不可或缺的因素之一的米糖經濟體系。然而，在並列比較過統治者與受殖者台灣人各自對於失業問題成因的觀察後，筆者同樣發現到，縱然失業問題成爲殖民地社會必須要面對的問題，然而，因爲統治者與台灣人對於失業問題的的成因觀察有所差異，連帶使得雙方在思考失業問題的解決方式上產生不可避免的認知衝突；也因爲來自雙方對於失業問題成因的複數思考邏輯，使得筆者進一步企圖思考，在這樣一個複雜的殖民地經濟環境中，作爲失業問題中的主要行動者──「失業者」，是否也會因爲對失業問題與解決方式的理解不同，而對其形象背後的意義有所擴充與深化。因此，在處理失業者的問題之前，便不能迴避帝國針對此社會問題所採取的回應措施──社會事業中的「經濟保護事業」，包括總督府實施經濟保護事業的目的與意義，並對此事業所設定欲保護的對象──失業者有所認識，同時也必須通過理解帝國社會事業脈絡中的經濟保護事業，以及受殖者話語雙方對失業者身份的建構與認知，做爲我們深度理解帝國與受殖者各自視野中失業者形象的

〔註42〕同註41，頁4。

基礎。如此一來，才有可能較深入地觀察出在殖民地社會與文學文本中活動失業者們，實際上所承載的多層且多義的複雜意象。

第二節　總督府「經濟保護」事業的意圖、形態及台灣人的反應

　　本節以總督府社會事業中的經濟保護事業為探討對象，首先著重於整理經濟保護事業的架構及內涵，通過了解事業內容、保護對象，及其條件限制，整理出統治者視線下的事業意圖和目的。此外，亦會同時搭配當時的殖民地社會對於經濟保護事業的評論作為回應，以有效理解統治者與被統治者雙方經由帝國社會事業所發展出的權力話語關係。其中，筆者也將引入當代社會學者對殖民地時期社會事業的研究，做為理解帝國社會事業內涵的前沿基礎，以此擴展進入討論帝國的殖民意圖與手段下的主要對象──「失業者」。

　　除了對事業本身的意涵進行考察，本節亦將並置討論過去對社會事業予以正面評價的殖民地進步論述、及與之相對的關於社會事業治理失效的評價與論述，通過重新對經濟保護事業進行多面向的再思考，平衡過去研究對於社會事業肯定論的認知方式，以及修正極端批判社會事業做為殖民統治手段的概念。

　　本節最主要的目的，是試圖透過理解當時對經濟保護事業提出的正反兩面觀點，提供對殖民地文學研究中已經被僵固化的「失業者」背後新的理解語境，進而對失業者形象背後的意義行重新編碼（code），整理歸納出殖民統治下的失業問題、經濟保護事業與失業者三者間的關係，以及失業者無法被納入社會事業的原因，以拓展「失業者」複數身份的可能性，對閱讀與詮釋殖民地文學「貧困書寫」中的「受殖失業者」，提出更具有解釋效力與美學價值的解碼（decode）方式──以流動在殖民地社會中的行動者──「失業者」身份，作為閱讀殖民地文學文本的方式。

　　由於本部分採取逐項針對經濟保護事業項目進行分析、辯證的方式，因此，在研究的方法論上，則逐項提出統治者與被統治者雙方觀點，以方便對照與思考。

　　生江孝之認為，之所以會產生這種具備現代意義的保護事業，是由於帝國有感於因時代進步所造成的貧窮範圍擴張，以及伴隨發展而出現的「一般

的貧民」（次貧者）階層，可能危及社會的穩定；因此，便設立了這個無論性質、作用和體制，都與過去以消極的「救濟收容」爲目的、防止「絕對的貧民」（極貧者）出現的傳統一般救護事業的，積極的、事前預防性的經濟保護事業。〔註43〕

　　杵淵義房在《台灣社會事業史》中，將日本在台灣實施的經濟保護事業，歸納列舉爲八類：(1)職業介紹事業、(2)授產事業、(3)住宅供給事業、(4)宿泊保護事業、(5)公共浴場事業、(6)公設質舖事業、(7)小資融通事業、(8)低利資金融通事業。他特別指出，「經濟保護事業」與「窮民救助事業」的主要差別，在於窮民救助事業施行的目的，是藉由救助、指導、保護等措施，使陷於貧窮的極貧者提升至貧乏線以上。而經濟保護事業的目的，則是藉由救助、指導、保護等措施使無產者（次貧者）免於陷於貧窮線以下。〔註44〕

　　杵淵氏認爲，總督府實施社會事業制度所欲達成的理想，在於有效處理發生於殖民地社會的社會問題，尤其是貧窮問題，進而使民眾衣食足而知禮節，最終能享受明朗的社會生活，進一步創造出構成「理想社會」的基礎架構。〔註45〕

　　當代社會學研究者劉晏齊在他的碩士論文〈從救恤到「社會事業」——台灣近代社會福利制度之建立〉中，則對帝國施行的「經濟保護事業」，進行了如下分析：

> 經濟保護事業可以說是這個時期的「社會事業」與 1920 年代以前的救恤事業，或者是更早之前清治時期台灣的賑恤政策中最大不同的地方。在 1920 年之前的台灣，對於貧困的窮民、因天災或人或遭受莫大損失的民眾、無助的兒童與婦女等這樣的弱勢團體所提供的援助，可以說只是消極的救助。也就是只有在應該救助的條件發生時，國家或政府才給予支援；除此之外，就沒有執行救濟工作之可能。
>
> 〔中略〕
>
> ……日本內地因爲經濟蕭條的問題持續著，許多因爲資本主義經濟

〔註43〕生江孝之，《社會事業綱要》，頁 150。
〔註44〕杵淵義房，《台灣社會事業史》，頁 1184～1185。
〔註45〕同註44，頁 1185。

競爭體制製造出來的失業人口越來越多，為了避免這些失業人口製造衍生的社會問題，就採取歐美等國解決失業問題的方法，如職業介紹與授產制度，後者是指教導民眾學習謀生的技能，以便立足在社會上。再者，為了鼓勵民眾創業，還提供低利資金的貸款，以利短期資金的融通。這樣一種經濟保護措施可以說是注入一種「積極的」、「預防」觀念的社會福利措施，有別於前期的銷及救濟。使民眾可以藉由這樣的福利制度早日脫離失業或窮困的窘境，滿足生活中的成就感。〔註46〕

經由閱讀劉晏齊的歸納與分析，筆者發現，論者對這一個政策的觀察，乃是採取「正面肯定」的方式進行討論。然而，從下面的分析中，我們則將會理解，無論從社會治理、殖民政策到福利制度等三方面來看，總督府在台施行以「經濟救助」為主要內容的福利事業，確實都被賦予了與內地所施行的社會事業截然不同的使命，而並不僅止於表面上單純的福利政策而已。

大友昌子整理、歸納帝國社會事業架構，將「經濟保護事業」納入帝國「擴大期殖民地社會事業系統（1921～1933）」的脈絡中。她認為，由於殖民地台灣的社會環境，在殖民統治下呈現出「不整合」的狀態，過去的社會事業振興策亦一直著重於救貧、救療、兒童保護等「救貧形式」。有鑒於此，這種經濟保護事業與過去最大的差異，正是在於它集中在經濟面向的「防貧」意圖，也就是如杵淵義房所述，是積極地防止無產者陷落於貧窮線下的政策。〔註47〕

隨著帝國經濟統治在 1920 年代以後逐漸加壓，相較於此時期總督府所實施的社會事業中的其他項目，經濟保護事業意涵似乎也就直接肩負了「縫補」帝國殖民地式經濟所造成的社會問題的任務──在經濟壓迫升高的同時，預防貧窮，以及解決因貧窮造成的社會問題。

當這種充滿濃厚帝國統治意味的社會福利事業，與帝國施行的殖民地式經濟統治同時在台灣實施時，究竟會對受殖者產生怎麼樣的影響？

本文即依照事業內容與「失業者」的相關程度，分成以下幾項進行討論：

〔註46〕劉晏齊，〈從救恤到「社會事業」──台灣近代社會福利制度之建立〉（台北：國立台灣大學法律學研究所碩士，2005 年 1 月），頁 107。

〔註47〕大友昌子著，《帝國日本の社會事業政策研究──台灣‧朝鮮──》，頁 170～172。

（一）職業介紹所

台灣第一所官立職業介紹所，首先於 1921 年 8 月在台中市與台南市設立。（見附圖 1）〔註48〕然後，陸續在高雄、台北、基隆等地設立市營的職業介紹所。杵淵義房認爲，總督府設置職業介紹所最主要的目的，在於「調節勞動力的供需」；而最主要的功能，則是希望提供無論是失業的勞動者、未就職的失職者或是待轉業的轉業者，免費的、適當的職業介紹。〔註49〕

附圖 1：台中職業介紹所

針對普遍認知中，在殖民統治下社會事業內部發生的「差別待遇」疑慮，劉晏齊企圖通過對職業介紹所的營運數據進行統計的方式，觀察內地人與台灣人使用機構的比例，分析出「內地人利用這個制度較台灣人多，並不等於台灣人遭遇差別待遇」的結果。他以台灣人職業結構比爲例，試圖替過去理解殖民地機構實施時多出現「內台差別待遇」的情形尋求反證，認爲若當時台灣人的務農比例較高，失業問題自然不顯著，利用此設施的情形自然較少。但是，隨著殖民地資本主義經濟化的程度越來越高，使用此機構的台灣人也開始逐年升高，他以 1939 年戰爭期時的數據爲例，甚至有求職與就職皆高於內地人的情形。〔註50〕因此，與過去認知殖民統治機構的普遍結論有所不同；劉晏齊認爲，由帝國經濟保護事業中的職業介紹所的統計數據來看，「並沒有明顯的數據顯示介紹所之運作會特別因爲種族別而誰可獲得較大的介紹機會」〔註51〕他並指出，語言隔閡、教育水準逐年提高、台灣人的求職習慣、職業介紹所只設置在大都市等變數，都會使統計很難完全反映出台灣人利用

〔註48〕台灣新聞社編，《台中市史》（台中：台灣新聞社，1934 年），頁 639。資料出處：「國家文化資料庫」：http://nrch.cca.gov.tw/ccahome/photo/photo_meta.jsp?xml_id=0000536682。

〔註49〕杵淵義房，《台灣社會事業史》，頁 1185。

〔註50〕劉晏齊，〈從救恤到「社會事業」──台灣近代社會福利制度之建立〉，頁 110。在這裡，我們不能忽略的是，進入戰爭期以後，因應日本對外擴張的情勢，連帶會使得種種人力資源的需求增加，可能變相地造成了職業介紹所使用率提高、失業率降低的問題。這一方面，是劉晏齊所忽略之處。

〔註51〕同註 50，頁 112。

其他職業介紹措施的情形，進而影響了對帝國設置的職業介紹所的價值判斷。〔註52〕

　　然而，若我們以現代社會學者的研究成果，與之前曾引用《台灣民報》中的社說〈台灣人的失業問題——需研究其原因和補救的方法〉、〈台灣的失業問題——一講究救濟對策〉等文中透露出的批判態度比較，便不難看出社會學研究者依據數據與推論所下的判斷，與殖民地受殖者實際的感受與狀況，事實上還是存在著一定程度的落差。〔註53〕

　　在 1926 年 10 月 17 日《台灣民報》一篇〈失業者和職業紹介所〉，便清楚地對殖民地社會事業的影響提出批判。文中首先說明，居於落後地位的台灣失業問題的解決與否，和現代社會的不安有重大的關係，並舉內地為例，通過對數據的分析，直陳出「日本人較台灣容易就業」的結論：

> 據內務局文教課的調查，七月中全台的概況，要傭人的百六十名，找業的二百十名之間，得紹介的約百四十四名，而得就業的過九十一名而已。這樣的成績就業的 56.88%，說事件趨良好狀態，其餘的就可以推想了。關這樣狀態，而經過職業紹介所的人數，從那失業者之間，三百六十六人之中，只有一人而已。但那許多失業者之中，而台灣人占得十之九九，自不待言，由職業紹介所的紹介，台灣人和日本人之得就業的人數怎麼樣？若詳細調查起來，雖是台灣人尚未深悉納紹介所的機能，而日本人較台灣人容易就業是有可以證明的。〔註54〕

於 1928 年《台灣民報》上，一篇討論失業問題的〈台灣的失業問題——宜講究救濟對策〉文中，也清楚說明了帝國統治下因「差別待遇」造成的政策失效問題：

> 前節說過在日本內地，政府那樣關心於失業問題，努力研究補救的方法。然而，**在台灣，自前年雖有設置數處的職業紹介所，這莫非也是以內地人為本位，對大多數的台灣人的問題，卻置之不顧。而**

〔註52〕同註50，頁110～113。

〔註53〕有關這兩篇的引文，請參本章第一節，〈台灣人的失業問題——需研究其原因和補救的方法〉，《台灣民報》第199號，1928年3月11日，頁2。〈台灣的失業問題——宜講究救濟對策〉，《台灣民報》第235號，1928年11月18日，頁2。

〔註54〕〈失業者和職業紹介所〉，《台灣民報》第127號，1926年10月17日，頁4。

> 今失業者入一天多過一天，有識青年的苦悶和筋肉勞働者的悲哀，
> 無處不聞。……〔註55〕

一篇1929年11月18日發表在《台灣民報》上的〈台灣人的就職難──厲害沒有一致，機會哪得均等？〉社說中，也提及職業介紹所所具備的「人才登庸」性質，實際上是處在「機會不均等」的狀況下：

> 官廳、銀行、會社等，是學校畢業生求職上唯一的好去處。但這些
> 機關權柄，莫不把握在內地人之手。他們的招牌或掛著一視同仁，
> 或人才登庸，或機會均等種種，於形式上內台人並沒有何等的差
> 別。可是徵之事實，台灣人大多被編在落伍者之列，有幾個幸運兒
> 能夠跟得上內地人的優越呢？〔註56〕

另一篇於1930年1月18日發表的〈有名無實的人才登庸法〉中，也披露出這個問題，認爲在差別待遇的條件下，統治者所謂的人才登庸法，仍舊無法對台灣人發揮作用：

> 現時中等學校程度以上的畢業生，徬徨在無職的歧路上，到處皆是，
> 以外更高一層，到內地留學，或畢業於最高學府，或通過國家試驗
> 的有爲的青年因爲是台灣人的關係，於立身處世的前途，老實減少
> 了無限的光明。自老早就高唱要人才登庸的台灣當局，將如何安排
> 這些具有被登庸資格的好青年呢？〔註57〕

除了最本質的統治差別待遇外，究竟還有什麼原因，能夠使得台灣青年即使在總督府設置有以「調節勞動力供給」爲目的的職業介紹所，自身又具有「被登庸資格」的情況下，卻仍然求職無門？李健鴻歸納當時的就職統計數據，判斷台灣人無法獲得職業的原因，是帝國將此一職業介紹的福利事業，修正成「變相的維持貧窮」的事業，「是間接造成台灣人比日本人貧窮的因素之一，這一點也是促使台灣人必須被迫依賴貧民救濟的原因之一」。最後他則推論，「職業介紹反而成爲製造台灣人貧窮人口的機制，進行『反福利』的工作」。〔註58〕也即說，與其說職業介紹所設置的目的是爲了調整勞動力的供需關

〔註55〕〈台灣的失業問題──宜講究救濟對策〉，《台灣民報》第235號，1928年11月18日，頁2。【引文粗體爲筆者所加】

〔註56〕〈台灣人的就職難──厲害沒有一致，機會哪得均等？〉，《台灣民報》第253號，1929年3月24日，頁2。

〔註57〕〈有名無實的人才登庸法〉，《台灣民報》第296號，1930年1月18日，頁2。

〔註58〕李健鴻，《慈善與宰制：台北縣社會福利事業史研究》，頁83～85。

係，不如說是爲了有效調整台灣貧窮人口數量而建置的機構，以機構的方式將台灣人壓制在貧窮線以下，使得台灣人必須轉向依賴貧民救濟制度。若我們從社會學研究者的所推論的觀點來重新看待這一個社會事業機構，自不難看出，其中所具有的雙面性——外部以福利、提升、調整勞動力供需爲目的，實際上則以壓制、反福利、差別待遇爲其內部實施的準則。

延續李健鴻對於此經濟保護事業的觀點，當台灣社會籠罩在第一次世界大戰後的世界性經濟不景氣中，加上殖民地式經濟體制的壓迫，台灣人失業問題逐漸擴展到公學校，或更高的知識階層如高商畢業者或留學生知識份子等階層時，即便設置有職業介紹所，卻由於民族差別待遇、及統治者特意地進行的「反福利」意圖，阻礙了勞動力供給運作，使得這個由帝國所設計的職業介紹所終究未能有效遂行其「勞動力調節」的目的。

或許可以進一步說，整個「勞動力調節」的系統，其本質上便根本不是帝國設置職業介紹所的目的，而是在帝國滿足經濟利潤取向的榨取目的之外，僅作爲安撫、穩定殖民地失業問題的一種欺騙手段：

> 勞動力供需失衡，其實是殖民政府長期主導推動的統治經濟體制下，爲了鞏固與糖業資本家的統合利益聯盟，持續採取低工資、低價格收購政策，勞動階級被剝削後所產生的一種「結構性階級矛盾」的產物。〔註59〕

另外一層解釋，則是如杵淵義房所說，帝國雖然希望以設置職業介紹所的方式來處理勞動力失衡的問題，但卻因爲「內台差別待遇」的關係，使得這個機制原本要發揮的效能打了折扣。那麼，帝國對待殖民地的「差別待遇」問題，在此就又再度成爲了瓦解殖民政府自身欲平衡殖民地勞動力供需關係失衡問題的動力了。

通過《台灣民報》的社說，我們可以清楚地認識到，台灣人對於社會事業設施的反應，是採取著與當代研究者所著重在現代化、福利的脈絡有所不同的批判角度，清楚而準確地放置在對帝國「殖民性」、內部結構性矛盾進行批判的位置上。無論是作爲粉飾帝國穩定殖民地社會的假面、因失業數量與救濟規模的差距而無力擔負殖民地式經濟體制造成的社會問題，抑或是其平衡勞動力供需機制的營運目的，都遭到來自帝國統治差別待遇、反福利意圖而擱淺，造成了這項原本以「福利」爲初衷的經濟保護事業最終趨於「失效」

〔註59〕李健鴻，〈邊陲統制與倫理教化：台灣社會救濟體制形成之研究〉，頁162。

的結果。不待贅言，造成這項結果的原因無他，確實都是來自於帝國殖民統治結構「內部」。

（二）授產事業

「授產」的意義，是以提供原本無特殊職業、謀生能力的「貧民」，譬如：身心有缺陷、無業者、失業者或無產者、女性等，能有學習一技之長機會的事業。〔註60〕

總督府透過此事業，教授民眾謀生技能，例如：裁縫、編草帽、扇子等傳統手工技術（如附圖2）〔註61〕，使其有能力獨立謀生，也藉著這種賦

附圖2：圖中為正在手工編織草帽的台灣婦女

予民眾維生技能的方式，使原本被汰除或不列入勞動力生產機制中的貧窮民、無產者、無業者等，能重新進入社會勞動力運作體系中。

杵淵義房認爲，實施這種意涵近似於「現代職業教育」事業的目的，在於避免養成民眾之惰性；尤其在討論失業問題時，他特別強調「個人貧」的貧窮原因，唯有教授社會落伍者謀生的技能，使其能成爲獨立自營的社會成員，才是根本之道。〔註62〕

當代社會學研究者古文君在分析此一「授產事業」的作用時，將它與「台灣浮浪者取締規定」（1906）連結，強調這個事業針對的對象──浮浪者與乞丐：

> 因浮浪者及乞丐多爲身強體健者，但往往因缺乏一技之長而淪爲乞丐或以暴力勒索維生，對此不良之徒，則要以授產事業加以協助，以助其有謀生能力。〔註63〕

〔註60〕杵淵義房，《台灣社會事業史》，頁1185。

〔註61〕圖中爲正在手工編織草帽的台灣婦女。「編織」作爲一種維生的手工，在日治時期台灣文學作品中，是常見的內容。如：賴和〈一桿「秤仔」〉（1926）、楊守愚〈凶年不免於死亡〉、翁鬧〈羅漢腳〉（1935）等，或許也可視爲一種延伸閱讀的角度。圖片參考，HIDEO NAITO（內藤英夫）"*TAIWAN - A UNIQUE COLONAIL RECORD 1937～38 EDITION*", TOKYO JAPAN, KOKUSAI NIPPON KYOKAI，附錄。

〔註62〕杵淵義房，《台灣社會事業史》，頁1186。

〔註63〕古文君，〈日據時期台灣的社會事業──以貧民救助爲中心的探討（1895～1938）〉，頁109～110。

除了對社會落伍者施以職業教育，使其具備謀生能力，這個授產事業更重要的意義在於，剝除其因爲失業而成爲社會中的危險份子的可能。一旦民眾經授產而被認定具備生產能力後，原本被認定爲窮民的失業者，非但不再是可以被收容入救助事業的極貧者，也同時就滿足成爲被帝國認知轉換成爲可以被提升至貧窮線上的次貧失業者身份，從而納入帝國的殖民地式經濟生產力結構中。

若是在經過（未經）授產事業後（前）仍處於失業的狀態，統治者便也就可以合理、合法地應用「浮浪者取締規則」、「治安警察法」等統治技術，將這些失業者、窮民收編入「強制性的」勞動力結構中。

從這角度去觀察這個以福利姿態實施的授產事業，便可以清楚地看出其中所挾帶的兩面性格：是同時具備社會控制目的與勞動力再收編考量的「有條件的福利」。

（三）住宅供給事業

這項事業的主要任務，是提供無產者（或無力租屋的下層階級）以低額租賃住屋的優惠，但從其背後附加的意義加以考察，實際上則是爲要通過低成本、低品質的廉價住屋，收容原本居無定所的無業浮浪人與無產者，維持社會穩定與安全，降低發生社會騷動的機率，形式上與現今的國民住宅性質相似。（如附圖 3）〔註64〕

附圖 3：台北市御成町，即今中山區，中山北路二段附近

然而，從《台灣民報》一篇〈細民受不到恩惠的新竹市社會事業（共榮舍事業經營難　共榮住宅乏人承租）〉中，對總督府此種住宅供給事業所提出的批判，似乎提供了我們觀察這項事業本質的另一個視角。

文中提及，此種「共榮舍」，是以「收容失業者」爲目的設置的。住宅中另設有供應製繩機用以製造草索，本意在於幫助失業者自力營生。然而，論者從其預定的每日生產量和工資的比例來分析，扣掉監督的給料、原料費等

〔註64〕台北州公設家屋（台北市御成町，即今中山區，中山北路二段附近），圖中右側爲站在門口，排列整齊的入住居民（未標明內地或本島）。參考武內貞義，《台灣》（台北，1928 年 10 月）（台北：南天，1996 年 8 月）復刻，頁 168。

等的事務費，實際上卻是處在入不敷出的狀態，還得要靠「助成會」補助才得以維持。到最後，這種補助實際上卻和工人們在外工作所得的勞銀相差無幾，同樣是微不足以維生，論者因此批判共榮舍的存在，只是徒具形式而已。﹝註65﹞

　　文中還提到，這種住宅尚分為「內地式」和「台灣式」兩種，非但因為住屋對象——內地人（在台日人）和台灣人——不同，而供給不同等級的住宅，也並沒有因為這種住宅的本意是為了要「經濟保護」，而在價格上有所便宜，甚至在地點的選擇上更是令台灣人望之卻步：

> 昭和五年中仙劍竹內地式一棟四戶，炊事場、便所、總鋪、紙窗等應有盡有，於內地人細民來說也許是天來的福音。昭和六年再建設台灣式長屋二棟八戶，四壁蕭條，室內空空洞洞，無所設備。……屋賃月一元五角，於生活程度極低的台灣人細民，算不上什麼了不得的便宜。而且場所接近於內地人墓地，在打不破迷信的台灣人，莫不視為畏途。……像這樣有名無實的社會事業，到不如直接用金錢救助窮民，較有裨益……。﹝註66﹞

杵淵義房便曾對「住宅供給事業」的意涵提出說明。他認為，此事業的重大使命之一，是通過建設內地式住宅，來逐步改善本島人原有的台灣式房屋形式。其中最重要的目的，是運用這個方式來改善本島人住家環境衛生落後現象。﹝註67﹞（如附圖4）﹝註68﹞

　　表面上，「住宅供給事業」乃是以現代福利系統與強調衛生觀念的姿態展現，但是，從受殖者對政策

附圖4：都市改正前的台南竹仔街
——台灣人式家屋格局

﹝註65﹞〈細民受不到恩惠的新竹市社會事業（共榮舍事業經營難　共榮住宅乏人承租）〉，《台灣民報》第377號，1931年8月15日，頁4。

﹝註66﹞同註65，頁4。

﹝註67﹞杵淵義房，《台灣社會事業史》，頁1187。

﹝註68﹞改築前的台南竹仔街。未經過街道改正前的台灣人家屋格局。參考武內貞義，《台灣》，頁587。

的反應來看，這種以住宅供給作爲經濟保護手段的福利政策，本質上仍然清楚地顯示出帝國「意圖」與殖民地受殖者「需要」間的落差。儘管意圖是正面的，但是帝國施策背後的概念，卻仍不脫視殖民地爲落後，進而企圖通過施予正面福利的誘因，藉以改變殖民地傳統生活形態、風俗的矯正手段，更遑論其在執行上所展現出的樣貌，是挾帶著「經濟保護」爲目的的強迫勞務，與僅是對於帝國統治系統中衛生論述的補充，對於受殖者來說，不啻只是一種與殖民地社會環境、傳統慣習脫節的統治技術。

（四）公共浴場事業（附圖5）〔註69〕

鑑於台灣原有傳統生活型態與熱帶氣候環境易於誘發傳染病、皮膚病等疾病問題，總督府建制了公共浴場這種具現代化衛生觀念的設施，企圖藉此改變台灣原有的衛生慣習，也希望透過此種融合了日本內地洗浴文化，經由福利事業灌輸進台灣。對於這個事業，大友昌子認爲，這種通過殖民地支配改變異文化的身體文化的方式，除了本身制度上的「教化」內

附圖5：以現代化的建築形式與衛生觀念所建築的北投公共浴場

涵外，總督府也通過引進殖民宗主國日本的文化習慣，作爲改良殖民地習慣的基準：「以衛生改善和來自日本的習慣的方式來進行文化統合，是實施公共浴場作爲身體管理之用的兩個面向。」〔註70〕而這種對於受殖者身體階級的異文化改變政策，正是典型的殖民支配特徵。原本以「福利」、「衛生」等姿態自內地引入的公共浴場，實際上也伴隨著某種「教化」方針，參雜著與壓迫手段不同的帝國文化統治技術在內。由於這個部分不在本論文討論的範圍之內，因此筆者僅針對社會事業中可以朝雙面性衍伸思考的部份進行概括發想。

〔註69〕武內貞義，《台灣》，頁528。
〔註70〕大友昌子著，《帝國日本の社會事業政策研究——台灣・朝鮮——》，頁174。

（五）公設質舖（即當舖）事業（如附圖6）〔註71〕

台灣的公設當舖，於 1920 年 6 月始設於台北市，其後又陸續於如台北、基隆、宜蘭街、新竹市、苗栗街、台中市、彰化市、豐原街、埔里街、台南市、嘉義市、高雄市、屏東市、台東街等地設置，共計 15 所（尚不含私設當舖）。這個事業的主要功能，是透過低利貸款的方式，給與貧苦群眾一些經濟上的救助。與當時一般「正式」的金融機構如銀行、合作社不同，

附圖 6：台東街公設質舖

這個事業的性質與受理條件，以及設置的主要對象，正是爲了那群無法符合銀行、信用合作社等機構所要求的條件的民眾，功能如同現今的「當舖」。而這種具備當舖性質的官營機構，除了借貸資格不限，以物品質押換現的方式，例如：飾品、衣物、有價證券等，提供民眾短期紓困，對於一般中下收入的民眾來說，也較爲便利且有保障。〔註72〕台灣省文獻會所主編的《台灣史》對於此機構的評價，便是認爲由於這個機構的設置，在當時造福了不少貧苦大眾。〔註73〕

若從上述對這個機構的效能來進行審視與思考，我們能否對殖民地文學中層出不窮的「鬻子」續命情形，視作是對帝國這種「經濟保護」的一種諷刺？倘若如史料文獻所載，這個事業「給與貧苦群眾一些經濟上的方便，於當時造福不少貧苦大眾」，那麼是否也就意味著，殖民地文學中所集中、量化出現的「鬻子」情形，確有其通過文學創作所承載的隱微意象系統在其中了。關於這個部份，會於本論文的第五章再進行更深入的分析。

（六）小資融通事業

小資融通事業始於 1913 年所制定的「產業組合規則」，並進而改成立爲

〔註71〕毛利史郎，《東台灣展望》（台東市：東台灣曉聲會，1933 年），頁 8。資料出處：「國家文化資料庫」：http://nrch.cca.gov.tw/ccahome/photo/photo_meta.jsp?xml_id=0000559828。

〔註72〕鈴木源吾，〈本島社會事業に於ける經濟保護施設一斑に就て〉，《社會事業の友》第 84 號，頁 14～16。

〔註73〕台灣省文獻會，《台灣史》（台北：眾文，1990 年），頁 650。

合作社，也就是信用組合。原本是以小額資金貸予小生產者或小商人，以改善或增進其生產或事業體的規模，後來則普遍成為以商人為對象的金融機構。主要記載的有四處：台北市庶民信用組合，台中市庶民信用組合、台南市庶民信用組合、澎湖貧民籌濟會。

（七）低利資金融通事業

此事業以郵政儲金為財源，主要提供資金給農會、水產會、漁會、水利組合及埤圳組合等公共事業，同時也有撥款給獎勵生產事業、公共住宅、公設質舖、救災建築等公共建設之用。

以上公設質舖事業、小資融通事業、低利資金融通事業等三項，除了本身經濟方面的福利性質外，在當時亦有作為帝國殖民地地方統治的金融方針，被用來強調帝國鼓勵殖民地式經濟的獨占資本與擴張投資之用。

其他公共社會事業設施尚包括有：公設市場、簡易食堂、公共海水浴場、簡易宿泊所、無料宿泊所等，然由於與本文所要討論「失業者」、經濟層面關係較遠，故僅略述其目。

李健鴻在分析「經濟保護事業」（1921）的實施背景時，引述涂照彥的觀點，認為伴隨殖民地經濟稻米商品化而來的「米糖相剋」情形，「不但使得蔗農收入相對減少，製糖公司的原料取得面臨更大壓力，而且還使得彼此之間的階級矛盾問題日益尖銳。」〔註74〕在這種狀況下，蔗農們的不滿，即反應在製糖會社對於季節性臨時工的招募與管理的困難情形上，以及因為低工資與低價收購政策的壓力，使得農民離開農村流入都市所形成勞動力管理問題。〔註75〕

在討論總督府對台灣貧民階級的計算結果，得出非但台灣人的比例遠高於日本人，且獲得社會救濟的人口更只佔其中的十分之一弱而已的情形時，李健鴻引竹中信子的研究數據認為：

> 在殖民政府的統制經濟結構性矛盾下，台灣的貧民階級已然激化擴大，而社會救濟體制在當時既有的需要管理模式限制下，儘管不斷擴張範圍，卻仍然難以有效處理大量貧民生存問題，社會救濟體制與統治經濟結構之間的矛盾日益顯著。〔註76〕

〔註74〕李健鴻，〈邊陲統制與倫理教化：台灣社會救濟體制形成之研究〉，頁157。
〔註75〕同註74，頁157。
〔註76〕同註74，頁158。

顯見社會事業設施即便有諸多呈現正面意義，但是若細究其施行的數據及效能，與台灣人對此事業的反應，則無法迴避地必須面對「殖民地式經濟體制」這一造成的負面影響的結構性因素，事實上遠超過社會事業在實際實施時所能負擔的能量。因此，殖民地福利事業本質上的缺陷，不僅是施策過程中的「內台差別待遇」，更包含了總督府本身內含以經濟進行文化、衛生等複雜統治技術背後的內緣阻力，使得原本立意應是良善的社會事業中的「經濟保護事業」發生質變，削減其自身的效能。

當這些大量自農村溢散流入大都市謀生的失業者、遭到殖民經濟結構汰除的勞動者，以及自經濟保護事業中流失的勞動力，在無法被社會事業有效保護，而成爲殖民地文學作品「貧困書寫」的書寫對象時，便促使了我們進一步在分析過經濟保護事業在殖民地社會上的實施情形後，著手對活動於其內／外的行動者——「失業者」的身份及形象，進行分析及觀察。

第三節　殖民地失業者差異論述

前　言

本節〈殖民地「失業者」差異論述〉，主要從兩方面對殖民地社會中的「失業者」進行分析，第一部份處理「失業者」的「屬性」問題，包括因宗主國經濟政策而造成失業者屬性、帝國經濟保護事業有條件收容的失業者性質，以及受殖者話語中的失業者等，從雙方對失業者的認知與論述著手，比較其認知的異同。第二部份，從處理社會學研究者所提出殖民地「勞動力轉化」的社會結構談起，融入對失業者的認知與觀察，推導出一套觀察殖民地社會中複數失業者形象的方式。

一、殖民地失業者屬性

在探究過殖民地時期台灣的經濟環境及失業成因後，本段將接著處理失業問題中的行動者——失業者的屬性及形象。一方面，從日本對殖民地台灣人失業者的認知著手，理解總督府如何界定所謂社會中的失業者，並試著加入統治者對殖民地的差異視線，說明殖民地失業者與內地失業者在形象與屬性上的異同；另外，亦將導入受殖者對於失業問題的觀察及評論，描繪出受殖者筆下失業者的形象與屬性，最後，並置兩者各自對於「失業者」形象的

觀察與書寫，比較兩者間的差異。

（一）帝國認知下的失業者屬性

在 1921 年 11 月《台灣時報》一篇〈內務局的失業調查〉中提到，自領有台灣至 1921 年爲止，失業者之所以增加的原因：「最近的產業界正值不景氣的情形，以至於各種工廠倒閉、休業，工廠減少的結果，使得沒有職業的人口有越來越多的趨勢。」〔註77〕即是在這種低迷的社會氣氛中，由當時的總督府總務長官賀來佐賀太郎開始著手推行一系列針對「失業」的調查措施，例如：調查工廠倒閉的年月日、解雇及休業事務員的數量、失業者的職業別、失業原因、失業地區、失職回到內地勞工數量等等。而此調查之所以如此細分，主要是爲了要因應社會經濟狀態的變遷，替往後準備實施的社會事業提供參考數據。〔註78〕

另一篇於 1929 年底刊載於《台灣時報》上的〈失業者逐增〉〔註79〕報告中，公佈了內務省社會局依照全國職業介紹所辦理的失業狀態調查，以數據表現出當時的失業情形；在這份調查報告中，總督府將失業分爲「一般失業」與「日傭勞動者的失業」兩項，並分別對兩者進行細部調查。〔註80〕由於觀察到帝國對失業者屬性實際上有其的特殊細分方式，促使筆者進一步思考：究竟帝國是如何認知、細分殖民地上的失業者？其以帝國之眼所認知的失業者形象又爲何？

同樣在《台灣時報》〈世界的現象としての失業〉的譯文中，便對這種經過細分化的失業者形象，做出了較爲清楚的界定。內容中提到，「所謂的失業者，所針對的，即是接受了政府失業補助，或是未登記爲失業者以外的失業者而言。」〔註81〕文中並舉出，「在世界各國關於失業保險制度的各種規定中，對於失業者的界定，是指非農業勞動者的失業而言。」〔註82〕因此，筆者初步理解到，「帝國認知下的失業者」的基本屬性之一，即必須是從事農業活動

〔註77〕〈內務局の失業調查〉，《台灣時報》1921 年 11 月，頁 4。

〔註78〕同註 77，頁 3～4。

〔註79〕〈失業者逐增〉，《台灣時報》1929 年 11 月，頁 51。

〔註80〕於本篇以及其他《台灣時報》評論中，「全國」一詞，係僅以日本內地爲主，而未包含台灣、朝鮮等殖民「外地」。

〔註81〕N. S. Fine 著，安間節子譯，〈世界的現象としての失業〉，《台灣時報》1930 年 11 月，頁 67。

〔註82〕同註 81，頁 67。

以外工作的「非農業勞動者」。

　　這種經過帝國之眼定義的失業者，同樣可以在《台灣時報》一篇調查失業者情形的報告〈全國失業者數〉中看到。這篇調查，較前一篇〈失業者逐增〉更加精準地將失業者細分爲三類：給料生活者、日傭勞動者、一般勞動者。〔註 83〕所謂的給料生活者，指的是以領月薪爲主的勞動人口。日傭勞動者，則是指從事領日薪工作的勞動者而言。一般勞動者，指的是以自營業爲主，算是沒有固定收入的勞動者。從上述對失業者的屬性化分中，筆者因此發現到，帝國所定義的失業者屬性，實際上並非如過去研究者們所概括性的認知、理解的失業者，僅是將「失去工作的人口」單一層次化地統稱爲「失業者」，而是帝國根據「就業者」的工作類別，從內部將「失業者」的屬性細分化成爲具有層次的失業者。

　　在一份〈全島失業者調〉中，以內地失業統計方法爲依據，配合國勢調查中的全島失業者調查，將「失業者」分成如下幾大類：給料生活者、勞動者、(1)工場、商店主等雇主身份，(2)屋臺店（如附圖 7）〔註 84〕、露店〔註 85〕、行商人鑄掛屋〔註 86〕、自營荷車挽〔註 87〕、按摩等自營身

附圖 7：日據時期的屋臺店

份，(3)無業者、學生、學校卒業生等。除了這些身份外，較特殊的分類還包括有：歸農者〔註 88〕、消極的失業者等兩類，也都和上述幾種身份分類方式一樣，被帝國以「有業者」視之。此外，這份調查報告並詳載了調查當時的島內社會狀況——由於當時島內製糖、酒精製造、製茶、鳳梨罐頭等主要產

〔註 83〕〈全國失業者數〉，《台灣時報》1930 年 11 月，頁 39。【引文中粗體爲筆者所加】
〔註 84〕屋臺店（やたい），簡易式的移動店舖，售貨亭，是台灣日治時期小說中常見的場景。參考謝森展主編，《台灣回想　思い出の台灣写真集》（台北：創意力文化，1993 年 1 月），頁 80。
〔註 85〕露店（ろてん），小攤販。
〔註 86〕鑄掛屋（いかけ），焊補店。
〔註 87〕自營荷車挽（にぐるま），個人拖運車。
〔註 88〕歸農者，因應帝國農業商品化所需要的密集農業人口，自城市回到鄉村的勞動力。

業正值閑散期，因此失業的比例相對而言，有比其他時候較高的情形——藉
此作爲失業率提高僅是短期情形的佐證。〔註89〕

　　除了上列的失業者分類外，筆者也歸納出一種較前述屬性獨特的帝國視
線下的失業者典型——「知識階級失業者」。

　　在《台灣時報》〈知識階級失業者の苦悶〉文中，中央職業介紹所所長緒
方庸雄指出，對於這種受過教育、具有知識水準的失業者，除了對其進行失
業原因調查，也應該對其失業時間的長短進行調查。在調查知識階級就職問
題的過程中，緒方氏有系統地歸納了職業介紹所的營運數據；其中，知識階
級的就職競爭與失業率，自 1921 年開始便呈現向上激增的趨勢，反映出當時
經濟不景氣的問題，也突顯出知識階級就職的困難程度；他強調，這種「知
識階級失業者」與「筋肉勞動者的失業」的不同之處，在於對生活難度的承
受時間長短不同。最後，他推導出對這些知識階級的就職運動（催促其就職
的方法，如職業介紹、授產事業等）的方法和效能。〔註90〕也即是說，帝國
不僅是以「就業者」的工作類別作爲定義「失業者」的標準，「修學程度」（教
育程度）也是其區別「知識階級失業者」與「筋肉勞動者」屬性不同的條件
之一。

　　自 1930 年初，隨著世界經濟環境漸趨惡劣，日本又因殖民擴張需求而升
高了殖民資本主義的壓力，發生在台灣社會的失業問題，便逐漸成爲帝國殖
民統治的棘手難題。台北市社會課長葛剛敏在〈失業問題に就て〉一文中，
曾針對失業問題進行檢討，定義失業的意義與失業救濟的標準。他特別提到，
爲了避免救助浮濫的情形發生，部份人口即使符合失業者資格，也不應該以
「失業者」視之而進行救助，包括有：恩給生活者、有繼承財產的無業者、
臥病無力工作者、精神病者、冬季農閑者等（與其後的〈全島失業者調〉中
的分類方式相同）。他說明，這種判斷是否爲失業者的標準，實際上是有其「微
妙的」調查基準存在的；因爲這種判斷方式，不僅只以外部的觀察做爲標準，
也必須從失業者自身的勞動能力以及態度上來考量。〔註91〕然而，從他的論
述中筆者發現，對於造成失業原因的部份，則是完全被歸因爲「失業者本身
的問題」，即便有敘及來自外部社會的影響所造成的失業原因，也並非是失業

〔註89〕〈全島失業者調〉，《台灣時報》1931 年 2 月，頁 95。
〔註90〕緒方庸雄，〈知識階級失業者の苦悶〉，《台灣時報》1931 年 6 月，頁 11～
　　　　23。
〔註91〕葛剛敏，〈失業問題に就て〉，《台灣時報》1931 年 1 月，頁 54。

問題的主要成因，而僅是迂迴地認爲失業情形高漲勢受到世界性經濟不景氣的影響，而與帝國統治無關。

　　生江孝之在《社會事業綱要》中解釋失業問題的原因以及失業者的狀態，在歸納各學說對於失業的原因的觀點後，列舉出四點：(1)週期的失業、(2)季節的失業、(3)臨時僱傭的失業、(4)產業上組織過程變遷時造成的失業。〔註 92〕他認爲，由於已經進入個人主義與功利主義盛行的資本主義時代，使得失業的原因在個人的關係和社會的關係之間的拉鋸，並且越來越傾向歸因於個人的關係。因此，他對失業做出如下定義：「失業指的是有勞動能力及勞動意志的人因爲自己的過失而未能得到並從事適當的職業的狀態。」〔註 93〕他並且引述德國的失業保險法爲例，強調帝國觀點下的失業問題成因，認爲失業者自己（個人）所能掌握的勞動能力和勞動意志，要較造成失業的「社會原因」來得更爲重要。〔註 94〕

　　而早在 1921 年 6 月份的《台灣警察時報》中，便已經針對這種因個人問題造成失業的「失業者」身份，進行大略原因的整理。在〈貧乏的原因〉一文中，提及所謂的第一種類型的貧乏，是因「個人的關係」而造成的貧乏，包括有：(1)身體的無能力者——虛弱、不具、疾病、老衰；(2)精神的不能力——無教育、怠惰、技術拙劣以及無能；(3)不良行爲——酗酒、賭博等。而第二種，是職業上的失敗，包括借錢、投資（機）失利、做他人保人或是妻子不善於理家等等原因。〔註 95〕可以發現，在這兩種貧乏的類型間，作爲總督府官方機關誌之一的《台灣警察時報》，同樣沒有將「外部社會」所可能會造成失業問題的原因列入考量。

〔註92〕週期的失業，指的是在一定的年限之間，週期性、間歇性的失業情形，多因爲產業結構發生變化而導致此類失業。季節的失業，指的是依據地方氣候社會的慣習之不同，或因爲原料生產的季節不同，而出現此種失業情形，也因爲受環境影響會有閒散或繁忙間的差別。臨時僱傭的失業，指的是因應特殊的勞力需要而臨時僱請的勞動力，是一種因爲視勞力需要的變遷而產生失業的情形。產業上組織過程變遷時造成的失業，是在進入機械化工業時代後，因爲產業機械化而造成多餘勞動力資源的情形。參考蔦剛敏，〈失業問題と知識階級者の沒落〉，《社會事業の友》第 10 號，1929 年 9 月 1 日，頁 46。

〔註93〕生江孝之，《社會事業綱要》，頁 151。【引文中粗體爲筆者所加】

〔註94〕同註93，頁 151～152。

〔註95〕〈何が故に貧乏するか〉，《台灣警察時報》第 49 號，1921 年 6 月 25 日，頁 62。

這種將「失業者」的成因導向「個人的關係」的論述模式，也可以在台灣日日新報記者田中一二所著的《台北市史：昭和六年》（1931）中看到：

> 所謂生活變成困難，此社會生活上之艱難，必須掙扎於艱難生活中。於是產生貧民看出在劇烈競爭中慘敗之落伍者。此或許亦因每個人命運所致此，其人本身或許有某種缺點。總之此類人均拙於處世謀生，大部分係自招者，此現象不僅台灣如此，任何地方皆然。
> 〔註96〕

從生江孝之、田中一二等人對失業者的論述，乃至於表現了帝國立場的報刊如《台灣時報》、《台灣警察時報》、社會事業機關誌《社會事業の友》中的失業者論述，筆者發現，總督府對於殖民地上的失業者及其之所以失業的原因，大抵都將之歸咎於是由「失業者自身」所造成。至於如生江孝之所述，另一項造成失業的「社會的關係」，不是略而未見，便是輕描淡寫地帶過，甚或以「任何地方皆然」的方式淡化處理。因此，我們若循著帝國的失業者論述，整理帝國視線下複雜而多元、多層的失業者屬性，則「帝國認知下的失業者」，非但必須要能被以嚴格的標準歸納為「有業者」，還必須符合以下的條件：

(1) 非業農勞動者（含一般勞動者和日傭勞動者）

(2) 給料生活者

(3) 具有積極勞動意志

除卻這三者以外的「無（失）業者」，即便是處於失業狀態，由於未符合帝國複雜的判別標準被劃為「有業者」的失業，因此仍舊不得歸納為「失業者」。那麼，自然也就無法被納入帝國的社會事業經濟保護體系內。

在了解上述被帝國藉由論述「狹義化」定義的台灣人失業者屬性後，殖民地社會中那些不符合救助資格的失業者，又將會被以什麼樣的視線對待？

沈德汶在〈日治時期台灣浮浪者取締制度研究〉文中，整理當時對於「本島人浮浪者」的定義，或許可以提供我們在思考「帝國認知下的失業者」以外的失業者時的另一種角度。

他引徵台灣總督府石川忠一所著的《台灣警察要論》〔註97〕一書中對於

〔註96〕田中一二著、李朝熙譯，《台北市史：昭和六年》（台北市：北市文獻會，1998年6月），頁356。

〔註97〕石川忠一，《台灣警察要論》（台北：新高堂書店，1915年11月），頁295～297。

「台灣浮浪者」解釋，說明帝國取締浮浪者的立意，在於預防犯罪，「不需犯罪事實即能啓動此預防機制」，而所謂的浮浪者，指的就是與台灣本地台語文「羅漢腳」（ろうはんか）或「鱸鰻」（ろうまあ）意思相同的「無業遊民」：

(1) 本島人無固定住所與職業，有危害公共安全，妨害善良風俗之虞者。

(2) 無一定居住處所者係指拘無定所，四處徘徊，無論戶口名簿上是否有本籍地或居留地之記載，實質上無定居地點者即屬之。

(3) 無固定職業係指未從事特定工作，或是賴以維生之行業。且此行業須爲法律、倫理道德、風俗與其他社會生活上所認定之正當行業。例如以詐欺、竊盜、賭博等方式糊口者，在主觀觀念上並不能視爲一種職業。例如所謂慣性賭博之賭徒，便不能視爲社會上之正當職業。

(4) 所謂居無定所且無正當職業者包括：A.有固定職業卻無固定居住處所者。B.有固定住所卻無固定職業者。C.無固定職業與居住處所者。

(5) 以上所謂有害公共安全與善良風俗虞犯者之認定，皆不需有妨害公共安全與善良風俗之事實。若以將來有妨害公共安全與善良風俗之危險者來分別則有：A.僅有害公共安全者。B.僅有害善良風俗者。C.有害公共安全與善良風俗者。〔註98〕

這種統治者對帝國標準以外的殖民地「失業者」，以治安維護之名所採取的治理方式，在1930年8月2日《台灣民報》一篇〈就職戒告──當失業者做不良少年待遇〉中，有更爲清楚的說明：

【邱垂能君】他是被僱傭者，至本年春間，因受殺人的不景氣的影響，突然失掉職業，至今還尋不到去處。警察課已爲有機可乘，即把他當做不良少年取扱。……若因失職便受戒告，於求職難比上青天更難的現代，未免太不合理。〔註99〕

藉由觀察研究者及當時社說對日治時期帝國認知下的「失業者」屬性所

〔註98〕石川忠一之論述，轉節錄自沈德汶，〈日治時期台灣浮浪者取締制度研究〉（台北：國立政治大學台灣史研究所碩士論文，2008年），頁11～12。

〔註99〕社說，〈就職戒告──當失業者做不良少年待遇〉，《台灣民報》第324號，1930年8月2日，頁3。【框內導文、引文中粗體爲筆者所加】

進行分析後，我們不難發現，對於帝國來說，殖民地社會上的「失業者」，不僅不是一個普遍概念的名詞，反而是內含帝國有條件「狹義化」定義過的「複數」失業者屬性。被排除在「帝國認知下的失業者」以外的殖民地社會中的「失業者」，非但不被統治者以「失業者」稱之，更轉而被以「無業遊民」及「潛在的犯罪高危險群」等與治安影響的負面形象連結，另外通過「台灣浮浪者取締規則」（1906 年律令第 2 號）、「台灣浮浪者取締規則施行細則」（1907 年府令第 78 號）等總督府法律控管之。

因此，未能通過篩選的非帝國認知中的台灣人失業者，在無法受到帝國經濟保護事業照顧，以及被以「犯罪預防」的方式對待的情形下，便只能繼續游離在殖民統治的縫隙間——既無法被帝國視線收容，也未觸及帝國治安的邊界，但仍距離帝國社會事業中的「窮民救護事業」有其條件上的落差的殖民地社會中邊緣位置。

作為被帝國社會事業「救助」或是「保護」的對象，以複數屬性被殖民者通過帝國之眼「狹義化」給定（given）的殖民地失業者，在符合帝國標準的同時，實際上也透露出某種被由帝國的話語權力收編的結果。然而，正是經由上述的辨證，這種「帝國認知下的失業者」屬性與殖民地上的「受殖認知下的失業者」形象實際上存在概念及意義上無法相容並存的情形，甚而至於與我們過去在殖民地文學文本中所認識的「殖民地文學文本中的失業者」形象，有著極為顯著的差異。

因此，本文即進一步對「受殖者認知下的失業者」屬性進行分析，進而與「帝國認知下的失業者」進行對話。

（二）受殖者認知下的失業者屬性

相對於由帝國建構的殖民地「失業者」論述，在 1926 年 10 月刊載於《台灣民報》上一篇有關失業問題的評論〈對失業問題的考察〉中，便曾透露出受殖者試圖建構一套與帝國認知下的失業原因不同的失業者論述：

> 然這失業問題，確是關於社會幸福上的一個重要問題，對於失業者的生活，是不能不致意救濟的。失業者的失業，並不是全然因為自己的懶惰所致，卻是由於社會沒有容納其勞動，失業的責任，是在於社會，不能歸咎於個人。〔註100〕

〔註100〕〈對失業問題的考察〉，《台灣民報》第 126 號，1926 年 10 月 10 日，頁 3。
【引文粗體為筆者所加】

文中不僅直接與統治者將失業問題歸咎於「個人的關係」這一論述進行對話，突顯帝國消極的迴避心態，並且主動將失業問題從「個人的原因」轉回到「社會的原因」，與帝國強調因自身現代性而帶來的發達社會關聯，提出了有別於帝國「狹義化」失業者的屬性，說明失業者的個人特質以及其與社會機制積極互動的特性：

（一）『是因為懶惰而致失業。』此種失業者，他本有勞働能力，而社會也需要他的勞力，因為他的懶惰性，不去勞働，以致失業。這種失業的原因，是和社會沒有關係，都出於本人的過失，所以不應該去救濟他……。

（二）『因逢不可抗力而致失業者』，此種失業者，本有勞働的慾望，和勞働的能力，因為遇外變的原因，以致失其職業。譬如戰爭瘟疫天旱水災等。這可說是基因與特別事情，其發生不屬於個人，也不屬於社會，個人和社會，自然沒有擔負甚麼責任。然為社會發展上打算，社會實有救濟他們的責任……。

（三）『因老衰疾病而致失業』，此種失業者，雖有勞動的慾望，因為沒有勞働的能力，以致陷到失業的地步，像疾病殘廢年老等，都是這一類。這雖可說是由於勞働者自身的不幸，但須要明白這並不是他們自己願意生出的，是屬於自然的缺陷，即基於社會的缺陷呵！

（四）『因社會的缺陷而致失業』，此種失業者，本有勞働的慾望，也有勞動的能力，卻因為不能覓到職業，就是社會不肯給予職業而致失業的。此種失業原因的發生，並不是由於勞働者自身的過失，而由於社會組織的缺陷，固責任宜由社會負擔，此種失業稱為『社會的失業』以和前說的『個人的失業』和『天然的失業』，是有差異的。〔註101〕

文中並指出第四點「社會的失業」與前面「個人的失業」、「自然的失業」的差異，在於此類失業是「社會的缺陷」造成的。這個「社會的失業」，指的正是帝國失業者論述中一直試圖迴避的，帝國統治下的殖民地式經濟體制失當而造成的失業問題。另外，文末亦提出「圖勞動市場的改善，使勞動力的需

〔註101〕同註100，頁3～4。

要和供給，圓滑運用」〔註102〕的建議，企圖與帝國的失業對策，例如：地方起債興業以收容工人等「一時的」救濟方式等對話；最後，文章也針對社會上的「浮浪者」問題提出建議，指出帝國若是能夠妥善經營勞動紹介所，即可杜絕這種徘徊於街頭的無業遊民。〔註103〕從這邊社論中，可以顯見殖民地的知識份子在思考殖民地社會問題時，對於由治理問題造成的失業情形、失業問題中的行動者的失業者、提出根治失業問題的方法、給予救助失業者的建議等脈絡化地思考殖民地的經濟問題，實際上是有著非常完整而且體系化的思考邏輯存在。

　　與帝國將失業者失業的原因歸因爲懶散與惰性等「個人的關係」不同，受殖者重新通過挪用（appropriate）帝國基於「連帶精神」所宣稱的「幸福社會」概念，與統治者所迴避的造成失業問題的「社會的關係」展開對話，無論是對「失業者」的再定義、失業問題的「受殖者觀察」，或是對於帝國視線下「浮浪者」處置方式的再思考，這篇〈對失業問題的考察〉一文都展現出受殖者針對帝國失業論述進行補充和對話的企圖，說明帝國以其統治者姿態認知下的殖民地失業者、失業問題，或是處理社會問題的方式等論述，確實有其站在統治者立場的偏狹與不足之處。

　　《台灣民報》一篇〈無賴漢由何而生〉的社論中，論者試著聚焦帝國視線下的「無賴漢」，企圖釐清統治者所亟欲處置的社會問題——「無賴漢」的成因。文中認爲，殖民地台灣社會之所以會產生無賴漢流竄的情形，是由於「社會組織的缺陷」與「當局者不能善導」的緣故。與前一篇採取的策略相同之處，在於本篇同樣針對帝國將社會問題發生的原因歸結爲是受殖者「個人的關係」的論述模式，由「個人」移轉回「社會」，而文中所著眼的「社會」，自然是被日本統治的殖民地台灣：

　　　　……但是原來所謂無賴漢究竟是什麼等人，是由何而生的呢？無論
　　　　有些性來粗暴而由境遇所迫，無奈而成無賴漢的。然而大部分卻是
　　　　由社會組織的缺陷與當局者不能善導所致的……。〔註104〕

在1928年《台灣民報》一篇〈台灣的失業問題——講究救濟對策〉社說中，也對受殖者認知下的失業背景，進行說明：

〔註102〕同註100，頁4。
〔註103〕同註100，頁4。
〔註104〕〈無賴漢由何而生〉，《台灣民報》第168號，1927年8月7日，頁2。

> ……尤其是台灣人方面，另受人才登庸的差別待遇，官衙的辦事人員，除非婢膝奴言的人，卻難蒙其採用。至於銀行會社亦有不採用台灣人的傾向，又且由內地渡來的內地人，和由對岸渡來的中國人年多一年使台灣人的失業者越來越受威脅了。〔註105〕

文中檢討失業問題嚴重的原因，點出殖民者的統治「差別待遇」問題，也對帝國「移民」政策的負面影響提出觀察，並同樣指向造成失業的「社會的缺陷」問題。另外，在《台灣民報》1929 年 8 月的一篇社說〈失業問題的對策——當局者有無講究？〉中，論者除了檢討失業問題的成因，也通過描述失業者的形象，尋找解決失業問題方法：

> 許多複雜的社會問題之中，現在沒有比失業問題更難解決的。這個失業問題不但在賣勞力的勞動階級感着痛苦，在賣腦力的智識階級的失業者之慘狀，實比勞動階級爲猶甚。……社會政策的核心，唯在失業對策之一事。其應急的對策，一方面要積極的興起救濟事業，以開就職之路去調節勞動力的需給關係，另一方面要消極的講究對於就職不能者如老幼、廢疾、狂人……等的救護法，以保障其生存權。〔註106〕

從論者思考解決失業問題方法的脈絡中，筆者發現，受殖者所認知的失業者屬性，不僅與統治者所認知的「失業者」有所出入，他們更主動明示了失業問題依失業者屬性，而有程度上的差異，提醒當局應該在救護法上針對此問題進行修正，追根究柢，批判了失業問題未能有效解決是因爲帝國的殖民者心態上的缺陷：

> 關於一般勞働者的失業問題，積極的消極的要講究救濟的對策，至於智識階級的失業問題，台灣的教育既然還沒像內地那樣的發達，當然是比較的容易解決的。只因台灣的官廳固然勿論，就是一切銀行會社等各樣機關的權利都是掌握在本國人手裡，其人員的採用都不肯給予均等的機會，故陷台灣人知識階級於失業的悲境，而使台灣社會越起不安。〔註107〕

〔註105〕〈台灣的失業問題——宜講究救濟對策〉，《台灣民報》第 235 號，1928 年 11 月 18 日，頁 2。

〔註106〕〈失業問題的對策——當局者有無講究？〉，《台灣民報》第 272 號，1929 年 8 月 4 日，頁 2。

〔註107〕同註 106，頁 2。

文末並再提出「當局者……不可以民族的偏見,給與本國人享有優越權,而厚此薄彼……」,再次點出殖民「差別待遇」的弊害,暗示殖民地失業問題,除了社會結構本身的缺陷,也在於統治者本身。

在另一篇〈乞界消息——乞食也有愛鄉心〉文中,則是從乞食者的本質問題進行批判,最後由乞食(個人)提升到對整個社會(群體)及制度的針砭:

> 一部分人主張説:乞丐多數是懶惰的人們做的,倘若全部不肯施惠,他們爲生存計,自然不得不從事勞働,施予乞食,是愛之反足以害之云。此雖有片面的眞理,可是在資本主義發達到極點的現社會,是有勞力沒處賣的狀態。非有收容——善處乞丐的計畫,一昧主張不可施與,那是未免過於殘酷而無責任的。〔註108〕

與前面幾篇社論的回應方式不同,這篇社論「依附」在帝國失業者論述脈絡底下,策略性地以「補充」的方式,表達失業問題實際上並僅不如統治者所言是「個人的關係」,是因爲受殖者個體的問題所造成的,也是整個殖民資本主義下的台灣經濟的結構性問題——是社會上處於「勞力無處賣」的情形,迂迴地指出殖民地統治下勞動力供需失衡問題,將帝國推諉給受殖者應負失業責任的壓力,重又通過論述轉回統治者身上。

另外,在左翼雜誌《新台灣大眾時報》中的一篇〈台灣‧掩耳盜鈴的失業調查——國事調查反動性〉文中,則是直接採取對《台灣日日新報》中所刊登的失業調查內容提出質疑,具體地條列與殖民調查相對應的受殖者失業者屬性,藉由審視帝國所提出的調查對象,從執行的缺失面、偏頗面進行批判:

> 「在××××主義鐵蹄下的台灣,其失業狀態是怎樣?照御用新聞的報導是不上三萬而且說什麼台灣不知呆景氣啦!失業者是罕得看見啦!等等掩耳盜鈴的調查、虛報,到底其調查的內容是什麼?我們簡略說說罷!」
>
> 這回的失業者調查,只調查給料生活者和勞動者,而左(下)記的完全是沒有調查:
>
> (1) 工場主、商店主的傭人。

〔註108〕〈乞界消息——乞食也有愛鄉心〉,《台灣民報》第 297 號,1930 年 1 月 25 日,頁 3。

（2）屋臺店、露店、行商人、鑄掛屋、自營車夫、自營荷車挽、按摩等的自營者。

（3）無業者、學生、學校卒業生等。

以上是沒有算做失業者，又對左（下）記的也是沒有調查，

（1）出來都市覓不得職，不得已欲歸故鄉的。

（2）沒有得着適當的職業，收入其他皆不能滿足，就是有職業而也不得以的皆沒算在內——所謂消極的失業者。

（3）季節的勞動者——製糖、製茶、鳳梨製造、酒精製造。

（4）其調查若是遇著那日有職業，以後失職亦沒在內。〔註109〕

由上述對失業者屬性，以及失業問題所提出的與帝國論述脈絡相對話的社論中，可以清楚發現，殖民地受殖者在面對失業問題時，與殖民帝國所建構的失業者論述，存在著極大的差異之處在於，除了雙方對於失業問題發生原因的認知——是「個人」（受殖者）亦或是「社會」（殖民地），也在於對「失業者」的身份定義上。

統治者面對殖民地社會上發生的失業問題所採取的方式，傾向於將責任歸屬於「受殖者」，由「個人的關係」所造成的「個人的失業」；而台灣人知識份子則是藉由釐清發生失業問題、社會問題的根源，從外緣環境著手，建構出「社會問題並不全然是『個人的關係』，更大程度是『社會的關係』所造成」這一失業者論述。

兩者不同之處在於，受殖者對於帝國殖民地式經濟體制下的「社會的缺失」提出的補救措施，譬如：對勞動紹介所、乞食收容所等救助機構，卻是採取肯定的態度。也就是說，在面對總督府實施具「現代性」意義的社會福利事業時，台灣人並非僅是依附其政策底下進行批判，或因爲是隸屬於殖民者的施設而一概予以排斥；反之，他們所表現出的是冷靜與理性的批判態度，對帝國失業者論述提出隱藏了政治性回應與補充。

在整理了台灣人知識份子對於殖民地社會中的「失業者」的觀察後，本文歸納出以下三點受殖者視線中，與「帝國認知下的失業者」有所差異的「失業者」：

〔註109〕〈台灣·掩耳盜鈴的失業調查——國事調查反動性〉，《新台灣大眾時報》第2卷第1號（東京：台灣大眾時報社，1931年3月15日），頁111。參考本文，頁123。

(1) 肇因於「社會的關係」而產生的失業者

(2) 距離社會事業（「經濟保護事業」與「窮民救助事業」兩端）遙不可及的失業者

(3) 受到殖民統治「差別待遇」的失業者

綜觀帝國與受殖者雙方的失業者論述，前者對於「失業者」形象所採取的態度，乃是以條件化、狹義化的定義方式，使其有限度、有目的地被選取、收編進入「經濟保護事業」內，而爲了因應這種細分化失業者屬性方式的不足（或者說是蓄意的排除），總督府當局是採取將其他不符條件者，視爲「浮浪者」、「無賴和」，以「規則」取締、預防的補強措施對待之。因此，逸散於帝國視線外的失業者們，呈現出游離在殖民地上的狀態，便是既距離殖民主所施行的「窮民救助事業」有難以拉近的資格差距（如：殘廢、年紀上的設限），也無法滿足被「經濟保護事業」收容的條件，而成爲了統治者經過縝密統治計算進而可以「依法」合理壓制的對象。而「受殖者的失業者論述」方面，則是採取依附或潛伏的方式，在默認殖民主「現代化」福利社會事業措施的正面立意之餘，對其採取的條件化、狹義化的失業者認知，進行「還原」、「挪用」與「補充」，藉由論述「失業者」屬性或「失業問題」的成因，翻轉帝國將失業與社會問題產生的原因歸因於受殖者「個人的關係」的偏頗認知，重新將失業問題的成因從「個人」移轉回「社會」，批判失業問題乃是「社會組織的缺陷」、「當局者不能善導」等原因造成的，藉此建構屬於台灣人的失業者屬性。

這種台灣人知識份子通過社論，對殖民地上的失業者屬性進行認知重塑與再詮釋的行爲，也可以視作一種受殖者與「帝國認知下的失業者形象」爭奪話語權力的策略；正是這個由帝國失業論述所打造的失業者形象，提供了受殖者可以藉由「失業者」形象切入的話語空間，從而能合理地潛伏於殖民者論述中，建構出承載了批判性與解消殖民話語權力的力道，藉由論述與建構失業者，受殖者找到了既能與帝國失業者論述發生對話，並且又能奪回受殖者主體形象話語權的可能。

二、勞動力轉化

在了解帝國殖民社會事業的性質與作用、帝國經濟保護事業本質意涵及缺失，以及殖民者和受殖者彼此對殖民地「失業者」的認知差異後，本段進一步將經濟保護事業與失業者之間的相互關係，放置回到殖民地式經濟體制

結構中，還原「失業者」本來的身份與屬性——「勞動者」，透過觀察殖民地勞動者在殖民地社會中的動態位置，將帝國視線下的受殖者的屬性變化，串聯成一個完整的殖民地受殖者逐漸朝「下層階級」陷落的形象變化過程：從農民→窮民→勞動者→失業者。（請參照文末「附錄一：殖民地身份建構與身份流動／作品貧困書寫示意圖表」）

　　李健鴻曾在〈邊陲統制與倫理教化：台灣社會救濟體制形成之研究〉中，對殖民統治下的經濟統治政策，提出有關殖民地勞動力模組的論述。他在觀察到 1920 年以前帝國糖業資本的運作情形後，引用過柯志明對於殖民地農民「自我剝削」〔註110〕的觀點提到：

> 爲了堅守土地，台灣農民乃採取「家戶自我剝削」的生產方式，來降低勞動成本，因應貧困化的困境，根據調查，至 1917 年時，台灣的農業勞動者中，家族合力勞動類型的人口佔總人口的 29.71%，同時不但將一般的家族成員納入勞動範圍，而且連**殘障者、兒童與纏足婦女**，也開始列爲家戶自我剝削的一部份……。〔註111〕

他認爲，即使社會上有施行「社會救濟」，卻因爲這個政策的成效有限，以及殖民糖業資本對於農業的加壓力，依賴農業維生的農民仍被迫必須要自行吸收原本應被列爲不適勞動人口的家族成員的生產成本，以持續維持生產需要。〔註112〕他並且提出，這種從「不適勞動」被迫「勞動化」所衍生出「農業勞動力弱質化」問題，即是帝國之所以施行新式的社會救濟模式——「社會事業」——的重要考量之一。

> 【農業勞動力弱質化】對糖業的生產力構成一定程度的威脅，削弱了日本糖業資本面對 1920 年經濟不景氣危機的解決能力，因而促使總督府在 1910 年代末期時，積極謀求「提升農業勞動品質」的策略，來解決此一新難題，也連帶成爲影響總督府在 1920 年代初提出的新的社會救濟模式的重要原因之一，以解決出現在「社會救濟擴張」與「勞動力弱質化」之間結構性矛盾。〔註113〕

〔註110〕柯志明，《米糖相剋／日本殖民主義下台灣的發展與從屬》（台北市：群學，2003 年），頁 104～106。

〔註111〕李健鴻，〈邊陲統制與倫理教化：台灣社會救濟體制形成之研究〉，頁 155。【引文粗體爲筆者所加】

〔註112〕同註 111，頁 156。

〔註113〕同註 111，頁 156。【括號內文爲筆者所加】

一方面，日本爲滿足殖民經濟利益需求，開始強調對殖民地「勞動品質」的要求，反應在其對於勞動者保護體制的設計上；另一方面，也通過「勞動仲介調節制度」與「企業共濟組合制度」，補強整體勞動力供需系統，修補因殖民地式經濟體制所造成的社會問題。〔註114〕同時，李健鴻也指出，此種所謂「防貧的事業」，實際上是帝國爲了「促進勞動力再生產」與「提高勞動品質」而設計的。〔註115〕當時台灣社會所呈現的明顯勞動力供需失衡問題，正是因爲「殖民政府長期主導推動的統治經濟體制下，爲了鞏固與糖業資本家的統合利益聯盟，持續採取低工資、低價收購政策，勞動階級被剝削後所產生的一種『結構性矛盾』的產物。」〔註116〕在觀察到這種情況後，李健鴻推導出帝國爲了符應其殖民資本統治所創造出的殖民地「勞動力轉化」體系。

他在分析日本統治台灣的歷史脈絡及其統治技術後指出，在1920年代以前的殖民統治初期，由於殖民者採取武力統治方式，所產生的副作用使得台灣的製糖業面臨困境。但是，經由山田溯所提出的「內地人投資消費、台灣人出勞力」的殖民地分工統治原則，以及新渡戶稻造對於殖民地勞動力供需的分析結果，統治者開始力圖重整殖民地勞動力與提高糖業資本的投資報酬情形。〔註117〕李健鴻歸納出，由於帝國感受到來自殖民地資本主義具現代性的經濟體制運作的結果——殖民地工資成長的壓力，將可能影響到殖民資本的收益，因此對殖民地的經濟體制進行修正的措施：

> 【總督府】所採取的乃是「不平等的農工發展策略」，這項策略的執行係由「土地改革——階級聯盟」、「低價收購——確保原料」及「搾取勞動剩餘價值」等三項統制性機制所組成，爲台灣糖業在納入日本資本主義再生產過程中，提供了廉價的勞動力與日本大糖廠在台發展的有力社會經濟條件，使得台灣成爲日本資本主義的邊陲生產地。〔註118〕

帝國如此壓低勞動成本的結果，即造成了剝削勞動力收入的必然結果，使得大量原料採集區域內的蔗農勞動力（農業）爲了增加額外的收入，必須要於農閒時再進入製糖公司（工業），繼續勞動以謀生，成爲季節性臨時工：

〔註114〕同註111，頁159～165。
〔註115〕同註111，頁159～161。
〔註116〕同註111，頁161。
〔註117〕同註111，頁161。
〔註118〕同註111，頁145。【括號內文爲筆者所加】

對製糖公司而言，這些蔗農轉化的季節性臨時工，正好塡補了在甘
蔗收割、裝載、運輸時所需要的大量苦力，成爲**扱取蔗農剩餘價值**
的最佳來源。〔註119〕

李健鴻引涂照彥的推論認爲，糖業資本即是在通過這種「勞動低工資」與「原
料低價格」的雙重策略下，持續制約著蔗農生產，達到累積利潤的目的。他
強調，殖民政府所訂定的諸項以「救濟」爲目的的法律如：「台灣慈惠院規定」、
「台灣窮民救助規則」、「台灣罹災救助基金規則」等，其共同方向，皆在於
「『勞動力再生產』的強化與重視。」〔註120〕他舉「台灣窮民救助規則」中的
條例，說明帝國勞動力轉化目的的要求──「被救養者應該課以與體質相當
的勞動活動，而爲了令被救養者獨立自主，應授予適當必要的技藝教育、訓
練。」〔註121〕

　　此種對於勞動力品質的要求，以及勞動力轉化的情形，也可以從《社會
事業の友》一篇〈本島に於ける產業福利施設〉中窺得梗概。多以對殖民地
產業爲研究內容，發表在「台灣社會事業協會」機關誌《社會事業の友》上
的論者松村強〔註122〕，在〈本島に於ける產業福利施設〉中，對於帝國針對
「本島勞動者」所提出的「產業福利設施」做出如下說明：

產業福利設施不是一般隨意的設施，而是一具**外部強制性的設施**，
這在本島關於勞動者保護的政策上佔有非常重要的地位。……此設
施設置最重要的目的，是爲了要**改善勞動的狀態**……。〔註123〕

從上述幾則對於帝國勞動力機制的觀察與分析中，我們便可以理解到，這種
參雜了帝國勞動力轉化意圖的福利事業，無論以何種內涵、規則或是機構推
展運作，其本質都並非以救助、救濟、或扶助失業者使之免於下陷爲目的，
而是以將被汰除的可用勞動力重新收編回到帝國勞動力生產系統爲目的的事

〔註119〕同註111，頁147。【引文內粗體爲筆者所加】
〔註120〕同註111，頁147。
〔註121〕杵淵義房，《台灣社會事業史》，頁1145。
〔註122〕松村強所發表的社論如：〈產業災害の防止について〉，《社會事業の友》第9
　　　　號，1929年8月、〈產業災害の原因と予防策〉，《社會事業の友》第10～12
　　　　號，1929年9、10、11月（連載）、〈本島に於ける產業福利施設〉，《社會事
　　　　業の友》第13號，1929年12月、〈質舖の起源〉，《社會事業の友》第15號，
　　　　1930年2月等。
〔註123〕松村強，〈本島に於ける產業福利施設〉，《社會事業の友》第13號，1929年
　　　　12月1日，頁72。【引文粗體爲筆者所加】

業。其中所謂的勞動需求，無非是爲了帝國服務的殖民地經濟體制。

小　結

　　通過觀察當時統治者與受殖者雙方對於失業者的論述，以及當代殖民地社會學研究者的論述，我們大致可以了解，無論是爲了改善勞動者的勞動狀態而提出的「產業福利設施」，或是針對窮民、失業者推行的「窮民救助」、「經濟保護事業」等等與殖民地經濟相關的福利政策，皆無法迴避帝國意圖透過扶助救濟、技術教育修養等「低成本的」社會福利事業，回收大量被殖民地式經濟汰除的勞動力，將原本被排除於勞動力資源外的受殖者如窮民、無業者、失業者等，經過此一統治技術，再次轉化爲殖民地社會中的勞動生產力的意圖。最終的目的，是使得這群原本被殖民地經濟體制汰除的失業者，最終仍能回到體制內，朝向符合日本帝國殖民地式經濟體制的核心要求——達成降低生產成本的目的。

　　換言之，台灣人勞動者被納爲殖民地式經濟體制中不可或缺的一環，其本身的形象，無論是以「窮民」或是「失業者」展現，都不過是被帝國以數字化、物化等方式視之爲一種「勞動力」。通過總督府對於窮民、失業者等計量的統治方式呈現在《社會事業要覽》、《社會事業概要》等帝國文本中，正呼應了社會學研究者的觀察，雖然是以「福利」、「保護」的方式實施，但是在以殖民經濟利益爲考量的前提下，這些殖民政策都不過是爲了「降低生產成本」，而與受殖者本身的下層狀態無關的「強制性」的統治政策。

結　語

　　在理解殖民者與受殖者各自建構的具對話能量與衝突性的失業者論述，以及對帝國社會事業做爲轉化殖民地勞動力的統治策略有所了解，加之以殖民地式經濟體制造成的社會問題、殖民治理上的「差別待遇」與社會事業在殖民地式經濟體的「治理失效」等論觀點重新觀看經濟保護事業以及其對象台灣人失業者，了解帝國這種以福利形態包裝過的的統治技術——「勞動力轉化」背後的目的後，本文將進一步試圖從殖民地社會的範疇，拉回到一直被以「反應現實」認知的殖民地文學文本身上，從文本分析出發，重新觀看殖民地小說中的失業者，文本化後的失業者形象除了批判經濟統治、社會問題以外，究竟還可能承載哪些意義？

　　另外，延續李健鴻所提出的，受殖者進入勞動市場的「弱質勞動力」如：兒童、殘障者、纏足婦女的觀點，筆者試著思考，這種「弱質勞動力」的受殖者形象，非但可以輕易地在殖民地小說中被找到，殖民地作家在書寫受殖勞動者、失業者的形象時，也多半都與「帝國認知下的失業者」屬性不同，是一群排除於勞動力市場外，空有勞動力卻無田可耕、無事可謀、有知識水平卻無職可任的筋肉勞動者與知識階級勞動者的形象。

　　當我們以社會學研究作爲基礎，從帝國以「福利」姿態實施的經濟保護事業政策著手，對殖民地社會進行多面向的觀察，得到如上述的結果後，又能否將此思維，作爲參照閱讀殖民地文學的一種方式——「貧困書寫」下的失業者形象，藉此對文本中的失業者形象進行一場精神性的探索與閱讀，在兼容殖民地現實文學創作的詮釋思維下，拓展殖民地文學所賦予失業者的內涵層次，是筆者下一章所要接著深入討論的問題。

第五章　勞力至上，忠誠未滿
——論殖民地作家筆下的
「受殖失業者」形象

前　言

　　以「寫實主義」作為理解文學創作內容的濾鏡，一直是各時代研究與評論殖民地時期台灣新文學時，非常倚重的閱讀角度。〔註1〕在創作觀上，1930年刊載於《伍人報》中的〈怎樣不提鄉土文學〉一文，黃石輝在提及書寫對象、閱讀對象與書寫語言問題時，便對以「寫實」作為書寫策略的「鄉土文學」，進行過如下的說明：

> 所謂描寫台灣事物的意思，就是可以使文學家們趨向於寫實的路上
> 跑，漸漸洗除了冒捏粉飾的惡習慣。一方面可使廣大的群眾容易發
> 生同樣的感覺。〔註2〕

除了在文學表現上，是以「寫實主義」作為指導原則，通過將「文學創作」視為一種帶有政治傾向的「運動」，在殖民高壓統治底下以隱微的方式延續本土文化，表現批判殖民的意圖，也是當時文學創作的重要功能之一。

　　許俊雅曾對這種帶有「運動」成份的文化現象提出解釋：

〔註1〕 可參考陳修齊，〈研究台灣文學的史觀探討——以「寫實主義史觀」為中心的檢討〉（台中：靜宜大學中國文學研究所碩士論文，2003年），頁4～20。

〔註2〕 黃石輝，〈怎樣不提鄉土文學〉，《伍人報》，1930年8月16～9月1日出版，1930年8月6日完稿，收錄於中島利郎編，《1930年代台灣鄉土文學論戰資料彙編》（高雄：春暉，2003年3月），頁1～6。

> 台灣新文學運動是文化啓蒙運動和抗日民族運動的重要內涵，此一
> 運動不僅從事文學創作，更肩負文化改造，社會改造及喚起民族自
> 覺之重要使命。〔註3〕

她並針對日治時期小說的創作內容，歸納出立基在「寫實」基調上的「控訴
文學」、「抗議寫實文學」等兩類文學類型，說明文學的時代意義與功能：

> 日據時期的小說作者頗懷進步意識，其創作旨趣或著眼於批評舊社
> 會的封閉、陰暗，或立足於被殖民壓迫的立場，譴責日本統治者；
> 在作品中深刻揭露台灣民眾在日本殖民體制下所受政治、經濟、文
> 化、教育多方面的壓迫，和民族不平等待遇。這些控訴文學，可說
> 是時代、社會的縮影，屬於反抗傳統陋習、反抗帝國主義的抗議寫
> 實文學。〔註4〕

以往，部分論者在討論殖民地作品中表現的失業問題時，大多都傾向將
這種圍繞殖民地社會失業情形的書寫，視爲作家通過直接描寫「社會問題」，
批判殖民資本主義、殖民地式經濟統治的方式。我們在理解作品中的失業者、
勞動者、失業問題時，亦慣常將所閱讀的殖民地現實的寫實主義手法與殖民
批評史觀，視爲是殖民地作家積極抵殖民批判意識的展現；因此，便容易直
觀地將作家作品中描寫的受殖者形象與活動，與我們對殖民地的歷史考察及
認識進行連結與覆蓋，將它們等同於一種側面的社會記載，或是類似於報導
文學等含有歷史成份的殖民地時期文獻。

有鑑於此，筆者希望嘗試改以「殖民者和受殖者對於『失業者』的差異
論述」作爲閱讀及詮釋日治時期小說的框架，重新審視過去一直被學者視爲
「單一整體」而無「層次」、「被動的」活動於殖民地作品中的失業者形象，
不再僅將殖民地文學作品，視爲一種被動的歷史批判素材，而是更開放性地
詮釋殖民地文學內部，藉由文學、美學與心理學等元素所建構起來的，與殖
民性進行有機對話的文化現象——失業者形象進行再認識，結構性地理解文
學空間中出現的失業情節與其中的失業者、勞動者形象，在以「寫實主義」
爲基調的殖民地文本分析方式之外，發掘出殖民地作品中藉由隱喻
（metaphor）、轉喻（metonymy）、心理學等創作手法表現出具有積極性、承
載更爲複雜意圖，透由文學創作所建構起來的受殖者主體話語體系，在既有

〔註 3〕 許俊雅，《日據時期台灣小說研究》，頁 52。
〔註 4〕 同註 3，頁 52。

的素材中，尋求一種理解作家精神世界、作品意圖（intention operis）以及與社會現實相互對話的詮釋。

第一節　被詛咒的失業者──翻轉傳統的殖民地失業者詮釋方式

前　言

在日本以經濟剝削爲前提的殖民統治企圖底下，總督府雖然推行了一系列以「修補」殖民地式經濟體制缺陷爲目的的社會事業，但是，在經過前述社會學研究者如李健鴻等人的分析後，筆者認識到，帝國所謂的「福利」事業，實際上仍不脫是以「勞力至上」作爲其內在的治理訴求，以高效能搾取殖民地台灣人的勞動力爲核心目的的統治技術。對此情形，台灣人除了通過社論、勞動運動〔註5〕等方式，與帝國在「失業問題」、「失業者」、「解決失業問題的方法」等方面批判殖民統治與爭奪話語權，是否也有通過文學創作，將「失業者」以帶有政治性、精神性內涵的方式，置入由作家經由文學所建構出的殖民地空間中，對殖民統治與帝國話語進行結構性、針對性的批判與對話？

Dipesh Chakrabarty 在〈工人階級生活和工作狀況的認知條件：1890～1940 年兼加爾各答的雇主、政府和黃麻工人〉論文中表示：

> 對於那些常常被用來重組工人階級狀況歷史的統治階級文獻，既可以從它們所說的方面，也可以從它們“不言的”方面來理解；其次，在理解他們不言的方面時，不止於純綷的經濟因素解釋，……，還必需置其於工人階級的文化領域。〔註6〕

正是 Dipesh Chakrabarty 提示的這個觀察「文本中不言的部份」概念，提供了筆者重新閱讀、思考統治階級以及受殖者文獻的新角度與觀點。藉由連結過去文學研究未曾涉足的領域──「殖民地社會事業」，與圍繞它發揮的論述，從社會事業中經濟保護事業的核心對象──「失業者」著眼，重新回頭檢視、

〔註5〕有關日治時期台灣與失業相關的勞工運動部份，本文不擬討論，請參考警察沿革誌出版委員會編，《台灣社會運動史　第五編　勞動運動》（台北：創造，1989 年）。

〔註6〕劉健芝、許兆麟編選，張雲箏、林得山譯，《庶民研究》，頁 12。

閱讀殖民地文學作品中的「失業者」形象。

以往研究殖民地時期小說時，最常見的方式，是採取「寫實主義」分析觀點，強調殖民地文學作品的批判意識、反映殖民地社會現實的部份，也對文本中透露的殖民地不平等權力關係，例如：律法、衛生等議題多所探討；然而大部分多半是集中在處理受殖者的「被壓迫」狀態、所表現的內在思想狀態這個層次上。

以西方馬克思文藝批評理論見長的 Terry Eagleton，在《馬克思主義與文學批評》中，試著提醒我們，在分析文學作品的時候，不能忘記文學作品不僅是單純的「反映社會」，也不僅只有「主題」和「中心思想」，還必須關照其中與「社會」有關的種種因素，如：作家的階級地位、意識形態形式、文學形式的關係、文學創作的技巧、美學理論，風格、韻律、形象和質量以及形式等方面。〔註7〕

因此，本節將分為兩個部份包圍討論文學中的「失業者」。第一部分「過去殖民地文本分析中的勞動者『失業』」，企圖整理過去文學研究討論失業問題、失業者的方法論，進而試圖提出以「經濟保護事業下的失業者」為參照閱讀的研究框架。第二部份「複數的受殖失業者形象」，又細分為「肇因於『社會的原因』的失業者形象」及「以『犯罪』衝擊殖民體制的失業者形象」兩類，藉此分析台灣人知識份子經由文學作品所表現的失業者論述，以及活動於殖民地文學文本中的「失業者」形象，究竟可能承載哪些意義。

一、過去殖民地文本分析中的勞動者失業

嚴小實在〈楊守愚生平及其作品研究〉論文中，嘗試以「向貧苦農工奔去」為題，理解楊守愚對於農工階級的關心。她分析作家的創作態度，認為他是站在「同情弱者，而批判強者」〔註8〕的角度進行創作；嚴小實並且通過歸納作品中的「小人物」，認為作家筆下的農民，「幾乎都是憨厚、老實、恪守本分的勞動者，卻都難逃苦窮的命運。」〔註9〕對於失業問題，如〈元宵〉，她則認為，作家乃是藉由鋪陳作品的熱鬧氣氛，「突顯失業者窮困的悲涼心

〔註7〕 Terry Eagleton 著，文寶譯，《馬克思主義與文學批評》（台北：南方叢書，1987年），頁1～13。

〔註8〕 嚴小實，〈楊守愚生平及其作品研究〉（台中：靜宜大學中文研究所碩士論文，2002年7月），頁57。

〔註9〕 同註8，頁56。

境，進而對金權的社會提出控訴。」〔註 10〕並且因此認為，楊守愚所描述失業者的「窮苦狀態」，即是他批判殖民統治的力道所在。

　　賴松輝也同樣沿用「寫實主義」觀點，析論楊守愚的〈一群失業的人〉。他從修辭、寫景文字、對話等面向進行分析，以「自然主義的『客觀寫實』手法」〔註 11〕定位作家的創作方式，認為對於故事中所表現的失業原因與不幸，楊守愚「並不將它歸於支配階級的剝削，或者日本統治者對台灣的掠奪，他把失業人的不幸歸諸於屬於自然循環法則。」〔註 12〕賴松輝在論及對於失業者的描寫時，則改採取自然主義文藝批評的觀點，認為作家「並非以道德理性的眼光去批判他們，而是接受自然主義觀點……，小說中的人物已經失去了自由意志，只能往填飽肚子的方向走，不管死豬肉，或者道德上的偷竊，他們都無所顧忌了。」〔註 13〕最後，他則提出，楊守愚這篇作品乃是站在「客觀」位置，以「自然主義」的寫實觀念、寫實手法，採取「展示」的手法敘寫出的作品：

> 作者除了採取擬人寫景之外，全篇都是「展示」手法，客觀地將失業人與農村景色表現出來，因此較難推論社會性的「主題」，反而像自然主義作家採取「人生的切片」，只截取人生的某些片段，加以描寫。〔註 14〕

與前面兩位論者的分析方式不同，徐俊益於他的碩士論文〈楊逵普羅小說研究——以日據時期為範疇（1927〜1945）〉中，在討論楊逵筆下的勞動者時，特別偏離以文學創作理論，改從楊逵的個人史方面切入分析作家的作品，歸納所謂「自由勞動者」的概念：

> 他們並沒有真正選擇的權利，自由勞動者的工作機會反而是「很不安定」，此處「自由」所指涉的意義是「沒有所屬」、「沒有固定」工作的勞動者。〔註 15〕

徐俊益援引楊逵本人的說法，詮釋作品中的「自由勞動者」：「實際上是一點

〔註 10〕同註 8，頁 57。

〔註 11〕賴松輝，〈日據時期台灣小說思想與書寫模式之研究（1920〜1937）〉（台南：成功大學中文研究所博士論文，2002 年 7 月），頁 142。

〔註 12〕同註 11，頁 142。

〔註 13〕同註 11，頁 142。

〔註 14〕同註 11，頁 141〜142。

〔註 15〕徐俊益，〈楊逵普羅小說研究——以日據時期為範疇（1927〜1945）〉（台中：靜宜大學中國文學研究所碩士論文，2004 年），頁 12。

自由也沒有，他們只盲亂、沒出路地勞動。」〔註16〕。他並且將楊逵的左翼
社會主義背景納入分析框架中，認為作家設定「自由」勞動者的意涵，有其
與當時資本主義高度發展的社會不同，對於左翼無產階級的關注在內：

> 自由勞動者既然名之為「自由」，就該是擁有自己的自由意識，其付
> 出勞動力以維持生活的基本要件，但在資本主義的壓榨之下，自由
> 勞動只成為沒有所屬、工作不穩定的一群，且隨時處於餓死的慘況；
> 當勞動者的自由被資本家所決定時，勞動價值對於勞動者就不再具
> 有任何意義，僅僅只是成為資本家地主階級的奴隸。〔註17〕

徐俊益在從作家的階級意識背景切入，分析〈自由勞動者的生活剖面〉中的
勞動者時，對其中的「異化勞動」觀點，做出如此解釋：

> 此處所說的「異化勞動」，說明自由勞動者由原先主動的位置變成是
> 被動的「被支配者」，所謂的自由不再是勞動者本身的自由意志，而
> 是資本家階級擁有壓榨勞動大眾的自由，即自由勞動者的生存價值
> 已被資本主義所異化。當中被壓迫者永遠是廣大的勞動階級，而資
> 本家便是奪取勞動者勞動價值的壓迫階級；異化勞動也使得勞動大
> 眾成為替資本家勞動的工具，付出勞動力卻又無法獲得勞動價值，
> 成為資本家階級的生產工具，勞動階級已喪失了原先作為「自由勞
> 動者」應有的權利。〔註18〕

他分析作品中表現的資本家與勞動者間單向的、不平等的支配關係，認為楊
逵是在理解左翼社會主義與資本主義間的矛盾情況下，想藉由故事中勞動者
的「集合」與「拼命去戰鬥」形象，表達出帶有社會主義成份的抗議態度。
〔註19〕

　　楊順明在〈黑潮輓歌——楊華及其作品研究〉中，分析作家楊華以「勞
動者」為描寫對象的小說〈一個勞働者的死〉，認為作家乃是藉由描寫被壓迫
勞働者的悲慘命運，「控訴殖民統治下的資本家，如何壓榨勞動階級，讓一個
貧窮、悽慘無助、毫無反抗的勞働者走上悲劇。」〔註20〕其中，對於資本家

〔註16〕楊逵，〈日本統治下的孩子〉，《聯合報》，1982年8月10日，收錄於彭小妍主
　　　　編，《楊逵全集》第14卷資料卷（台北：文化保存籌備處，1998年），頁23。
〔註17〕徐俊益，〈楊逵普羅小說研究——以日據時期為範疇（1927～1945）〉，頁14。
〔註18〕同註17，頁16。
〔註19〕同註17，頁17～18。
〔註20〕楊順明，〈黑潮輓歌——楊華及其作品研究〉》（台北：國立台灣師範大學台灣

的醜態、勞動者的困苦、主人公「李君」對階級意識的自覺等方面的書寫，楊順明則是以「普羅小說」性質作為解釋。此外，楊順明並舉張恆豪在《光復前台灣文學全集──薄命》中對於楊華的導讀，認為〈一個勞働者的死〉同樣犯了「寫實小說中人物類型化的毛病」〔註21〕。

　　此外，楊順明也以「以階級意識反抗資本主義」為閱讀框架分析〈一個勞働者的死〉，認為楊華與孤峰的〈流氓〉、楊守愚的〈一群失業的人〉一樣，「刻畫了無產階級的貧病交織，求助無緣的窘境。」〔註22〕

　　從以上幾則先行研究的分析範例中，我們可以大致觀察出，上述幾位論者在解讀作品的時候，無論是直觀地對作品「內容」進行文本分析、以文藝理論作為批評方式、將作家作品自殖民地現實環境抽離進行分析，或是從作家的「階級」意識創作背景出發等等；當研究者們在面對殖民地時期小說中以「勞働者」、「失業」為主題的文學文本時，都不約而同地表現出普遍相同的傾向──作品中的失業者形象，都出現程度不一「被化約」的情形發生。在他們的分析框架底中，失業者的貧苦形象，若非被簡化為是對大寫的殖民地式經濟體制進行直接的批判，即是失業者們顯性的勞動運動被上升對位為是站在「階級立場」的抵殖民運動位置上。

　　在他們的分析中，作品中的失業者較常被視為是用來批判殖民地式經濟的一個「裝飾性元素」（factor）；而作品中描繪失業問題的內容，也多被當作為是對殖民地式經濟進行批判的書寫策略。最後，不免歸結出此類形象的塑造，是用來反映（應）受殖者被壓制「宿命」的帶有工具化性質的失業者形象。使得分析殖民地時期的文學作品時，較常總結出殖民地作品「類型化」問題等結論。

　　然而，對於這些失業者形象的分析方式，真的僅止於此嗎？殖民地時期大量集中出現的關於失業問題的小說作品，在文學文本中成群活動的失業者，還能被以別的方式思考或詮釋嗎？

　　本節第二部份，即將企圖引入前章所論及，文獻中的帝國社會事業所定義的失業者概念，以及由受殖者自身所建構的失業者論述，打破過去論者對

文化及語言文學研究所碩士論文，2007年），頁86。

〔註21〕 楊逵，〈一個勞働者的死〉，《台灣文藝》第2卷第2號，1935年2月1日出版，1924年11月29日脫稿處女作，收錄於葉石濤、鍾肇政主編，《光復前台灣文學全集──薄命》（台北：遠景，1979年7月7月），頁2～3。

〔註22〕 楊順明，〈黑潮輓歌──楊華及其作品研究〉，頁89～90。

勞動者（失業者）既定的觀察與詮釋，以經濟保護事業視野中的受殖失業者形象爲參照，分析殖民地時期台灣新文學小說中的受殖失業者形象，究竟有何可以演繹的可能性存在。

二、複數意涵的受殖失業者形象

（一）「社會的原因」下的失業者形象

以前述嚴小實與賴松輝對於楊守愚小說的分析方式爲對照，論者對於作家作品中所描述的「現實」，多是採取直接分析小說情節、人物活動的策略，包括故事發生的背景、失業情形，乃至於討論書寫策略——以批判殖民統治，與表現手段——寫實主義，最後再以「寫實」、「自然主義」等手法總結，強調作家透過書寫殖民地社會發生的悲劇情節，對殖民統治進行批判與控訴。

然而，正是因爲僅以文學理論，或概括地以與抵殖民意識對位的方式作爲閱讀策略，作品中藉由「文學創作」對失業問題、失業者進行「貧困書寫」所爭取到的特殊批判位置，反而被化約成爲「自然主義」、「客觀寫實」、「抵殖民」等批評術語，變相地稀釋了被文本化後的失業者與殖民地社會之間的象徵連結，使得作家通過「文學創作」批判殖民統治的策略，遭到簡化與扁平化；作家通過作品所建構的失業者形象，以及其藉由文學所再現的「活動」及其承載的「意象」，也因此受到忽略。

以楊守愚在 1931 年 4 月發表的小說〈一群失業的人〉爲例，當時島上的勞動者，正面臨了殖民地社會經濟壓力升高，與世界性經濟不景氣，兩者交相影響的失業困境。在故事的序幕中，與失業者同處於相同空間的，就只有「不要命的」農夫們，還在經濟的「寒冬」中辛苦耕作。這個鏡頭，本身就已經透露出本論文第二章所論及的，「失業者」與成爲「窮民」的農民屬性不同的「非農勞動者」特質：他們雖然身處相同的殖民地空間——「殖民統治下的社會」，卻因爲各自的「屬性」不同，其悲慘的命運事實上也有明顯的區別：固著於土地上的「準窮民」，與移動於殖民地空間中的「失業者」兩種身份。

通過故事中的設計對白，這群失業者更清楚地標示出他們自身的屬性——帝國社會事業所給予失業者的區別——「日傭勞動者」身份：

> 「幸喜在茶園做了兩天工，要不然……」

> 「呸！兩天工，還掙不到七角銀呢，賤，賤，一塊錢三天工，嘻……」
>
> 「賤，要不然，不早就餓死了麼？」說完，免不了各自咨嗟嘆惋一
> 陣。
>
> 「眞想不到，霧峰這麼富庶之區，也還是如此。」一個印度型青年
> 說：「他——我的朋友阿世哥，明明告訴我那裡在乏工，誰知一到那
> 裡，卻什麼都沒有，唉！該死！」〔註23〕

從他們的抱怨中，同時也可以看出，「日傭勞動者」即將淪落至「社會落伍者」，
成爲遭到「社會排除」的「失業者」：

> 「眞是開臺未有的不景氣！跑了一百餘里路，三十多個村落，倒找
> 不到工作，難道眞的都用不著工人了麼？」〔註24〕
>
> 但在這樣一個荒涼的田野間，哪裡找來一家飯店呢？不，就使眞的
> 有了飯店，這一群失業的浪人，又哪裡有這末一筆飯錢呢？大家吸
> 的桿煙，還是好不容易省省儉儉剩下來的，但也將告罄了。大家的
> 身邊，除卻一個裹著幾領破衣服的包袱而外，無論如何也找不出一
> 文錢來，……。〔註25〕

勞動者（失業者）們爲了工作餬口而流離在殖民地上，非但因爲無業而承受
著殖民地社會「空間排除」，也因爲困窮而置身於殖民地「文化排除」中。他
們的行爲模式，似乎儼然符合了殖民者在失業調查中所述，失業問題中最大
的群體——「日傭勞動者」的身份。表現上，故事藉由對話與情節，批判了
當時嚴重的失業問題；然而，其中更爲突出表現的，是夾雜在控訴之中的絃
外之音，與帝國視線中將失業原因歸類爲失業者「個人窮」的「怠惰」、「懶
散」特質相異的訊息——爲了生存而積極覓職的失業者形象：

> 「眞是悲慘了，你不記得昨天我們問了一家？哼！僅僅一天要他三
> 角銀工錢，他都不要」，少壯的勞動者慘笑地說：「嘿！我這樣強壯
> 有力的人找不到工做，別人不更慘麼？」
>
> 「眞是開臺未有的不景氣！跑了一百餘里路，三十多個村落，倒找
> 不到工作，難道眞的都用不著工人了麼？」〔註26〕

〔註23〕楊守愚，〈一群失業的人〉，頁40。
〔註24〕同註23，頁40。
〔註25〕同註23，頁42。
〔註26〕同註23，頁44。

故事明顯站在替受殖失業者辯護的立場，試圖建構出與殖民者定義的失業者不同屬性的形象，並伺機還原造成這群失業者失業的眞正原因——失業的「社會的原因」。若失業發生的主因誠如統治者所言，是「個人的原因」，爲何這些故事中的失業軍所表現出的，卻不是垂頭喪氣、灰心氣餒，甚至是懶散放棄的敗北者形象，而是雖然失業，卻仍爲了生存，跑遍各地尋求工作機會的積極奮戰態度；是雖然食無飽、居無安，勉力維持身體狀態，卻仍無工作可做的下場？

「跑了一百餘里路，三十多個村落，倒找不到工作」的求職過程，不正突顯出失業者之所以失業的原因，並非是帝國將失業問題推諉給受殖勞動者的「個人的原因」所致，而是在日本殖民統治造成勞動力供需失調的殖民地內部的「社會的原因」？

倘若我們更大膽地將這種情形與殖民社會事業設置的機構進行參照，除了故事中鮮明透露出的，與帝國認知下的失業者屬性相異的特質，如：作爲失業群中主要屬性的「日傭勞動者」身份、流離於社會邊緣的被排除「社會落伍者」位置、與個人貧的「怠惰」特質相異的積極態度、不同於「個人的原因」的「社會的原因」外，對於「地點」的清楚標誌，恐怕也潛藏有不尋常的意味——1921 年 8 月，台灣第一所官營「職業介紹所」，不就已經於台中設立了嗎？

作家筆下的霧峰，即便富庶，卻並未因此得以解決失業者乏工的問題，彷彿暗示被殖民統治的部份區域，雖然「富庶」、「發展」，但是官方設置的職業介紹所與失業者，卻彷彿處在相異的空間中，沒有交集。正因爲如此，原有被統治者定位爲因爲「個人的原因」造成的失業者，不再僅只是作爲表層被帝國給定的身份，轉而成爲了批判帝國社會事業不在場、殖民機制失效的代言者，藉由作品對失業者的失業「成因」進行「歸因」，從殖民者的視線與定義中，奪回了受殖失業者之所以失業的解釋權。

> 已經是距今三個年前的事了。然而我每思及這素性剛直底可憐的朋友，同時整個腦海要泛去了不少的幻覺，任憑那百端思緒，去推測着各個可憐的朋友，現在有沒有謀出了什麼的職業？或者已經謀出了職業，繼則又再陷於失業？說不定照這麼已經重演了幾回也未可知？〔註27〕

〔註27〕李泰國，〈可憐的朋友〉，《台灣新文學》第 1 卷第 7 號，1936 年 8 月 5 日出

李泰國在〈可憐的朋友〉中，僅用這寥寥數句話開場，就道出了台灣人「失業者」的鮮明形象──在失業與就業之間來回擺盪的不穩定的生存狀態。藉由主人公「我」與這個「曾受過了社會不少的虐待的可憐的朋友」〔註28〕進行對話，在這個「可憐的朋友」的失業過程中，隱含對造成台灣人失業的「社會的原因」──「生活狀態不調和」的指陳：

> 他說起他失業的原因，他原本是在距着他的鄉里不遠的某公所包辦着炊事，他因為在來不善巴結當道者。他在那年新正被罷免後，才覺察到他的位置是被那個承襲者，用了一大份的「烏紗帽」買去的。……當時我對於他這失業的過程，不絕對於這生活狀態不調和的社會現象，便代這個素性剛直的朋友，起了一種碰壁的悲哀。
> 〔註29〕

〈可憐的朋友〉開放性的結局設計，與其說是保留了那位開著飲食店的朋友的「下場」，毋寧說是故事藉由敘述殖民地社會的壓迫力道，給予受殖者宣洩這種壓力的管道，既非一概承受，也非無力抵抗，反而藉由塑造這種「不在場」，留給「我」思索的空間：「世間一切的金言給我們的教訓，都是要求著我們的正直。可是，似他這麼正直的人，到底可以配得在這個特有的社會現象的□□飯吃嗎？」〔註30〕

　　同樣藉由文學賦予失業者的能動性的情形，也可以在張慶堂的〈他是流淚了〉裡看到。主人公「章大根」在喪妻之後，為了撐起一個家庭而「離農轉工」，到大都市S去尋求工作機會的過程，投射出一個失業者即使已經如機械般在城市中尋找工作機會了，卻陷在由日本所建構起的現代性都市中，如無限迴圈般，無法自被帝國視線給定的被壓迫身份中脫逃，採取如行動劇的方式，喻示出與失業的「個人的原因」有所出入的失業狀態：

> 第二天，他又運着沉重的腿，在市內的街道上，不管闊大或狹窄、幽暗，像不知厭倦地，一條條的巡遊着，這樣的一條條跑下去，最後他又向順序地跑回原處，可是又跟蹌的重新跑下去，宛如環行市內的自動車一樣。他整天都是用這樣的步調，一條街復一條街，這

　　版，收錄於鍾肇政，葉石濤主編，《光復前台灣文學全集──牛車》（台北：遠景，1979年7月），頁285。

〔註28〕同註27，頁289。

〔註29〕同註27，頁292～293。

〔註30〕同註27，頁285～297。

> 偌大的市街差不多每條都被他跑完了，有幾條街他都覺得很眼熟，
> 好像是跑幾拾回過的。〔註31〕

故事中的勞動者章大根，彷彿注定迷失、陷落在現代性的都市地景裡似的，早早就在遽變的風雨場景中「完全忘記了自己是置身於何處」〔註32〕。從「鄉村」到「都市」，經由人物身份的轉換與活動，種種殖民統治下的「生存問題」，被受殖者串連起來，朝向指控是由於這個「社會」本身的問題，才產生這如病變般吸附在受殖者的生命線上的悲哀：被殖民者自我異化的感官、家裡的病妻、無錢無醫的悲苦，到妻子亡故、賣牛葬妻、無牛可耕而被迫出讓田地（土地喪失）、地主的生租、統治者的租稅，即使流離外鄉（離農轉工），以打零工維繫生命，所面臨的，也是接踵而來的不景氣、工資低落和失業問題，連串緊密勾連著發生的宿命性的受殖者困境，再再都逼使他往更絕望的貧窮線下陷落。

較之被統治者劇烈更動與塑造的都會，張慶堂筆下的失業者章大根，終於選擇回到「故鄉」，想像相較之下未受殖民者異化、不被殖民統治所染指的「血緣」，成為受殖者內在世界最後的棲身之處：

> 他甚麼都明白了，他覺得這都會裡的人，多是在這互相欺騙中過著
> 生活，他懊悔不該跑這裏來，他決意離開這可鄙、可詛咒的都會。
> 他詛咒它，他要和它永久絕緣，他開始想走回故鄉去，雖則它也很
> 可詛咒，但是世界上是找不出一所更好的地方，且他底可愛的兒子
> 是在那裡……。〔註33〕

從鄉下流離到城市卻遍尋不著工作機會的台灣人的下場，並非是繼續背負着「失業者」的悲慘宿命，而是在伴隨著詛咒聲與了解到現代性都市的荒謬與異化後，彷彿本能似地踏上了「歸鄉」路：

> 數分鐘之後，他發覺自己是坐在歸鄉去的客車椅上，車是開發
> 了。……火車的速力漸漸加緊，高樓大廈，漸漸的沉下去，終於消
> 滅。〔註34〕

〔註31〕 張慶堂，〈他是流眼淚了〉，《台灣新文學》第 2 卷第 1 號，1936 年 12 月 28
　　　　日出版，1936 年 11 月 11 日作，收錄於鍾肇政，葉石濤主編，《光復前台灣文
　　　　學全集——薄命》（台北：遠景，1979 年 7 月 7 月），頁 401。
〔註32〕 同註 31，頁 385。
〔註33〕 同註 31，頁 405。
〔註34〕 張慶堂，〈他是流眼淚了〉，頁 405～406。

心中念念不忘的「可愛的兒子」，是否正象徵了受殖者的生命，正以一種新的型態，在殖民地上展現？雖然等著他的故鄉「也很可詛咒」，但相較於被殖民者現代化了的城市所給予人的「異化」與失望，故事似乎替失落於都會與現代性的台灣人，另闢了一條從現代化城市回歸鄉里的途徑——象徵著傳統文化的血緣。隨著「高樓大廈」漸漸自車窗「沉下去」，終至「消滅」，台灣人終於逃離了殖民地都會中被統治者定義的失業者身份。然而，也正是在「離農轉工」之後，又回到故鄉去的受殖者的命運，是不是仍然被籠罩在一個無法逃離的，更大的殖民地宿命性的悲哀輪迴之中呢？

　　林越峰的〈到城市去〉一文，描寫從原本務農維生，「離農轉工」到城市去以打零工糊口的小人物的故事。故事一開頭，便是以現代性華麗的裝飾閃亮登場：

> 到城市去吧！成是有高偉的洋樓，有燦爛的水銀燈，有滑油油的大馬路，這是多麼的美麗啊！
>
> 到城市去吧！住在城市的人，有汽車坐，有大菜吃，還有跳舞廳跑！
> 這是多麼幸福啊！〔註35〕

在這樣以「現代性」作號召的誘惑下，作品又是如何表現出台灣人失業者，以及他們的失業動線？主人公「忘八」從「耕作著些少的園子，栽著青菜到鎮上去換錢來養活自己和老婆的農夫」〔註36〕，到「整了一擔補靴子的籠箱，天天都到鎮上的十字路口，去幹那補靴子的小經濟來，……」〔註37〕，經歷過在王老爺家當一名「小田工」，然後再到城市裡幹補鞋匠的工作，正喻示了一條由「農民」朝向「日傭勞動者」的「身份」轉換路徑。然而，這個動態的身份轉換過程，卻是在以「現代性」為名的殖民地社會中隱而不顯的：

> 他想都會——是一個多麼神秘的大城啊！雖然洋樓是高大，水銀燈是明亮，坐著汽車，吃著大菜的人們，也是很不少。但是在其陰影下，餓著肚皮，受著風霜的人們，卻也多着哩。〔註38〕

〔註35〕林越峰，〈到城市去〉，《台灣文藝》創刊號，1934 年 11 月 5 日出版，收錄於鍾肇政，葉石濤主編，《光復前台灣文學全集——薄命》（台北：遠景，1979 年 7 月），頁 233。

〔註36〕同註35，頁 233。

〔註37〕同註35，頁 234。

〔註38〕同註35，頁 244。

「性情笨直」的忘八，也同樣不似總督府所定義的「失業者」的「個人的原因」，展現出了積極的謀生意識與動力。但是，即便身份如何遞轉，職業如何變換，到城市去的失業者，最終還是因爲「社會的原因」，被牢牢地釘鎖在「資產階級」所設下的囚籠之中。也即是由於文本中這樣藉由「貧困書寫」所描繪的勞動者的失業狀態與失業原因，提供了和失業者所差無幾的「日傭勞動者」與「資產家」對話的條件：

> 「做工人睡到這麼時候，還不起來做活，難道今天的飯，是想不要吃不成？」王老爺高著聲音罵。

> 「什麼？我一天不做活，就一天沒有飯吃嗎？那麼你天天沒有做活，怎麼天天都愛飯吃呢？」忘八從被窩裡爬起來，就忍不住地這樣答他。〔註39〕

除了日傭勞動者的身份轉換和展現階級意識外，林越峰筆下的忘八，也和楊守愚筆下的那群失業者一樣，因爲來自「社會性的失業問題」的緣故，淪落爲被社會不斷排除的失業者；也因爲這種排除，另啓了一條屬於受殖者生存動線：一條從「鄉」到「鎮」，從「鎮」到「城市」的移動軌跡，將「失業的社會問題」中「社會」，組裝成一個完整的殖民地空間。關於這個書寫模型，會在下一節對孤峰的〈流氓〉一文的分析中，有更爲清楚的論述。

正是這種通過作品「貧困書寫」不屬於「個人的原因」的失業，還原了造成這種宿命性悲哀的「社會的原因」，在文學文本中替台灣人失業者爭取到了絕對穩固的發聲空間。無論是楊守愚的「一群失業的人」、李泰國的「可憐的朋友」，或是張慶堂筆下的失業者，作品中的台灣人失業者雖然看似身處於無法掙脫的宿命性悲哀之中，然而，藉由觀察文學中的「貧困書寫」情形，反而提供了他們（失業者）回應這種被壓制宿命的方式——爭取與受殖者所定義的失業的原因不同的，屬於受殖者視線的失業原因話語權。

在這條爭取失業解釋權的辨證過程中，作家藉由設計失業者的積極求職行動、對話與失業者的身份，一再地衝撞帝國利用話語權力加諸於受殖者的「宿命論」、「貧窮的個人原因」等觀點，顯現出與帝國視線有所不同的受殖者——積極求生鬥志、屬於受殖者視角的「社會的原因」的失業觀，消解了統治者的失業論述與失業者視線。只不過，這種積極的生存鬥志與

〔註39〕同註35，頁235。

熱情，在「社會的原因」持續無法解決的殖民地環境上，又能支持到什麼時候？

　　殖民地作家們似乎便是在意識到終究無法逃離殖民體制的情況下，更趨向內在精神性地，選擇了以書寫受殖失業者的「犯罪」，作爲一種回應統治者的策略。

（二）以「犯罪」衝擊殖民體制的失業者形象

　　翻開過去殖民地時期的台灣新文學研究，甚少針對小說中出現的「犯罪」情形進行討論。若我們仔細閱讀相關內容的作品，卻屢屢可以發現其中受殖者的「犯罪」情形。在這裡，本文所謂的「犯罪」，指的並非是殖民地上的殖民者的違法，或是以其他方式施加壓迫的犯罪行徑，而是對文本中以殖民地受殖者爲主體的「犯罪行爲」進行判讀，如台灣人失業者的偷竊、強盜、殺人等。

　　1918 年 7 月份的《台灣警察時報》中一篇〈生活難と犯罪〉，對於罪犯的「犯罪」動機，提出肇因於「生活難」而導致犯罪行爲的客觀解釋。文中除了說明「社會現象的複雜化導致特殊的犯罪事件增加」外，也提及受到 1918 年第一次世界大戰後的戰後不景氣影響，所發生的物價高漲情形，也是使社會上犯罪率升高的原因。〔註 40〕在《台灣警察時報》另一篇〈台灣に於ける犯罪〉文中，則是將帝國統治下的台灣犯罪問題，依犯罪人口數量多寡分爲五類，其中賭博排名首位，依次爲違反鴉片禁令、竊盜及強盜、傷害，最後則爲違反諸稅捐規定。〔註 41〕

　　如果我們單以傳統殖民地文學研究的眼光來看待作品內部的敘事結構，對於小說中出現的「犯罪」情形，大抵都不脫傾向於理解其犯罪背後的「動機」（motive），視爲是受殖者遭受到壓迫之後的一種「反應」（reflection）。然而，無論是作爲控訴殖民權力壓迫的宣洩出口、因爲無法忍耐殖民地式經濟體制的剝削而起的抵抗行爲，都仍舊未能有效解釋「犯罪」作爲出現在殖民地文學作品中的「意圖」。

　　這種因爲殖民統治而發生在文學所搭建出的殖民地場景中的「犯罪」情

〔註 40〕　〈生活難と犯罪〉，《台灣警察時報》第 14 號，1918 年 7 月 25 日，頁 57～58。

〔註 41〕　台中州警視　森島庄太郎，〈台灣に於ける犯罪〉，《台灣警察時報》第 49 號，1921 年 6 月 25 日，頁 63～65。

形，究竟是否會因爲我們已經對殖民地失業者差異論述有所了解，而產生不同的詮釋？

以賴和的〈一桿「秤仔」〉爲例。過去討論賴和這篇小說時，最常採取的分析視角，是從「法律」的觀點去解釋作品的意圖，強調殖民地律法實際上有其「人爲」的因素在其中，進而突顯殖民地法律與受殖者的相互關係，及其中隱喻性的壓迫體系與權力關係。〔註42〕然而，往往容易讓人忽視的是，文末輕描淡寫的點睛之筆：「他已懷抱著最後的覺悟。」〔註43〕究竟主人公秦得參「覺悟」了什麼？

> 同時，市上亦盛傳著，一個夜巡的警吏，被殺在道上。〔註44〕

難道僅止報復？僅止於表層的抵抗？或如張恆豪所述：「秦得參在遭到種種羞辱後，深感生存的悲哀，乃抱著必死之覺悟，選擇與巡警同歸於盡。」〔註45〕當我們細細咀嚼賴和所保留的開放性結局，似乎留下了某種特殊的「死亡」意涵在隱含其中。

這種以書寫受殖者「犯罪」的情節，也可以在楊守愚的〈一群失業的人〉中讀到。這群「失業的人」在歷經了「一百餘哩，三十多個村落，倒找不到工作」的磨難後，無論是身、心，都呈現出極度疲乏的狀態，好不容易歇腳在一片蕃薯田邊，卻爲了要果腹，不得不幹起偷盜蕃薯的事。而對於這種「犯罪」行爲，受殖失業者們則自有一套邏輯：

> 大家擁擁擠擠，紛亂了一陣之後，各人站住了一個位置，便又開始對於運命底詛咒。
>
> 「肚子餓了，連挖幾顆蕃薯充飢也不能夠，賊，你到可惱不可惱呢？」
>
> 「偷蕃薯算是犯了法呢？」

〔註42〕可參考，施淑，〈一桿「秤仔」簡析〉，《中國現代短篇小說選析》（台灣：長安出版社，1984 年），頁 981～982。或陳明柔，〈前進！向著那不知到著處的道上……——由賴和小説中的人物悲歌談起〉，《問學集》第 2 期，1991 年 12 月，頁 74。等人之論述。

〔註43〕賴和，〈一桿「秤仔」〉，《台灣民報》第 92、93 號，1926 年 2 月 4 日、21 日，收錄於葉石濤、鍾肇政主編，《光復前台灣文學全集——一桿秤仔》（台北：遠景，1979 年 7 月 7 月），頁 67。

〔註44〕同註 43，頁 67。

〔註45〕張恆豪，〈覺悟者——〈一桿「秤仔」〉與〈克拉格比〉〉，收錄於江自得主編，《殖民地經驗與台灣文學》（台北：遠流，2000 年），頁 225。

　　「什麼鳥法？」印度型的阿方，有些憤然地說：「法律到要叫人餓死
　　嗎？」

　　「這還成什麼法律呢？叫人家餓死也不能拿東西來就救命，我們還
　　要他幹嗎？」〔註46〕

同樣，在克夫〈阿枝的故事〉中，作家則是以一種帶有階級傾向的敘述方式，
工整地描繪出殖民地「勞動者」的悲哀：如刑務所般的工廠環境、超時加班、
機械壓榨人力、低賤不足以維生的工資等等。可以發現，上述這些意象，都
是對於殖民地式資本主義統治的典型批判元素。那麼，說作家將這些元素藉
由「阿枝的故事」表現出來，本身不就是在說明作品所批判的殖民統治的壓
迫性格與暴力嗎？

　　的確，若就表層的抵殖民意識來說，〈阿枝的故事〉確實是一則非常「典
型」的批判殖民統治的小說作品，無論是故事中表現的階級意識、對現代性
資本主義的批判，乃至於對受殖者宿命性的被壓迫角色的控訴；甚至到最後，
以「同盟罷工」作為一種抵抗、階級出路的方式，作為台灣人失業者向上爭
取生存空間的方式，都表現出過去所普遍認知的近乎「標準」的抵殖民文本
型態。

　　然而，我們如果僅單從這個角度觀看〈阿枝的故事〉，只不過再次覆述了
這篇小說非常全面地指出了殖民資本主義在台灣發展所導致的「典型結果」
——受殖者被統治者所設計的結構性體制、法律所箝制。這毋寧和前行學者
所認為的殖民地文本分析一樣，陷入了單一「類型化」的詮釋邏輯。

　　Terry Eagelton 引用法國文藝批評家皮埃爾·馬舍雷（Pierre Macherey）
在《文學生產理論 A Theory of Literary Production》〔註47〕中陳述的觀點提醒
我們，分析文本的時候，除了作品中外顯的（revealed）部分之外，還必須
注意到作品中內部的（interior）、不能言說的（conceal）、不在場的（absent）
部份：

　　一部作品之與意識型態有關，不是看他說出了什麼，而是看他沒有
　　說出什麼。正是在一部作品的意味深長的沉默中，在它的間隙和空
　　白中，最能確鑿感到意識形態的存在。批評家正是要使這些沉默

〔註46〕楊守愚，〈一群失業的人〉，頁50。
〔註47〕Pierre Marcherey. *A Theory of Literary Production*, Translaterd from the French by
　　　　Geoffrey Wall.（New York: Routledge, 2006）p.87.

　　"說話"。作品似乎在意識形態方面受到約束，不能説出某些事
　　情。〔註48〕

筆者發現，在〈阿枝的故事〉這篇小說所描寫的「典型的」（typical）殖民地
空間中，事實上並存著個一條更隱密，卻更積極的手段，即是「失業者」動
態形象所隱含的主動衝擊「制度」的能量：

　　「朋友，你想一個人，能夠老餓著肚子過活麼？不，這是做不到
　　的。那末，除卻幹那沒本錢的生意，還有什麼道理？哼！我跑上了
　　大馬路的一座店舖，偷了……朋友，秘密點，這是不能漏洩的，我
　　偷了一箱敷島煙去賣給人家三塊錢，爲了維持生命，這算是犯罪
　　麼？但，現在的**法律**卻不能有所容赦，朋友，秘密點，曉得麼？」
　　〔註49〕

經由書寫「犯罪」，由阿枝與其他同病相憐的下層階級互動所串聯起的敘事結
構，較之前述表面「靜態」批評物件的詮釋方式，更深層地將整體「勞動者
→失業者→犯罪者」的「動態」陷落過程，以「文學」完整銜接起來，並且
包括了受殖者藉由文學創作爭取合理的生存權，而不僅止停留在「揭露」殖
民統治暴力的層次上，而是藉由意象，找到了與統治者對話的可能。較之文
末所提及的「同盟罷工」所採取積極衝撞體制的方式，這種呈現在文本內在
意象系統中的衝撞，更在失業者進行自我辨證後，建立起了屬於台灣人自身
的殖民地精神邏輯：

　　哦，原來他是偷了人家的東西，但是小偷也說他有道理，我雖然很
　　不慣於這一種行爲，其實，處於這樣一個境遇，也找不出更好的方
　　法……。〔註50〕

除了作家藉由文學所描繪的殖民地現實環境，當我們對故事中的失業者形象
及其活動進行重新閱讀，還可以發現到文本中活動的失業者，非但承載了作
家具「意向性」的批判性「寫實」，並且還同時擁有其自身透過「貧困書寫」
所創造的積極能動性，不僅只是作爲作家筆下的「物件」，更是在文本化後的
殖民地空間中，自主地展現其對於殖民地體制的衝撞與較量的意象。

〔註48〕Terry Eagleton 著，文寶譯，《馬克思主義與文學批評》，頁37。
〔註49〕克夫，〈阿枝的故事〉，《台灣新民報》，1931 年 10 月 3 日、10 日、17 日出版，
　　　　收錄於鍾肇政，葉石濤主編，《光復前台灣文學全集——豚》（台北：遠景，
　　　　1979 年 7 月），頁 34。【粗體爲筆者所加】。
〔註50〕同註49，頁35。

此種藉由失業者在文本中的活動，積極衝撞殖民地體制的形象，在林越峰的〈到城市去〉中，也有仔細的描繪。主人公「忘八」在流離於鄉村與城市之間，一再受到來自統治者及資產階級的生存壓迫後，終於決定鋌而走「險」，和阿枝一樣，決定去幹那「不曾幹過的買賣」。然而，在以失敗收場的結局中，失業者忘八也以只能以「死」來表現對於殖民體制的控訴：

> 他跑了許多路，也不知道自己走的是路，還是曠野沙漠，也不知道是走在什麼地方，只是戰戰兢兢地對準著前面直奔，到了一個橋上的時候，他忽覺得膝兒一酸，向前一撲，竟滾下一個很深而又很大的水裏，一剎那間就不知去處，祇有剩下橋下的水，不斷地浩浩蕩蕩的長流著而已。〔註51〕

雖然為了生存而一再衝撞體制的「失業者」形象，往往都以失敗收場，得繼續背負宿命性的被壓迫身份；但是，這種隱含在文本中失業者意象背後的積極能動性，正說明了殖民地作品對於殖民體制的批判，不僅侷限於「描寫現實」、「情節」或者「意識型態」，也存在於通過「貧困書寫」，重新將受殖失業者形象結構性地編碼，成為一種能夠主動回應殖民統治的主體。文本中的失業者形象，絕不僅僅只作為一件活動於殖民地作品中被動批判殖民統治的物件而已。

張慶堂在〈年關〉一文中，對這種受殖失業者「犯罪」的「動機」所進行的描繪，正好提供了我們觀察文本中的受殖失業者藉由「犯罪」而達到衝撞體制目的心理層面：

> 「現在還顧得甚麼他娘的過年嗎？被迫至這地步來，便不能怪我們了，現在所留給我們的路，只有兩條了。一條是靜靜地讓他餓殺，另一條就是橫了心，碰碰我們的運氣啦，甚麼他娘的道德哪……我們現在可不管了，我們想要活著。……我們並不是不愛勞動，才挨餓的，我們想要勞動，可是，沒有要我們的地方啦。」〔註52〕

即將面臨年節的勞動者阿成，雖然身為一個人力車伕，卻因為種種環境的困境，使得他即使有一份職業，也像是沒有一樣：

〔註51〕林越峰，〈到城市去〉，頁246。

〔註52〕張慶堂，〈年關〉，《台灣新文學》第1卷第6號，1936年5月4日出版，1930年1月23日作，收錄於鍾肇政，葉石濤主編，《光復前台灣文學全集——薄命》（台北：遠景，1979年7月），頁352。

> 我們找不着飽飯的職業咧，因此我們便不得不幹拖車的職業，因爲
> 這種職業是在容易找沒有了。但是，許多尋不着職業的人，他們便
> 幹起這種生意來，於是車子便如貓毛多！而且，還有自動車、電
> 車……來競兜生意，因此，我們便越難以尋找乘客……〔註53〕

在整個「犯罪」動機受到生存壓力逼至臨界點時，統治者施加在受殖者身上
所有的枷鎖，在文本中便全都不再產生作用，反而成爲一種合理化促使他們
行動的動力：

> 吁，老哥，你想想看吧，試一試我的命運喲！我們本來都是好百姓，
> 並且永久都想做個好老百姓的。可是，照這樣看來，善良的百姓，
> 是要餓死啦！但，我們可不能活活地餓死呵！爲得想要活，那我們
> 就不得不橫起心兒幹下去，並不是我們喜歡這樣去做，是環境願迫
> 我們的喲！〔註54〕

從帝國的失業者論述中，筆者認識到，在構思各式「經濟保護」事業時，以
福利事業對殖民地社會進行設想的日本帝國，一直是以「積極的防貧」、「救
貧」作爲其施策的準據。在先前的論述中，本文曾提到，整個社會事業及其
失業者論述，與其說是爲了要救濟殖民地下層階級，毋寧說是站在「穩定殖
民地社會環境」的政策方針上。

　　然而，從上述的文本中可以看到，殖民地受殖失業者非但是以一種被壓
迫者的身份進行「犯罪」，突顯出殖民統治的矛盾性格——逼受殖者走向絕
路，而不是帶領朝向幸福之路；更藉由「犯罪」，在文本中積極衝撞了殖民體
制的恐怖平衡，潛在地粉碎了殖民統治亟欲達到的「穩定的殖民地環境」的
意圖。

　　不僅如此，這種藉由「貧困書寫」積極的衝撞體制的策略，還建構在受
殖失業者對於「犯罪動機」的合理化上。在某種程度上來說，受殖者在文本
中所表現的「犯罪」行徑，既是一種對於實質體制的衝撞，也可以說是一種
肇因於殖民統治而自我異化到藉由犯罪，達到精神上的宣洩。

小　結

　　綜上所述，本節從對「失業者」形象的研究方法出發，將文學中的失業
者形象向下層次化爲「肇因於『社會的問因』的失業者形象」和「以「犯罪」

〔註53〕同註52，頁352。
〔註54〕同註52，頁353。

衝擊殖民體制的失業者」二類。前者是藉由詮釋被作品「重寫」的失業成因與失業者活動形象，達到與帝國論述中，被帝國視線給定的失業者成因、失業者形象對話與爭奪主體的目的。後者則是藉由再閱讀作品中「貧困書寫」下的失業者形象，理解他們如何在由文學所再現的帝國統治底下，通過將現實的犯罪移轉爲文本化的「犯罪」，在作品中對自身身體自主權進行話語爭奪，以及對殖民體制與企圖進行衝撞、破壞與精神上的抵抗。

　　通過重讀作品中被經由「貧困書寫」所再現的失業者，筆者試圖重新詮釋文本中受殖失業者形象背後的可能意涵，由於被作品的敘事結構賦予了與統治者對話的能動性，使得他們得以在文本中，得以擺脫因爲殖民統治而「被詛咒」無法翻身僅站在消極控訴、批判位置的受殖者命運，以及一直以來屢屢被研究者分析爲看似宿命論式的敗北者形象的僵化分析結論，而取得了藉由文本中的「貧困書寫」策略，主動爭取主體發聲權、對話權，以及積極衝撞殖民體制結構的能動身份。

第二節　自殖民體制中解放的失業者形象

前　言

　　李健鴻於〈邊陲統制與倫理教化：台灣社會救濟體制形成之研究〉論文中，曾總結了殖民地式經濟體制在台灣發生的結構性矛盾，指出總督府實施救濟政策所希望達到目的之一，是企圖在殖民地社會內部建立一個新的「道德價值」：

> 這種實質上經濟資格嚴格化的轉變，反映了日本殖民政府在 1920 年代處於統治經濟結構矛盾深化的困境脈絡背景下，政策固然採取了加強社會救濟措施來安撫因應，但是實際上卻是經由執行面對救濟標準的關注與縮限，來傳送一種新的道德價值，要求「怠惰者、懶惰者、不勞動者」必須儘可能地投入**勞動力再生產**，不可再依賴社會救濟維生，使這些人能夠脫離「道德不正當」的狀況，成爲遵循「勞動倫理規範」的勞動生產者，不再是社會的負擔或困擾。〔註55〕

〔註55〕李健鴻，〈邊陲統制與倫理教化：台灣社會救濟體制形成之研究〉，頁 172～173。【引文粗體爲筆者所加】

而李健鴻的論點，正好提供了本論文在第四章析論文學文本時的歷史背景：總督府之所以要「狹義化」失業者概念的意圖，在社會事業方面，可以藉此緩解失業者數量增加所帶來的社會壓力、使下層階級的台灣人便於控管；更重要的是，統治者可以利用這套「勞動倫理規範」，合理、合法地促使大量失業者再度被收編進殖民地式經濟的勞動力結構中，持續供應帝國對於勞動力資源的需求。

原本是以「修補」社會問題姿態出發的殖民地社會事業，由於這個「道德價值」的建立，因此與殖民地式經濟體制完整成一個積極的、結構嚴密的「勞動力生產與再生產」機制。

G. C. Spivak 曾試著對受殖者的「主體爭奪」進行詮釋。她認爲，由於過去帝國主義公理（the axiomatics of imperialism）慣常通過權力——知識（pouvoir-savoir）的方式，對殖民地產生影響，因而提供了小說論述的場域（discursive field）。她進一步說明這種論述場域的操作定義：「必須假定在社會原體中存在許多現成的、分立的『符號系統』（system of signs）」，在這種與符號系統對話的過程中，主體被通過文本建立起來。〔註56〕

在本文初步掌握總督府社會事業的失業者論述，以及當代殖民地社會學研究者所論及的社會事業作爲一種「勞動力收編」機制後，筆者認爲，當我們將日本這種包覆性極強的勞動力統治策略，視爲一種「符號系統」，並以本節所要討論的——自文本中的殖民體制中「解放」的失業者形象——與之進行對話時，所謂的「解放」，似乎便與前述徐俊益在解釋楊逵的「自由勞動者」的「自由」，是被支配的、不安定的屬性這樣的結論，產生了意義上的分歧。〔註57〕

本節試圖對作品中的失業者進行活動形象上的再詮釋，從「離散」、「身份」、「帝國內部他者」及「殖民農場」等四類殖民地文本中反覆出現的「符號系統」進行觀察，當殖民地社會上的受殖失業者，被小說作品以「貧困書寫」的策略「文學文本化」，以及將這些作品中的「寫實」形象轉化爲一種「符號系統」以後，究竟在台灣人知識份子心理與精神層面上，賦予了失業者形象何種不同的意義與變貌？而所謂的「自由」，究竟又發生在哪裡？

〔註56〕Gayatri Chakrav orty Spivak 著、國立編譯館主譯、張君玫譯，《後殖民理性批判——邁向消逝當下的歷史》，頁 134～144。
〔註57〕徐俊益，〈楊逵普羅小說研究——以日據時期爲範疇（1927～1945）〉，參本文頁 5。

一、「離散」作爲「主體奪回」的一種策略：楊守愚〈一群失業的人〉

首先，以楊守愚〈一群失業的人〉爲例。過去研究者在分析這篇小說時，多傾向將這群爲尋求工作而流離在鄉與鄉間的「失業的人」，解釋爲是一群受殖民經濟壓迫與剝削下的被動「受害者」，將故事中以寫實手法所描寫的這群失業台灣人流離與悲慘狀態，視爲批判殖民統治的工具。

但是，故事中的失業者們雖然確實承載了批判殖民地式經濟體制的意圖，不過，他們終究仍只是被以「被動的」受殖者形象來理解，只被解讀爲因爲經濟壓力而陷落於貧窮線邊緣，以及有勞動力而無等值報酬等回應方式，對殖民地式經濟體制進行控訴：

> 「眞是開臺未有的不景氣！跑了一百餘里路，三十多個村莊，倒找不到工作，難道眞的都用不著工人了嗎？」前頭那個少壯勞動者頹喪地說。
>
> ……
>
> 「呸！兩天工，還掙不到七角銀呢，賤，賤，一塊錢三天工，嘻……」
> 「賤，要不然，不早就餓死了麼？」說完，免不了各自咨嗟嘆惋一陣。〔註58〕

然而，當筆者以「貧困書寫」的角度重新對本篇小說進行意象系統的考察時，卻想試著從故事中另一條隱藏在失業狀態中的伏線進行詮釋，即這群苦窮失業們在故事中所表現出的「離散」狀態，究竟意味著什麼？

早在 1898 年 8 月實行的律令第 21 號「保甲條例」中，總督府除了彈性地開放了各地方政府對於「保甲規約」內容的制定，同時也嚴明地以戶口調查、出入管制和治安維持之名，限制了殖民地台灣人的「活動領域」，說明台灣人的活動範圍實際上是有遭到一定程度的管束的〔註59〕；在 1906 年 3 月實

〔註58〕楊守愚，〈一群失業的人〉，頁 40。

〔註59〕有關日治時期「保甲條例」之相關資料及研究，可參考杵淵義房，《台灣社會事業史》，頁 992～1038。「保甲條例及保甲條例施行規則」：「第一條、參酌舊慣，設保甲制度，維持地方安寧；第二條、保及甲之人民各有連座責任〈連保切結〉，其連座者得處以罰金或罰鍰；第三條、保甲可以各定規約，在規約中得設襃賞及過怠金之法。前項規約須呈請地方長官核准；第三條之二、台灣總督認爲必要時得以保甲職員輔佐執行區長職務〈明治四十二年律令第五號修正〉；第四條、保甲職員違背其職務時地方長官懲戒之。懲戒分爲一百圓

施的總督府律令第 2 號「台灣浮浪者取締規定」中，也同樣對無業的台灣人的身份與活動區域，設下了嚴格界限。在吳三連、葉榮鐘所著的《台灣民族運動史》中，即曾對與小說中的失業者們屬性相同的「無業的」浮浪者，做出如下的解釋：

> 台灣浮浪者取締規則的所謂「浮浪者」，就是無業遊民……，要之，
> 台人無家無業均有罪，不能隨便外出旅行。〔註60〕

然而，我們卻可以在作品中看到，作家筆下的失業者們雖然背負著統治者視線下所被給定的「雙重身份」——「失業者」和「浮浪者」，但卻藉由文本化而獲得了新的能動性的可能，不再是表層地、被動地僅通過書寫「狀態」，批判殖民地經濟統治，也通過作品對受殖失業者自身形象的「重寫」——「離散」、「離農轉工」，在文本中突破了總督府透過律法施加台灣人的「侷限」，成爲在文學文本中脫逸於殖民政策與法規箝制之外的自主的受殖者身體。在其他小說作品中例如：守愚〈醉〉（1930）、蔡秋桐〈新興的悲哀〉（1931）、徐玉書〈謀生〉（1935）、翁鬧〈羅漢腳〉（1935）等等中，也都可以看到相似的受殖者的移動軌跡。

經由書寫台灣人的「離散」，原本僅被賦予工具性格，僅用以批判殖民統治的失業者形象，不但藉由維持失業，迴避了作爲勞動力收編體系一環的社會事業，保持自身持續處在「下層」被壓迫受殖者積極穩固的批判位置，也因爲這種在文本中保持「離散」，主動掙脫了殖民地經濟體系、殖民「保甲制度」、「浮浪者取締制度」等一系列總督府所鋪設的社會控制系統，成爲具有眞正「自由的」、「主動的」、「具批判力道的」，拒絕殖民統治用任何形式收編的台灣人「主體」。

在這樣的思考脈絡下，文學中的台灣人「離農轉工」情節，他們爲了謀

以下罰金、撤職及申誡三種；第五條、保甲爲防匪盜及警戒水火災，得設置壯丁團；第六條、保甲及壯丁團之編制、指揮、監督、解散、經費、職員之選任權限等有關規定以府令定之；第七條、本條例限於地方長官，認爲必要之地，經臺灣總督許可施行之。」或洪秋芬，〈日據初期臺灣的保甲制度（1895〜1903）〉，《中央研究院近代史研究所集刊》第 21 期（1992 年 6 月），頁 437〜471、洪秋芬，〈一九二○年代台灣保甲制度和社會運動關係初探〉，《中國歷史學會史學集刊》第 26 期，1994 年 10 月，頁 163〜175、莊永明，《台灣紀事：台灣歷史上的今天》（台北市：時報，1992 年）等。

〔註60〕吳三連、葉榮鐘等著，《台灣民族運動史》（台北：自立晚報，1987 年 1 月），頁 65。【粗體爲筆者所加】

生而盡情地在文本中穿越「城鄉」的「離散」動態過程，也就再次可以被依照「貧困書寫」的詮釋視角，被視爲是台灣人藉由文學創作，積極爭取主體能動性的策略，借以成爲一種用以解消、穿刺殖民統治嚴密監控體系的手段。

二、「身份」作爲一種策略：孤峰〈流氓〉

　　孤峰的〈流氓〉一文中，以印刷工人阿 B 的視角，鋪陳一條在殖民地經濟壓迫環境中，受殖者從「有業」到「失業」，再到成爲「流氓」的悲哀陷落的生命線。其中，作品也嘗試著替殖民地社會之所以發生失業問題的原因提出解釋：

> 他們會失掉職業的原因，都是××主義制度所產生出來的弊害，是××主義制度存在的範圍下必呈的現象。就是最近工廠閉鎖、賃金降減、時間延長、大眾的解僱等的波浪，既是風靡了全世界，全世界和他們同運命的人，達二千萬以上，免講是被趕出工廠來的，他們的父母妻子，何嘗理解到這個原因呢？罪責便掛在他們自己身上——不良職工——所以都不願回家。〔註61〕

當阿 B 看著那群因爲殖民地式經濟體制不得已淪落爲佔領著公園的浮浪漢、無賴漢的時候，就像是面對著自身命運投射的「他者」：

> 阿 B 目擊著這個淒涼的現象，心兒有些不自在起來，他覺得在這個經濟恐慌尖銳化的當兒，他在沒有些久必會和他們一塊兒嚐個流氓的滋味，是決定了運命，論起來尚是同病相憐，他看見自己的前途，也只有黑暗而已。〔註62〕

對於這個「他者化的自我」所預示的命運，阿 B 又採取了何種對應方式？首先，作品先藉由阿 B 原本的「勞動者」身份，演繹了從有業到失業的過程，通過「時間壓縮」，突顯出勞動者因爲「社會的原因」所面對的劇烈社會性失業情形，回應統治者的失業者論述——將失業的原因歸咎於「個人的原因」的統治策略。接著，再通過阿 B 淪爲失業者後的「下層」視角，書寫失業者被統治者等同於浮浪者、流氓的形象變質：「不願去做流氓」的他，雖然展現出積極的覓職態度，但迫於社會上普遍無職（給料生活者）可覓的情況，只

〔註61〕孤峰，〈流氓〉，《台灣新民報》第 368～370 號，1931 年 6 月 13 日、20 日、27 日出版，收錄於鍾肇政，葉石濤主編，《光復前台灣文學全集——一桿秤仔》（台北：遠景，1979 年 7 月 7 月），頁 316。

〔註62〕同註61，頁 317。

好等而下之成了「日傭勞働者」，經營像「賣冰」、「賣仙草」等「輕可而且有來路」〔註63〕的生意。

　　然而，等待著阿 B 的未來，除了總督府行政上嚴苛且需要層層疏通的繁複手續，尚包括了官廳嚴密的管理系統，更突顯出受殖者失業者論述的觀點——肇因於「社會的原因」的失業：

> 「講起來是很可惡的，它粿粽飯幾百擔，羅列滿街，我餓久了，嗅到飯的香氣，腹裡愈是難受，不覺走到飯擔邊去，當人不注意的時候，撮一把送進嘴去，不打算背後站着一人，被她罵得使我擡不起頭，你講可不可惡？餓人竟不如餓鬼！我真想在那時候能突然死去就好。」

> 「做人實在真不值得！我們這一群，誰肯普施一頓？你看！對死流氓就那樣恭敬。」

> ……

> 「這全是資本家的慣技，要得一個好名，講他也在舉辦社會事業，來遮掩他平時刻薄搶人的罪跡。施米？誰會被他騙去？誰肯去領？也只有乞食罷！」〔註64〕

乍讀〈流氓〉一文，或許會著眼於其失業者積極地對「階級」壓迫所的進行批判，以及文末所透漏的「階級聯合」、「共同戰線」等訊息，強調這種「集團性的抗議精神」〔註65〕，或者是將失業者在殖民地社會中生存的悲哀景象，視爲批判殖民統治方式；但是，我們在詮釋過程中所不能忽略的是，失業者在文本中的活動形象——被「失業者」鏡像投射的「有業者」，與經過「受殖者」由「勞動者」向「失業者」線性的身份陷落過程。除了無論是生理或是精神層面，都指向統治者與受殖者彼此的失業者差異論述——是「社會的原因」而非「個人的原因」。此外，文末通過將「失業者」抽離作爲帝國事業轉喻的資本家的佈施場景，也更加突顯出失業者對於這個事業的認知——所謂的「社會事業」，終究是與「失業者」無關的「資本家的慣技」，並以此透露出台灣人失業者之所以並不在統治者所規劃的救濟事業之內，是自己主動選擇下的結果，顯示出受殖者的主體能動性，借由小說創作從而對帝國社會事

〔註63〕同註61，頁318。編者註：輕可：輕便，有來路：來源。
〔註64〕同註61，頁324。
〔註65〕同註61，頁314。

業與資本家佈施的虛假救濟意圖進行「袪魅」。

　　在〈流氓〉一文中，從「勞動者」、「失業者」乃至「浮浪者」，無論身份如何變換，過程中的主人公阿 B，一直都被書寫在一個「機動的」「下層」位置。受殖者的形象並不固著於特定的身份與發言位置上，而是機動地因應殖民地式經濟結構性推擠，階段性地利用與帝國殖民地式經濟體制相對應的「身份」變換，與殖民地經濟結構與統治者對話。通過對殖民地文學中「貧困書寫」的觀察，文本中的「失業者」被賦予了得以自帝國所規劃的殖民壓迫體制中「解放」出來的能量──動態「身份」的選擇權，不再僅是一個被動的、僵固的，只是被用來批判大寫的殖民經濟的固定物件，而是一個能針對性地、機動性地利用身份變換回應帝國統治結構，具有主體性的批判個體。

三、「帝國內部他者」作為一種策略：楊逵〈送報伕〉

　　楊逵〈送報伕〉中的楊君，在故事一開始，便背負了「知識階級失業者」〔註66〕的身份，流離在「職業介紹所林立」的東京街頭。有計畫地覓職與積極的求職心態，並不能讓小學校畢業的楊君如願找到工作，隨著生活費日漸減少，肩頭上的生活壓力越來越重，「全國失業者三百萬」的斗大標題，像是暗示楊君或者當時的失業者們，像是蜉蝣般為了生活而在社會的貧窮線邊緣奮力掙扎。然而，即便好不容易覓得一職，楊君也因為達不到派報所老闆無理的業績要求，加之又被設計詐取了保證金，很快地又淪落成為徘徊街頭、走投無路的失業者：

　　　　在我前面是四通八達的大馬路，我卻停止著，走投無路。〔註67〕

即使「知識階級失業者」如楊君，在面對無工可做的苦悶與對生活的徬徨，並隨著「故鄉記憶」回到了殖民地台灣時，所想起的卻依舊盡是被帝國資本家與警察壓迫剝削的畫面，點出了在殖民經濟壓迫與世界性不景氣底下，台灣農民的家庭成員被迫「喪失土地」後的悲慘去向：

〔註66〕緒方庸雄將知識階級的修學程度分為：大學畢業、專門畢業、中等學校畢業、高等小學畢業、小學校畢業等級別，其中各級別之間尚有「中途退學」一級。緒方庸雄，〈知識階級失業者の苦悶〉，頁 13。緒方庸雄將知識階級的修學程度分為：大學畢業、專門畢業、中等學校畢業、高等小學畢業、小學校畢業等級別，其中各級別之間尚有「中途退學」一級。

〔註67〕楊逵，〈送報伕〉，頁 31。

> ……叔父叔母也是被迫出賣了耕地的一家，剩下的耕地不夠做了，
> 只好到遠遠的地方去找零工來糊口，生活忙亂的很。……製糖公司
> 這一舉動，一下子就把幾百農家趕離了耕地，他們都像叔父叔母一
> 樣，只好向四鄰鄉鎮去找零工，做小買賣，爭先恐後造成了激烈的
> 競爭。零工是一做幾停，不能繼續的。〔註68〕

受到殖民資本與權力壓迫的台灣農民，例如故事中楊君的叔父叔母，在面對
以農維生的生活狀態遭逢擠壓的惡劣環境下，爲了生存、爲了避免陷落於貧
窮線下成爲窮民，也只能與殖民資本結構妥協，被迫與土地分離，成爲被納
入殖民現代化工業中的「日傭勞動者」；但是，這樣的「日傭勞動者」身份，
也並不是穩定的，而是懸宕在失業邊緣的「準失業者」位置。

　　除了故事中的「離農轉工」情節，將受殖者原本的農民身份與勞動者串
聯起來，開啓了動態身份的轉換機制，與〈一群失業的人〉相同，爲了生存，
〈送報伕〉中已淪落至下層階級的離土農民們，也必須要在文本中，精神性
地掙脫律法的限制，到「遠遠的地方」去打那時有時無的零工。雖然爲了維
持批判的位置，無工可打是必然的結局，但是，正是藉由這個受殖者「動態
的」覓職過程，也同樣展現了受殖失業者的主動覓職的積極面向，回應了統
治者的「失業者論述」——因爲個人問題而導致的失業。

　　當回憶中的故鄉經由「信件」，與身在日本的楊君的時間軸線疊合時，所
傳達卻是母親亡故的消息。在這裡，母親的亡故，除了如前所述，可以詮釋
爲「文化血緣」斷裂的寓言之外，也暗示了楊君身處於「帝國內部的他者」
位置：「這裏好像是地獄，沒有出路……。」〔註69〕當作爲留日台灣人自我寄
託的故鄉被「異化」爲「地獄」以後，流離於殖民母國內地的受殖者自身，
又將以什麼身份存在？隨著楊君逐漸在殖民帝國場景中被「邊緣化」，令他向
上提升（無論是精神上或是生活上）的又是誰？

　　楊君叔叔的「回信」像是藉由「異化的自我」，重新賦予了楊君新的身份
——存在於帝國內部的「自我他者」的使命：「……千萬不要萌起回家的念
頭……這裡求生都不得，還有進步的機會嗎？」〔註70〕另外，賦予受殖者這
個精神與生理向上機會的，則是由與自我他者意志相同的「日本下層階級」

〔註68〕同註67，頁39。
〔註69〕同註67，頁46。【文中粗體文筆者所加】
〔註70〕同註67，頁53。

（無論是田中或是伊藤）提供。還有什麼比母親亡故（血緣斷裂）產生更大的驅力，令楊君留在帝國內部？日本工人的出現，便像是暗示著較之殖民地，這種將「受殖者主體」與帝國的「自我他者」結構性連結滲透進帝國內部的策略，乃是一種較之留在殖民地上，更超越地在「帝國內部」尋求解構帝國統治邏輯的可能性。

通過這層「貧困書寫」的閱讀策略，作為「帝國內部他者」的受殖者得以待在帝國內部，藉由挖掘帝國統治體系中的結構性矛盾，積極與其他的「帝國內部他者」串連，持續突顯存在於殖民統治縫隙肇因於「社會的原因」的批判角度。

如此一來，作品中的留學，既開啓了現實中殖民地知識份子實際「同化於文明」的思想契機，也是一種利用小說中將身份移轉為「帝國內部他者」，精神性地自帝國內部顛覆帝國的書寫策略。

四、「殖民農場」作為一種策略：翁鬧〈憨伯仔〉

David S. Landes 在《THE UNBOUND PROMETHEUS - Technological change and industrial development in Western Europe from 1750 to the present》中，以歐洲帝國主義殖民美洲大陸為藍本，提出了「殖民農場」（Colonial Plantation）的概念。他認為，帝國主義者「總是選擇攫取快速的獲利——戰利品、奴隸和確切的貢品。對於部份歐洲勢力的結論，因此，就是去建立一個『農場』，一個能持續地對待他們的殖民地的事業，……。」〔註71〕然而他這裡所謂的「殖民農場」，並非真的指涉「農場」實體，而指的是帝國對待「殖民地」方式的隱喻。

自由主義殖民地經濟學研究者新戶渡稻造在《殖民政策講義及論文集》中，便在「殖民的終極目的」一章中，針對這種「農場」概念提出解釋，說明殖民地作為母國擴張領土的一部份，實際上，起的是補充母國資源需求以及紓解母國資源、人口壓力的作用。〔註72〕

田中一二也曾在《台北市史：昭和六年》中，對帝國殖民統治下「殖民

〔註71〕 David S. Landes, "THE UNBOUND PROMETHEUS - Technological change and industrial development in Western Europe from 1750 to the present". Cambridge university, 2003. P.37.

〔註72〕 新渡戶稻造，《殖民政策講義及論文集》（東京：教文館，1969 年三版），頁354～372。

農場」的運作情形有過詳細的敘述：

> ……內地人勞動者，雖然多少亦有靠肌肉之勞動者，但多半均係廠
> 工或學徒以及其他具有技術之勞動者，不可當做苦力同樣看待，因
> 而工資亦較高。在台北之內地人勞動者，有人力車夫，亦有汽車司
> 機、木匠、水泥匠、印刷工以及其他職業工人，而台灣人苦力則土
> 木工程工人、推台車、拉板車等等，所謂靠肌肉勞働之苦力，苦力
> 之工作種類很多，但大致上只要監督得好，即能在便宜工資中，勤
> 勞工作。但對於工作並無責任，只是像牛馬般光按照指示在工作而
> 已。〔註73〕

這種對於「殖民農場」的實際描寫，也可以在《台灣民報》中看到。一篇〈小
港庄農民的慘狀〉，便如實地將統治者的現代化農場經營模式——「模範蔗園」
通過「論評」的方式表現出來：

> 那時會社收買的價錢，不過平均一甲百圓至二百圓，頂好的是三百圓
> 而已。照當時的價錢可說是不值半價的，若照現在的時價算起來，
> 一甲平均總不下三千元左右。那冤枉到頭的農民們的吃虧有這樣的
> 巨大。後來會社完全買收了那土地之後，立刻不履行那要給農民們
> 耕作的前約，說要自己經營一個模範的大農場，就拿米國式的機器犁
> 來耕作了。其結果，遂使那小百姓們一旦丟了飯碗，自然而然的，
> 皆變做了農場所屬的日僱「苦力」好像會社的農奴一樣。〔註74〕

台灣作家之中，同樣針對這種日本以殖民地農場化的經營策略，有過最爲敏
感、深刻的書寫，表現出「殖民農場」中台灣人被「牲畜化」的態樣，則當
屬翁鬧的〈憨伯仔〉：

> ……他們都感覺到，一如一天容易過去，長久的歲月也成了一塊飛逝
> 而去，……只不過一天到晚挖掘同樣的一塊狹窄的土地而已。〔註75〕

> 爲了不想成爲一個乞兒，窮人到了晚上必須連麻痺了的神經也拼命
> 地去驅策。……一天就好像只有早上與晚上而已。〔註76〕

在殖民農場中，受殖者生存的目的從「人是爲了活著才做工」，扭曲成了「人

〔註73〕田中一二著，李朝熙譯，《台北市史：昭和六年》，頁219。
〔註74〕論評，〈小港庄農民的慘狀〉，《台灣民報》第73號，1925年10月4日，頁3。
〔註75〕翁鬧，〈憨伯仔〉，頁297。
〔註76〕同註75，頁309。

是爲了做工才活著」的變態悲哀。日復一日醒來，等在自己面前的，是由於殖民資本剝削而越來越狹窄的土地。〈送報伕〉中楊君叔叔寄來的信中，也透過隱喻的方式，藉由糖業資本將「家鄉」改設爲「農場」，批判了更大的，以整個殖民地爲投射對象的「農場」：

> ……但是家鄉也是同樣，開設農場以來，愈來愈困，弄到這步田地一點法子都沒有。〔註77〕

楊守愚在〈鴛鴦〉一文中，也通過殘廢勞動者阿榮的遭遇，描述這種身處於「農場」中勞動者的宿命性悲哀，非但明確地以意象系統「牛」來刻畫了台灣人被帝國牲畜化爲一種勞動力生產的工具，也明白地揭示了受殖者與統治者雙方對「幸福」的認知差距：

> 他覺得自己就像一頭牛，自從能做小勞動時，就一直辛辛苦苦地工作着，沒有快樂，沒有慰安，更不曉得什麼叫做幸福，一生就只有被窮苦和過度的勞動支配著，直到殘廢而不能在任驅使爲止，還是脫不離這難堪的折磨。〔註78〕

無論是翁鬧、楊逵，或是楊守愚，在他們的作品裡都可以不約而同看到生活在由文學所搭建的殖民農場裡的受殖者生活態樣，從而透露日本帝國以經營殖民地的手段與意圖、受殖者受到殖民資本壓迫所產生的大量「離農轉工」，繼之淪爲「失業者」的過程，歷歷指向批判帝國殖民農場概念內藏的「勞動力轉化機制」──所謂的勞動力轉化，不啻是一種將殖民地台灣人「牲畜化」爲爲帝國殖產需求服務的工具。作家通過書寫這些日傭勞動者的狀態、描寫失業者的悲鳴指出，殖民農場開放勞動者「優先」進入示範農場出賣勞力的利多以平息手法不公的收購土地行爲，無非只是爲了滿足殖民資本無法塡補的零碎勞力需求而已。然而，正是在這個環節上，將殖民地上的事件文本化爲文學內部的概念化的「殖民農場」的設計，成爲了潛伏文本中人物形象背後，以及在殖民統治底下，存蓄批判力道的空間：

> ……失去了耕地之後，優先可以到製糖公司的示範農場去賣力，一天做十二個鐘頭，頂多不過得到四五十錢的工資。這四五十錢的工也不是天天有的，因爲公司擁有大資本，土地又集中在一塊，犁地

〔註77〕楊逵，〈送報伕〉，頁45。
〔註78〕洋（楊守愚），〈鴛鴦〉，《台灣新文學》第1卷第10號，1936年12月5日出版，1934年12月16日舊作，收錄於葉石濤、鍾肇政主編，《光復前台灣文學全集──一群失業的人》（台北：遠景，1979年7月），頁211。

他們用的是機器犂，連牛都失業了。他們要的只是很少很少的打雜工而已，優先被雇用的也是一做一停，大家都得靠出賣這個、出賣那個來補貼生活，只是賣的速度有分別而已。〔註79〕

楊逵雖然清楚地指出，這種殖民地資本化經營的結果，使得殖民地原有的空間活動型態從殖民者口中的「鄉的發展」淪落爲「鄉的離散」，而然，這是誰的離散？是農民離農轉工成爲「勞動者」，流離各處尋覓生機成爲「地獄邊緣的失業者」的離散。

通過對作品中的「受殖者」身份的理解，無論是日傭勞動者或失業者，作家們不只利用單一層次的失業者身份批判殖民資本，也藉由描繪台灣人從農人到勞動者到失業者到日傭勞動者間的「身份變換」，以及因身份而變換而流離於場景間，以動態地方式隨著殖民統治的政策而不斷變動與之相對應的「身份」，保持著與殖民政策及社會問題對應的批判位置；表面上，是藉由「無田可耕」、「無工可打」、「無職可覓」來批判殖民地式經濟體制，然而，正是因爲失業者藉由文本中的「貧困書寫」，維持著這種離散、下層的位置，得以更深層地結構性批判帝國所搭建起的「殖民農場」，以及存在其中的「勞動力轉化機制」失效問題。

的確，〈送報伕〉一文處處透露了楊逵身爲左翼知識青年的自覺與積極入世的態度，秉持著社會主義思考經濟與殖民統治問題，非但描述了世界性的經濟不景氣的問題，也批判了殖民統治的不公與蠻橫的統治技術；但是，拋開過去集中討論的作品中透露出社會主義意識形態、階級鬥爭、無產階級聯合等概念，以及作家本身的教養與思想，端看故事主人公的楊君的形象，從他的知識階級失業者屬性，藉由情節貫串了帝國內地東京到外地台灣的空間軸線，從失業潮汜濫的東京街頭的失業者，到遭受殖民資本壓迫而「離農轉工」的台灣失業者，通過楊君的「移動」，帝國內部與殖民地跨空間地被活動於帝國統治下的「殖民農場」內的台灣人，共時地疊合在作品中，形成了通過「殖民農場」，連結空間中的活動者——「失業者」的書寫策略，也因此使得活動於「殖民農場」中的受殖者形象，而不再僅僅被視爲囚禁在「殖民農場」中的受殖者，也不僅止於批判殖民統治與暴力，而是轉而具備了主動演繹殖民農場的話語權力，具針對性地與帝國統治下的「空間」進行對話，以「牲畜化」的方式，重新詮釋了台灣人自身在殖民地空間中的狀態。

〔註79〕楊逵，〈送報伕〉，頁42。

小　結

　　無論是保持主動的「離散」狀態、不斷變換與帝國統治結構相對應的「身份」、到連結「帝國內部他者」作為一種批判策略，乃至於藉由設計「殖民農場」作為帝國內部受殖者話語權力展演的空間。由「作品」所文本化的殖民地「殖民農場」及「失業者」形象，在由台灣人知識份子自身所建構的文學活動中，宣告了自身與帝國視野中殖民地社會下的帝國臣民相異的特殊屬性，一種不同於帝國設定的，屬於受殖者的複數失業者屬性。

　　這種由台灣人自身藉由文學創作所建構的身份，過去都以單一的或大寫的方式被由評論者隱蔽在「失業者」這個詞彙底下，使得無論如何詮釋，文本中的台灣人失業者始終仍被囚禁在帝國經濟政治結構壓迫的空間中如：「殖民地式經濟體制」、「保甲管理」、「浮浪者取締規則」、「社會事業」、「勞動力轉化機制」等。但當我們重新以「貧困書寫」對他們進行重讀，則可以發現到，文學文本中的台灣人下層階級群體的形象，非但被賦予了得以「變換身份」，並且離散於「作品再現的殖民地農場」中的形象，並且正以積極自由的主體活動於殖民地統治結構之中時，他們終於得以藉由文學創作，以與過去詮釋固著的受殖者一元化認知不同的身份，精神性地自統治者嚴密的統治結構、殖民地式經濟體制與勞動力轉化機制中解放。

　　失業者站在承載多層次、能動性的批判殖民治理的有利位置上──通過「貧困書寫」失業者在文本所搭建的殖民地空間的自由活動「狀態」，並經由文學文本化的過程，掙脫了被帝國視線所給定的意義與現實肉體上的桎梏，達到了精神性解消帝國嚴密的結構性殖民統治的意圖，也通過「貧困書寫」爭取到台灣人的主體建構權，表現出持續保持「未被」與「不被」帝國體制收編的複數失業者形象。

第三節　負數勞動力

前　言

　　……

　　去！去！
　　無聊不用悽悲
　　是監禁有排遣的工具，

去！去享受些溫柔，
去！去找愛的伴侶，
愛？愛神已棄我而遺。

這無聊極的人生，
這厭倦了的生命，
死，未經驗的死，
　人生最後的這一事，
牽惹我多大憧憬

死？死有方法無？
這一具強健的體軀，
又兼悟徹了養生主，
數年間無病無災，
恐怕終把此志來辜負。

雖說還有自殺一途，
會許觸犯着耶穌，
走不上到天國之路，
且難免有些痛苦，
又要惹嚇人邪推妄度。

死神！我請願你，
現在也只能請願你，
請你惠給一些慈悲，
讓我伏到你腳下去，
我願意做你忠誠的奴隸，
請勿把我遺棄。

死神！應許我！
一定的應許我！
啊！我聽到了，
聽到了死神的回答，
定會指給我行進之路。

你這卑怯的人類！

你這懦弱的庸夫！

我的支配下，

　沒有卑怯者的位置

我的權威下，

　不許庸懦者來沾污，

等！等待自然的滅亡，

　你的生的時光，

　你的蒙羞受辱，

此後還是久長，

等着！卑怯的奴隸！

等！等待自然的滅亡。〔註80〕

在了解殖民地失業者在作品中承載的複數形象與能動性後，本節企圖將受殖者從「失業者」身份還原爲「勞動者」，思考殖民地「勞動者」與殖民政策──勞動力收編體制，在文學中展開對話的可能。

　　筆者認爲，在細讀（close reading）殖民地文學作品中的「窮民」與「失業者」形象時，尤其不能迴避思考他們的前身──「勞動者」形象在文本中所表現的歷史意義及背後的意象。因此，本節主要的分析重點，在於集中處理殖民地時期台灣新文學中與殖民地「勞動力供給」結構有關的小說作品，歸納這些被帝國視爲「勞動力」的台灣人，在經過「貧困書寫」後，究竟以何種形象活動在文學作品中？當我們將殖民地時期的受殖者改以帝國視線──「勞動力」概念思考時，又能否對殖民地文學中的受殖者形象讀出較爲貼近殖民地社會中台灣人內在精神世界的詮釋。

　　過去，在閱讀、分析殖民地文學時，大多僅限於對文本中再現的殖民地經濟、政治、衛生、律法，這些統治者施加在受殖者身上的「政策」進行發揮。如前所述，論者在討論殖民地文學時也多將文學作品對於勞動者形象的描寫，直接視爲是殖民地作家透過書寫勞動者的被壓迫、受壓制的貧苦落魄形象，表現對殖民統治的批判態度。著眼於此，本文嘗試更深入、層次化地，對殖民地文本中經由作家編碼過的受殖者「符號」進行解碼，在保留

〔註80〕X，〈曙光・滅亡〉，《台灣新民報》第347號，1931年1月17日，頁11。

殖民地文本「文學性」的前提下，解讀出被「文學」包裝過的「文本化」受殖者形象，究竟透過何種書寫策略與統治者的「勞動力收編」政策進行對話。

王靜禪在〈日治時期疾病書寫研究：以短篇小說爲主要分析範疇（1920～1945）〉中，引用蘇珊‧桑塔格的論述，將殖民地作家的「疾病書寫」，視爲一種社會隱喻，認爲「作家們正欲藉由瘋狂與身心殘缺的形象的書寫，那種被排拒的他者形象，直陳社會整體的質變，並且經由身心障礙者所處的邊緣視角，失序、脫軌、溢出特質的描寫，對殖民者所建構的殖民現代性神話達到顛覆的作用。」〔註81〕她認爲，殖民地新文學作品中表現的受殖者「疾病」形象，是一種受殖者對於殖民統治體系的顛覆與抗詰，是藉由書寫「殖民現代性」底下的「疾病」，作爲與殖民者對話的策略。〔註82〕

在王靜禪系統性統整表列出「疾病」在文學作品中表現的各種形象後，本文企圖更進一步，將她所解釋的文化、文學現象，與殖民地情境對應，將作品中與「殖民性」對話的受殖者書寫策略，藉由文本中的受殖者「疾病」表現出來。正是站在她對「疾病書寫」的思考基礎上，提供了本文強有力的論述框架——亦即更積極地將作品中的「疾病」，視爲一種對殖民地經濟結構中進行「負數勞動力」的隱喻，而不再停留在受殖者「患疾」便是「抵抗」的階段，而是試圖拓展抵抗的深度，進而找出受殖者「患疾」所要對話的對象與所要達到的目的。

本節以匿名 X 於 1931 年初發表於《台灣新民報》「曙光」欄的〈滅亡〉一詩作爲開端，除了表現當時的殖民正是處在世界性經濟不景氣，以及殖民地經濟統治的新時期——爲配合日本內地採取軍事擴張的方式以改善國內經濟局勢，台灣除了本來的米糖生產基地，又逐漸增加了「軍需生產基地」與「南進基地」等帝國任務。〔註83〕文藝方面，則是試著佐以小說之外的文類，思考同時期內詩作背後可能反應的文化現象與意象。

有關《台灣新民報》中的「曙光」欄的性質，陳萬益在〈論1930年代初期的新詩運動——以《台灣新民報》「曙光」欄爲主的討論〉一文中，從「文學運動史」的觀點，思考「曙光」這個新體詩發表的欄位，恰好與本文思考

〔註81〕王靜禪，〈日治時期疾病書寫研究：以短篇小說爲主要分析範疇（1920～1945）〉（台南：成功大學台灣文學研究所碩士論文，2008年7月），頁150。
〔註82〕同註81，頁150。
〔註83〕涂照彥，《日本帝國主義下的台灣》，頁121。

「小說」作爲一種文學運動的媒介，有相同的脈絡。陳萬益首先引黃得時的〈台灣新文學動概觀〉中對於「曙光」的討論，認爲「『曙光』欄即『演進期』──由《台灣民報》遷台發行至日刊《台灣新民報》誕生（1927.8.1～1932.4.2）──台灣新民文學包括小說、戲劇、新詩、散文、評論等運動展開的極重要環節。」〔註84〕他並且勾連台灣新文學運動受中國文學革命的啓迪一事，強調這個時期的新體詩作除了批判舊文學、引介新文學的功能外，也是作家用來落實理念的媒介之一。〔註85〕

　　在時代及文化環境的共鳴之下，X 這首〈滅亡〉的可解讀空間，自然容易被聯想成對殖民體下奴化統治的一種控訴。詩中的人物形象，彷彿是一個被支配的「身強體壯」之人，在對著上帝呼喊「死？死有方法無？」的同時，卻礙於宗教信仰，沒有勇氣面對「死亡」，最終只得等待「自然的滅亡」。不過，在這種自然的滅亡到來之前，要面對的卻仍是久長沒有終點的「蒙羞受辱」。

　　那麼，在觀察殖民地作品中大量出現如前述這類關於「疾病」及「死亡」的內容時，筆者首先要提出的問題是，除了「外部的」社會環境影響外，究竟還有什麼驅力使得這類「意象」在殖民地文學中層出不窮？是否有其它內在意圖隱含其中？

　　經由前行研究者系統性地歸納殖民地時期台灣小說中的「疾病」及「死亡」情節，筆者發現，出現「疾病」與「死亡」爲內容、受殖者形象的小說，的確佔了殖民地文學文本中的極大比例〔註86〕。當然，也不乏圍繞這兩個議題爲討論對象的論述。本文即站在前行研究的基礎上，試圖從「『疾病』作爲負數勞動力」、「『死亡』作爲勞動力救贖」兩方面，以「貧困書寫」做爲閱讀策略，嘗試開展與過去評論不同的詮釋，處理這兩類「勞動者」形象背後的隱喻，回到文本本身作爲受殖者與殖民統治對話媒介的閱讀基準點上，拉起作家精神、文學意象與社會現實之間有機且有效的詮釋。

〔註84〕文中「台灣新民文學」爲原文，本文擬不更易之。陳萬益，〈論1930年代初期的新詩運動──以《台灣新民報》「曙光」欄爲主的討論〉，收錄於黃惠娟主編，《彰化文學大論述》（彰化：五南，2007年11月），頁166～167。
〔註85〕同註84，頁167～170。
〔註86〕本推論部分根據王靜禪的論文〈日治時期疾病書寫研究：以短篇小說爲主要分析範疇（1920～1945）〉附錄一所整理的內容，頁162～170。

一、「疾病」作爲勞動力弱質化的書寫策略

殖民地文學文本內最常見的形象，便是身負「疾病」的病態受殖者形象。過去，亦不乏有論者從各種面向對「殖民地病體」進行析論。梅家玲以肯定的方式，強調殖民地病體的隱喻性質，認爲「青春身體的或病或亡，所反映出的，絕不只是單純的生理現象。殖民壓迫與傳統統陋習交逼的社會現實、無產社會關懷與布爾喬亞意識分峙的理想挫敗，在在夾擊著彼時的台灣身體，爲之銘刻下衰敗的印記。」〔註87〕因此，她從這個觀點出發，認爲將殖民地病體化的目的，是爲了對其能否改造，如何改造進行思考的手段。

然而，若從「帝國社會事業作爲縫補殖民地經濟所產生的社會問題」這個脈絡以及「貧困書寫」的視角，重新閱讀殖民地時期的台灣新文學小說，與其說作家創作的積極之處，在於以寫實主義「紀錄」殖民地現實生活中勞動者、失業者的生活悲苦與受壓迫的情形，並以此作爲一種批判殖民統治的力道；或是塑造殖民地「病體化」以對殖民統治進行抵抗、控訴；不如說，是作家通過對歷史場景中發生的事件進行文學性的「再現」，對日本統治下的台灣人「勞動者形象」進行「再編碼」，通過文學賦予符號體系意義，對殖民地統治政策進行「精準的」抵抗與批判，以及精神性的投射與掙脫。

本段即是在這個思考脈絡下，對文本中書寫受殖者的「疾病」中所可能隱含概述性的「對殖民者所建構的殖民現代性神話達到顛覆的作用」〔註88〕，進行更爲細緻的文本分析，亦即是以疾病作爲一種「勞動力弱質化」的方式，對帝國的勞動力收編機制進行一種「負數的」勞動力的「貧困書寫」策略。

以賴和的〈一桿「秤仔」〉中的主人公「秦得參」爲例。原本是「農民」的秦得參，在遭受父親亡故、田地也被地主轉贌給他人、到好不容易終於倚著「自己的勞力已經可以免凍餒的威脅」〔註89〕，母親的病故卻隨之而來。而前一個階段的敘事結構，很快地在「母親的病故」時，墜落至受殖者命運的谷底。然而，接下來發生在他「自己」身上的「疾病」，才正要開始剝奪他

〔註87〕 梅家玲，〈身體政治與青春想像：日據時期的台灣小說〉，《漢學研究》第 23 卷第 1 期，2005 年 6 月，頁 49。

〔註88〕 王靜嬋，〈日治時期疾病書寫研究：以短篇小說爲主要分析範疇（1920～1945）〉，頁 150。

〔註89〕 賴和，〈一桿「秤仔」〉，頁 58。

的一切。殖民地文學中的「疾病」，幾乎就像是會「遺傳」或「傳染」一樣，代間地在殖民地社會、受殖者間發生：

> 翌年，他又生下一女孩子。家裡頭因失去了母親，須他妻子自己照管，並且有了兒子的拖累，不能和他出外工作，進款就減少一半。所以得參自己不能不加倍工作，這樣辛苦着，過有四年，他的身體，就因過勞，伏下病根。在早季收穫的時候，他患着瘧疾，病了四五天，纔診過一次西醫，花去兩塊多，雖則輕快些，腳手尚覺乏力，在這煩忙的時候，而又是勤勉的得參，就不敢閒着在家裡，亦即耐苦稻田裡去。〔註90〕

在〈一桿「秤仔」〉中，「疾病」的出現，首先喻示了得參與母親（血緣）間的「斷裂」，「可憐的得參，他的幸福，已和他慈愛的母親一併失去了。」〔註91〕像是作爲悲慘宿命的轉喻，「疾病」不僅阻絕了秦得參（勞動者）與幸福的聯繫，也同時開啓了他下一個階段的悲哀——身負「瘧疾」的病體形象。以往討論〈一桿「秤仔」〉中的「疾病問題」時，多從受殖者面對「疾病」時的反應切入，論述殖民地「傳統醫／現代醫」的折衝。但是，若對故事中發生的連串「疾病」進行意象系統的結構性思考，則會發現，文本中的「疾病」，事實上起了將受殖者的生命線切分爲三個段落的作用——與血緣（幸福）間的斷裂、將得參工作穩定的勞動者身份，推往工作不穩定的失業者方向陷落。「病魔」〔註92〕在文本中非但暗示著受殖者與幸福生活的終結，也啓動了受殖者的悲慘命運。它同時扮演了驅使受殖者佔據故事中結構性的批判位置的角色——若非疾病需要高額的醫療費用，得參即使生活過得再拮据，亦可享受與母親的幸福生活；若非疾病纏身丟失工作，得參也可免墮落於生活不穩定的日傭勞動者的身份。正是在這個象徵意義上，〈一桿「秤仔」〉中糾纏秦得參一家的「疾病」，開啓了殖民地受殖者脫溢於殖民者「勞動力收編」機制的契機。

陳賜文的〈其山哥〉一文，乃是以主人公「其山哥」的患疾爲貫串全文伏線，阿成（其山哥的兒子，迫於生活壓力而必須要提早進入勞動市場）因無錢可以尋醫，而開啓了傳統醫和現代醫的辨證、工會的罷工與會社的算計

〔註90〕同註89，頁58。
〔註91〕同註89，頁59。
〔註92〕同註89，頁59。

等。「疾病」在整篇作品中，彷彿某種詛咒似的，召喚了殖民地上所有能夠加諸於受殖者的苦難。其山哥自身因爲「疾病」的關係，成爲所謂的「無用之人」〔註93〕。便是在受殖者藉由「疾病」自我「無用化」（useless）的過程中，殖民地勞動力如同在文學中進行一場寧靜「罷工」般，既處在卑下的貧窮線的邊緣，卻也占據了脫溢於殖民會社統治的位置，成爲一種藉由「病體」主動爭取到文化身體自主權的身份，得到精神上脫離殖民勞動力生產機制的動能。

在殖民地故事中，「疾病」既是啓動殖民地悲哀宿命連鎖反應的鑰匙，也是受殖者藉由「疾病」對受殖者勞動力的「弱質化」，使受殖者的「身體」，得以自統治者預設的勞動力生產機制中掙脫的手段。

楊守愚〈鴛鴦〉一文中的主人公「阿榮」，在故事的甫開始時，便是以「殘廢」的病體形象出場，像是某種開關似的，替接下來的一切悲慘遭遇拉開的序幕：

> 自從春間，以搬運甘蔗，不小心，他的左腳，被蔗車輾斷了後，因爲他不能再去做工，一家的生計，又是一天比一天窘迫，直到小毛出世滿了月，覺得再也敎不下去了，無可奈何地，乃使妻到農場去做工，一日掙三四角銀，聊以度活。〔註94〕

藉由「殘疾」（滿足了統治者的「窮民救助規則」條件），勞動者阿榮好不容易才得以脫離「殖民農場」的支配：「一生就只有被窮苦和過度的勞動支配著，直到殘廢而不再任驅使爲止，還是脫不離這難堪的磨折。」〔註95〕然而，爲了一家人的生計，卻必須轉要妻子鴛鴦投身進「農場」之中，像是象徵台灣人無論變換哪一種身份，爲了要能在殖民地上生存，任誰都無法逃脫殖民勞動力生產體制的收編似的。因爲「殘廢」而不再任殖民者驅使的男性身體，卻必須改換用「女性」身體去置換，換喻式地藉由身體置換，揭露了殖民地被凌辱的受統治「身份」。

最終，鴛鴦作爲一女性身體，以「出走」的方式，在脫離了殖民農場的壓迫與掌握之際，主動「奪還」身體的選擇權。而阿榮，則是在以「疾病」

〔註93〕陳賜文，〈其山哥〉，《台灣新民報》第408～410號，1932年2月26日，4月2日、9日出版，收錄於鍾肇政，葉石濤主編，《光復前台灣文學全集——豚》（台北：遠景，1979年7月7月），頁66。
〔註94〕洋（守愚），〈鴛鴦〉，頁208。
〔註95〕同註94，頁211。

脫溢於殖民農場之外後，更以「死亡」的方式，從殖民統治對生理與心理雙重的壓迫下解放。

　　這種以勞動者的「死亡」爲結尾的情形，除了我們所熟知的，是一種受殖者對於殖民統治的「控訴」的概念，以及回應生存壓力的方式之外，大量出現在殖民地時期的新文學作品之中的「死亡」意象，還能意味什麼？

二、「死亡」作爲勞動力解放的書寫策略

　　殖民地文學中出現的「疾病」，慣常會弱化受殖者的勞動力；然而，更大一部分，則是指向疾病的終點——「死亡」。

　　殖民地文學文本中勞動者的失業，通常被視爲是一種批判殖民地經濟環境的指涉，突顯他們在壓迫結構下所遭遇的大量失業、體制不公、差別待遇等等殖民地社會問題。但是，當殖民者以數據化的方式，將受殖勞動者視爲「勞動力」記錄在如：《台灣總督府民政事務成績提要》、《台灣濟生事業一斑》、《台灣事情》、《日本植民地統治論》、《台灣事跡綜覽》、《躍進台灣の全貌》、《躍進台灣の現勢》等官方統治資料中時，該如何去理解文學文本中「勞動者」對應於帝國凝視下事實上也被以「勞動力」看待的情形，仍是過去研究尚未連結思考的部份。

　　本段便試圖從文學文本中找尋與這種殖民視線對話的空間，當帝國將受殖者「他者」以計量的方式「物化」（Materialize）處理時，我們能否通過「貧困書寫」閱讀出殖民地文學文本所採取的回應方式？

　　首先，以楊華的〈一個勞動者的死〉爲例，故事以第一人稱「我」的視角，記述了同樣身爲勞動者的施君，從對「房間」的恐懼，向施君因過勞而成疾的病體連結，而又正因爲對「風聲」的恐懼，而使得「我」被困在房間裡，隔絕了他和施君間的「有形的」見面，而改以「精神」連結：

> 唉！施君，不是並著的施君嗎？他住的地方，不是和我一樣地在貧
> 民窟裡嗎？他住的屋子，不是和我住的一樣嗎？漆黑而狹小的斗
> 室，衰敗而無抵抗的窗櫺，搖撼的屋樑，處處都是和我住的一樣呵！
> 無病的我，正在寒戰着、畏怯着，那麼有病的施君，叫他怎樣地禁
> 得起呢？〔註96〕

故事中的敘事者對「房間」的恐懼，像是暗示了受殖者正是那具被限圍在「貧

〔註96〕楊華，〈一個勞働者的死〉，頁6。

民窟」裡的個體，面對著「無抵抗的窗櫺、搖撼的屋樑」，那些賴以掙脫的「出路」，無一不是正處於隨時可能崩壞的結構中，是如此的危險而脆弱；而文中時常出現令人畏懼的「凶暴的寒風」、「窗外傳來唬一般狂吠著的風聲」、「窗櫺進來的風」，都像是暗示著殖民統治無所不在的暴力，將受殖者緊緊封閉在被壓迫位置中。正因爲和施君同樣都身處「貧民窟」中，患疾的施君對於「我」來說，就像是鏡像中的自我那樣，投射了「我」的命運。而這個因勞力過度而患疾的命運究竟又將指向哪裡？

藏在對「資本家」的控訴、階級鬥爭敘述背後的，是以文學爲偽裝，企圖通過「貧困書寫」來達到的更多層次的超越。除卻前述以隱喻建構的被殖民統治所隔絕的空間外的勞動者個體，通過對「勞力過度」進行敘述，通過看似對「疾病」的控訴，作品所透露出的，是藉疾病走向「死亡」，進而開啓的受殖勞動者脫離這種被壓迫的悲苦位置的「出路」：

> 已經閉著的眼睛的施君，微微地把眼皮動了幾動，露出半個可怕的
> 瞳仁，像是知道我來看他，和我作最後的訣別！他立即把眼皮垂下，
> 兩片乾枯的嘴唇微微地動了一下，便是最後地解放一切的壓迫，永
> 久地脫離了這苦惱的世界，到別一世界去了。〔註97〕

即使作品中如何指陳殖民資本的暴力、工廠的壓迫、環境的惡劣，受殖勞動者終究是處在被壓迫的「當下」，控訴、批判都無法替勞動者自身爭取到更好的發言位置。但是，通過「勞力過度」所產生的「疾病」，到因「疾病」而「死亡」，似乎藉由文學創作所描繪出的一條通過「疾病」，對嚴密的殖民統治結構進行諷刺性消解的路線；非但因「病」而得以脫離了被壓迫的體系，甚至還得以因爲「死亡」，能夠精神性地自這樣一個被殖民帝國藉由統治技術所封閉的「貧民窟」解放，「永久地脫離這苦惱的世界」〔註98〕。另外，對於殖民帝國看待受殖勞動者的「物化」視線，作品也通過將勞動力與器械進行聯想，反應在作品之中。然而，這個被帝國視爲「機械」的「人」（受殖者）所生產的東西，卻是一個個「無用的玩具」。在這裡，作家通過將受殖勞動者、機械與無用的玩具三樣東西，並置在同一個空間，強化了被帝國所「物化」受殖者的勞動，正是建立在爲了生產大量「無用的物」的目的上，使受殖者自身通過文本，在殖民地壓迫結構之中，發揮了自我抵銷的作用：

〔註97〕同註96，頁16。
〔註98〕同註96，頁16。

……他（施君）像是一個沒頭沒腦地機器一般地工作，他的汗臭，

如汽機上的蒸氣水般流著，時時用他的黑漆的布袖拭著，可憐的

他，真是疲倦得很，更加沒有休息地又要趕作夜工……可憐由他精

血結晶製成的鋼鐵，便成了許多無用的玩具，供有錢人們去享

受……。〔註99〕

通過解讀文本中的「貧困書寫」情形，一方面，受殖者藉由文學創作所設計
的「物」，達到了對殖民帝國的「物化」統治視線「自我抵銷」的作用；另一
方面，就整個殖民地統治體系而言，無論疾病的成因為何，小說的最後話語
都暗示了受殖者通過被殖民者壓迫而產生的疾病達到了「死亡」的目的；也
正因為這個「原因」，使得這種出現在作品中的「死亡」，成為受殖者可以藉
由文學創作自統治者所設下的殖民地封閉結構中解放的途徑。

　　在洋（楊守愚）的〈升租〉中，整個故事結構，是以田地裡的生活為背
景，敘述小學校畢業後想要投身商界的農村青年，因為不景氣的關係，只能
選擇回到田裡繼承父親的職業。當老農對著正值青壯的小農敘說這個被壓迫
的生活狀態時，就像是也將這種貧窮與被壓迫的位置，通過代間「遺傳」了
下去一樣，暗示了即使小農如何勤奮，也避免不了的宿命：

「你瞧！這幾年來，我們的家境，不是一天窮似一天了麼？」

「唔！爸爸。只要我做得到的，我都願意做去，辛辛苦苦的，我又

怎敢一息偷懶……」

「是的，不過，我的年紀已是這麼老了，加之，因過度勞動與饑寒，

病，又是沒有餘錢可以調治，所以……」〔註100〕

由於欠租與地主的升租，故事情節很快進入了主軸──因為無力償還各項租
稅，而面臨與土地關係斷裂的狀態，最終不得變賣家產維持與田地的關係。

　　作品中所表現的，除了通過農民的子嗣想要轉途卻因為社會性的經濟不
景氣，而被侷限在農事上，也透過描寫農民的生活景況、與地主、殖民地統
治間的相互關係，形塑一個被結構性壓迫著的下層受殖者。為了延續土地而
變賣家產的「行動」，真的解決了受殖者農民的問題了嗎？不過是將他們逼入

〔註99〕　同註96，頁7。

〔註100〕洋（楊守愚），〈升租〉，《台灣新民報》第371～373號，1931年7月4、11、
　　　　　18日出版，1928年2月11日作，收錄於葉石濤、鍾肇政主編，《光復前台
　　　　　灣文學全集──一群失業的人》（台北：遠景，1979年7月7月），頁197～
　　　　　205。

下一個被壓制的輪迴罷了。當作品中敘及「就連祖遺的公媽桌，也都估去了」〔註101〕時，彷彿透露出當受殖者面臨非得與心中的信仰割裂的時候，就必須採取更激進的反應。因此，在故事結尾，與其說是「外力」使得老農走向「死亡」，不如說是受殖者身份的農民自我所選擇的「死亡」，以一種藉由在文本中終結生命的「精神勝利法」，自被壓迫位置解放的主動行爲。文末所描述的「三代嚴制」，就像是預示了原本在受殖者的代間遺傳的被壓迫宿命，最終都會隨著受殖者生命的結束而解放。

的確，〈升租〉一文作爲反映殖民地壓迫下受殖者的悲哀的文本，處處充滿了以往論者所指陳的典型情境與結局。許俊雅在〈楊守愚的小說及其相關的幾個問題〉一文中，引果戈里、法朗士、魯迅等人的作品特質，認爲這些人的作品中「都沒有直接美好的人生遠景，但這並未降低作品的價值……」，因此，她提到：

> 守愚作品中的人物，在故事中往往已死亡或瘋狂爲敘述手法，本來
> 作品中以死亡、瘋狂交待人物的結局，原非上上之策，但此一不團
> 圓的悲劇正揭示著：殖民統治下的社會是絕不可能讓一個會滅中的
> 勞動者有任何自救的機會。這樣的結局處理方式，不能説沒有作者
> 個人有意的安排，……〔註102〕

許俊雅並且認爲，「守愚這種灰暗、夢幻破滅的人生，正是作者對殖民統治的抨擊，對悲苦人生的觀照，對時代困厄無奈的悲情。」〔註103〕然而，若我們從精神層面去「解構」這種殖民地文本中的符號意象，則會發現文本之中，確實處處都充滿了文學編碼的可能。若非通過解碼，而僅將這些殖民地作品單視爲反映殖民地現實的文本，自然會有視他們「模式化」、「類型化」的情形，連帶遮蔽了這類殖民地文本中受殖者形象背後被藉由文學創作所賦予的能動性。

當故事以「哀惋凄切的蟬叫聲」開場的時候，其實就已經預告了作爲和結局呼應的痛哭聲呼應的「慘叫聲」的出現。而這種慘叫聲，正是受殖者作家們用來隱藏他們藉由喪失「生命」而自殖民地勞動力收編結構中「主動解放」的一種裝飾。

〔註101〕同註100，頁205。

〔註102〕許俊雅，〈楊守愚的小說及其相關的幾個問題〉，《台灣文學論──從現代到當代》（台北：南天，1997年10月），頁95～96。

〔註103〕同註528，頁96。

在村老（楊守愚）的〈一個晚上〉中，「疾病」的宿主則是改換到「女性」身上，以「癆病」的姿態侵襲着主人公「穆生」的妻子。故事中的「疾病」，同樣像是開關似的，揭開了穆生一家向下墮落的序幕，連鎖地誘發了一連串殖民地「受殖者」的「典型」事件：因爲甫找到工作而無法告假──失業頻仍下的勞動者被工作束縛的掙扎、因薪資微薄而無法僱請人照料妻子──殖民地下層生活的窘迫、因爲貧窮的緣故即使患病也無錢延請醫生醫治的悲哀。雖然「疾病」在這個場景中，像是雪上加霜般給穆生一家人帶來了無情的災禍，但是，和〈一個勞動者的死〉的情節相似，正是因爲「患疾」的緣故，使得作品中的受殖者得以因爲「疾病」這一書寫策略，取得了更爲積極的批判動能：既批判了社會、階級，也開啓了傳統與現代的家庭制度的辨證。不僅如此，更因爲「疾病」，賦予了受殖者得以轉換其能動的批判位置到將「疾病」至「死亡」的過程，提升爲一種對於己身的「救贖」：

> 「眞的，我的病，是永無生望了，其實我也不願以這不活不死的身
> 子拖累你。」
> 「慢慢兒，總會好的。」
> 「說不定還要快快地死掉呢。」
> 「除非你自己把自己弄死。」
> ……
>
> 「不管。」妻的態度，忽又變得很嚴肅，這倒使穆生有些驚愕，妻
> 又道：「我死之後，你千萬不要再組織家庭，因爲現在的貧民，確沒
> 有這麼資格，但這也不是我的妬意，事實已把這個證實，最好你還
> 是再去致力於工會，事之成否，可不必計較，雖然自身不能享受到
> 成功的幸福，但爲人類將來計，也得幹下去，親愛的！我們背叛大
> 家庭的動機和初志，你該是永遠地不會忘記的吧，所以我也就用我
> 最後的『愛』與『希望』，提帶你秉著這樣毅力做去。」〔註104〕

雖然整篇故事中，穆生的妻子一直是站在與傳統大家庭觀念相對峙的對立面，看似是指向批判這個傳統家庭制度對於他們的壓迫。但是，通過對她的發言進行分析，作品以「女性」作爲主要發聲位置時，實際上是藉由將「傳

〔註104〕村老（楊守愚），〈一個晚上〉，《台灣新民報》第354～355號，1931年3月
　　　　7、14日出版，1930年11月2日作，收錄於葉石濤、鍾肇政主編，《光復前
　　　　台灣文學全集──一群失業的人》（台北：遠景，1979年7月），頁123。

統家庭觀」與「現代家庭觀」這樣衝突的觀念做為喻依，指向對這個「……什麼新的、小的家庭，結果還是把貧窮人哄到死路去」的殖民地社會進行批判。

故事末段，穆生的妻子雖然因病而即將「死亡」，但是，這種被預知的「死亡」背後，卻像是臨終前的啓示般，提示了仍活著的受殖者所該持有的生存態度。作品中呈現的這種受殖者「積極的死亡」形象，不僅是知識性的、啓示性的，更通過「女性姿態」，將「死亡」轉化爲一種「再哺育」的隱喻，通過受殖者女性的死亡，將母性所指涉的「愛」與「希望」再反饋回受殖者，成爲在殖民地空間中，積極利用精神性的「死亡」完成自我救贖與自我提升。

許俊雅在另一篇〈日據時期台灣小說中的婦女問題〉文中，也視這種「死亡」爲文學中一種身體政治的表現方式。她在析論小說中的女性時提到：「小說中的女子飽受各種惡勢力折辱之後，紛紛自裁而死。這種普遍的現象說明了在舊社會中，只有自殺才是女子自己可以決定的，只有在此時她們才能『做自己的主人』！」〔註 105〕因此，對受殖勞動者來說，「死亡」非但可以藉以奪回主體，也在死亡的同時，抗拒了帝國的勞動力收編政策，進而達到一種雙重效能的貧困書寫策略。

小　結

在了解失業者及作品所賦予受殖者的能動性與主體性後，本節繼而對作品中出現的「勞動力」活動型態進行整理，與殖民者所建立的殖民統治體系——「勞動力收編」機制進行比對，說明作品中大量出現的「殘疾」、「死亡」等弱質化的勞動力形象，乃是一種通過文學再現精神世界，形塑「成爲負數勞動力」的消解作用；受殖者形象通過作家貧困書寫而成爲負數勞動力，進而脫溢於殖民地式經濟體制之外，成爲擁有獨立性格、身負積極爭取「文化身體自主」意義的受殖者形象。

以往論者對受殖者在殖民帝文本中所患得的如積勞成疾、勞動傷害、瘧疾、肺結核、肺炎、精神病等疾病，或者以「死亡」形象表現的情形，普遍都僅將之視爲是一種概略性的控訴「經濟與強權的雙重壓迫」的反映方式。

〔註 105〕許俊雅，〈日據時期台灣小說中的婦女問題〉，《台灣文學論——從現代到當代》（台北：南天，1997 年 10 月），頁 36。

〔註106〕但是，當筆者重新閱讀並解構文本中所被編碼的受殖者形象後，過去對於殖民地文學文本中的諸多既定、以被論者以「類型化」解釋的受殖者形象，或認爲這些作品只是突顯出作家的被動書寫殖民地壓迫現實的外部問題的閱讀方式，或以殖民地因果論的觀點來討論、閱讀殖民地文本的方式，如今似乎都有重新修正的空間，而朝向了更開放，卻可能更貼殖民地知識份子精神世界的殖民地文本詮釋方式。

結　語

　　綜上所述，在殖民地文學作品中身負「疾病」與「死亡」形象的主要群體，不分男女，幾乎都集中在殖民地社會中代表了社會「中堅勞動力」的青壯年階層。這是否意味著，在殖民地結構中，最大部份被壓迫的社會階層所處的位置及身份便是由「青壯年」所組成的受殖者群體？正是在這個觀察底下，提供作爲文本中「負數勞動力」的合理推論——殖民地文本通過書寫「疾病」、「死亡」等方式，積極地、精神性地「弱質化」了青壯年勞動力，藉以自殖民體制中的勞動力壓榨與收編中解放。不僅表面上被解讀爲批判殖民統治失當與壓迫的文本，也在文學象徵意涵上，疊合殖民主僅將受殖人民視爲數字化「勞動力」的物化他者視線，藉著文學創作所採取的弱化與削減的策略，主動消解殖民帝國的統治技術與權力話語。

　　此種以文學創作型塑受殖勞動者「死亡」及「殘疾」，作爲精神性規避殖民地勞動力收編、悖離殖民地勞動力資源吸收、殖民政策統治的「貧困書寫」策略，同樣也可以表現在通過文本爭奪受殖者身體主權的詮釋上。藉由書寫潛藏在殖民帝國話語中殖民地「受殖者勞動力」差異視線中的形象，合理地「弱質化」、「削減」台灣人的勞動力，成爲在文本中產生與殖民統治勞動力需求相抵銷的「負數勞動力」，同時也是與殖民帝國的勞動資源壓榨與收編結構相對抗的具有「精神勝利」意圖的書寫策略。

　　在殖民地文學中，一直以徘徊於飢餓線邊緣的失業者、勞動者形象被「再

〔註106〕譬如：吳素芬在她碩士論文《楊逵及其小說研究》中，特別針對「死亡意象」進行論述，她認爲，作品中的角色的死亡，是一種「深沉的抗議」、「以死來抗議」的一種文學表現。參考吳素芬，《楊逵及小說作品研究》（台南：國立台南大學教育學院經營與管理研究所，國語文教學碩士班，2005 年 5 月），頁 44～46。

現」的受殖者，在過去台灣文學研究界的視野裡，總是被以「批判殖民資本主義經濟剝削」工具性格的扁平化觀點進行理解。本章通過對殖民地社會事業這一非屬直接、傳統的下壓力，帶有殖民福利性格的殖民政策的掌握，重新以「貧困書寫」的視角閱讀並解構殖民地文學作品中同時承載了統治者與受殖者雙方所共構出的「失業者」形象及屬性。在比較過殖民地文學文本中的「失業者」形象後，筆者發現到，過去被研究者視為「單一整體」的失業者與勞動者形象，除了實際面上便有其可以被細緻理解的部份，如作為針對性批判失業問題成因的媒介、與殖民統治視線相抗衡的失業者的複數屬性等；在文學創作的視角上，文學作品中經由「貧困書寫」後所賦予特殊意象的失業者形象，更突出地與帝國之眼中的失業者形象有所差異。殖民地文學文本中的失業者活動形象，不再僅只是作為批判殖民地式經濟剝削與壓迫殖的「工具性」的存在，也藉由被文學「再現」，精神性地得到了自殖民體制中脫逸、自我解放與自我救贖的形象，主動抗拒了被殖民地政策中的「殖民經濟體制」、「經濟保護事業」等「勞動力生產機制」的收編。

經由觀察文本中的「貧困書寫」情形，失業者不僅呈現出積極與殖民帝國定義相背離的失業者形象，更因為其主動於文本中保持「失業」、「患疾」與「死亡」的狀態，既脫逸於殖民帝國重層的統治體制之外，又置身於社會事業之外，保持了持續批判殖民統治的位置，在文本中建構出真正不受壓迫，且具備多層次對話與批判力道的受殖者「主體」。

第六章 結 論

第一節 「社會事業」作為文學閱讀的參照

> 時代說進步了，的確！我也信他很進步了，但時代進步怎地轉會使
> 人陷到不幸的境地裏去，啊！時代的進步和人們的幸福原來是兩件
> 事，不能放在一處並論啊！[註1]

以賴和在面對「現代性」全面籠罩殖民地台灣時，有所感慨所發出的議論作為本論文結論的開頭，主要是想突顯出，在以「現代性」作為包裝糖衣的殖民統治過程中，即便如以「福利」為內涵的「社會事業」，在殖民地社會所展現的，仍是「進步」與「幸福」背道而馳的情形。雖然根據帝國官方統據數據，這個社會事業在台灣實施有收到一定的效果，而且相較於帝國具「直接壓迫」性格的殖民地式經濟、內嵌外地性格的律法制度、箝制性強烈的警察制度，以及具強制與修正意味的衛生醫療等，以「現代性」形象呈現的諸多政策，型態上屬於「非壓迫」性質的「社會事業」，的確有其得以存在的特殊條件；但是，所謂的福利與進步，實際上對於「需要的人」來說，的確仍因為殖民權力的緊張關係，而一直保持著難以縫合的距離。

自 1920 年代初起，伴隨著殖民地式經濟體制的壓力日漸升高，總督府引進以「福利」、「慈善」的面貌展現的「社會事業」，作為修補因殖民地式經濟體制造成的「社會問題」的機制。一方面，經營具現代性意義及體制化規模

〔註 1〕賴和，〈無聊的回憶〉，《台灣民報》第 218、219、220、221、222 號，1928
年 7 月 22、29 日，8 月 5 日、12、19 日，收錄於李南衡編，《賴和先生全集》
（台北市：明潭，1979 年 3 月），頁 229。

的「事業體」，對殖民地社會中陷落至下層階級的台灣人進行救濟、保護收容、職業教育、職業介紹等體系性的救助行為；另一方面，卻也同時在這個體制的「正面」形象背後，包裝進了一套帝國看待受殖者下層階級的視線（gaze）與勞動力收編策略。通過對社會事業的收容標準進行「設定」，統治者無形中透露出他們對處於下層階級受殖者的「狹義化」、「條件化」的認知情形：當帝國之眼下的窮民與失業者「是什麼」的時候，自然就意味著他們同時也就「不是什麼」。

當統治序列中的內地菁英、基層官僚等人，交相論述、定義各項社會事業的收容標準時，也就等於在集體塑造一種承載了差別效力的「規範」與「身份」。便是統治者藉由社會事業與「論述化」，將受殖者下層階級集體「狹義化」與「規範化」的過程中，原屬於下層階級的受殖者主體，遂被逐一隱蔽在諸多定義與範疇中，因為社會因素遭到排除，進而失去自我定義話語權。更進一步，受殖者群體也就在殖民地權力話語的爭奪中失去了與統治者競爭的可能，而逐步陷落到殖民地的邊緣位置。正是在這樣一個語境下，本文意識到，過去被論者以「類型化」、「典型化」的殖民地文學作品中，實際上卻是出現有大量集約化、議題化在書寫「窮民」及「失業者」這兩類對社會事業來說正是主要目標群的受殖者下層階級的情形。

當殖民地社會上的「窮」，被以複數方式認知時，可以清楚地從文獻中觀察到，統治者的「窮」與受殖者的「窮」，是站在不同的脈絡上進行思維的；然而，憑藉「社會事業」規範出的標準，帝國展開了對受殖者的「窮」的定義的掠奪。當能夠被社會事業收容的「窮」才是「真正的窮」時，受殖者既作為帝國統治的下層階級而處於「被救濟」的被動身份，也同時在被帝國救濟的過程中，賦予了作為帝國他者的客體化自身新的意義——勞動力收編。由受殖者自身所定義的「窮」，反而在這個收編與被定義過程中被遮蔽了。甚而至於，在總督府的思維中，既然並不屬於「真正的窮」，那自然也就是「不窮」，毋需被救濟，而可以改採較為嚴厲的政策如「治安警察法」、「浮浪者取締」等治理手段。同樣的情形，也發生在對「失業者」這一形象的話語爭奪上。

正是在受殖者下層階級中的「窮民」與「失業者」的形象與定義，在統治者與受殖者間發生了認知衝突的情況下，促使筆者將「社會事業」作為一種參照系的契機，嘗試依循此事業看待受殖者的方式與邏輯，思考統治者的「他者視線」，重新觀看被由大量殖民地文學所集約建構出的，屬於受殖者觀

察的下層階級「窮民」及「失業者」形象。

在兩相比較後，筆者發現，過去文本中藉由描繪受殖者的「被壓迫情形」來作為批判的單一理解方式，已經不足以用來詮釋如今因為社會事業的加入，變得更為層次化的、更具深度的殖民地文本；而必須要更細緻地從文本中的「形象建構」中進行再思考。殖民地文學文本中以往被視為靜態的、被動的、被物件化的受殖者形象，如今正藉由以「貧困書寫」做為閱讀濾鏡的方式，重新在由文學所建構的殖民地空間中，找回自己的能動性。既是在對自身的定義中建構主體的認知方式，也藉由建構與帝國之眼中的他者截然不同的身份與形象，「重寫」自己的下層階級史。在與「社會事業」所建構的「下層階級」進行「對話」的過程中，文學文本建構了受殖者精神性回應統治者權力話語的方式。當受殖者「窮民」與「失業者」形象的話語權，又重新回到受殖者手中時，在他們「是什麼」的時候，自然也就「不是什麼」，進而連帶消解了帝國以「福利」形象包裝的話術，揭開隱藏在「慈善」背後，加諸在受殖者下層階級身上的視線。

本文以「社會事業」做為論述框架，正是站在觀察到此事業的部份施策對象──「窮民」與「失業者」，與殖民地作家一直以來集中處理的主要受殖者形象，發生有疊合的情形。因此，在這樣一種「疊合」卻充滿「違和感」的現象中，有必要我們進一步深入探究，其中究竟發生了哪些更為隱微、複雜的衝突及矛盾，並從這之間的「不一致性」所造成的縫隙間，尋求重讀殖民地文學中受殖者形象的可能。

第二節　以「殖民地社會事業」重新閱讀東亞殖民地文學的可能

有關帝國社會事業史的發展，不僅只發生在殖民地台灣，也同時發生在作為日本大陸跳板的朝鮮及「滿洲國」。有關於這三地的社會事業發展脈絡，於 1996 年時，分別有華中師範大學社會學系教授沈潔所著《「滿洲國」社會事業史》〔註2〕、大阪經濟法科大學出版部所出版，尹晸郁所撰寫的《植民地朝鮮における社會事業政策》〔註3〕，以及大友昌子於 2007 年所出版的《帝

〔註2〕沈潔，《「滿洲國」社會事業史》（京都：ミネルヴァ書房，1996 年 5 月）。
〔註3〕尹晸郁，《植民地朝鮮における社會事業政策》（大阪：アジア研究所，1996 年）。

國日本の社會事業政策研究——台灣・朝鮮——》〔註4〕等三部研究。

　　這個些對於殖民地社會事業進行探討的學術現象，提醒我們，在隨著「滿
洲國」研究逐漸升溫，在台灣、中國、朝鮮、日本等四地所共構起的東亞學
術研究場域中，實際上已有不少前行學者從社會學、史學角度切入，戮力朝
著殖民統治尚未被全面揭開的歷史材料進行不斷地探索與嘗試。當我們以福
利形象展現的「社會事業」，以及作品中的「貧困書寫」策略，重新思考殖民
地時期的台灣新文學作品，並且從中汲取與過去研究成果有所不同的思考面
向及位移時，我們是否也能試著將這種具後殖民性格的文本詮釋方法，拉往
東亞的其他殖民地（準殖民地）進行比較研究？在這個由帝國福利政策所架
構起來的平台上，思考文學與之對應的關係，是否又能從中發現較之過去更
爲複雜而貼合歷史現場的文學、文化現象？進而作爲一種理解東亞殖民地文
學文本中的「貧困書寫」情形的可能方式？是筆者未來要更加審慎思考的議
題。

第三節　結論——後殖民閱讀殖民地文學的可能性

　　在閱讀眾多後殖民理論家的著作後，可以發現，這些理論家無不試圖提
供我們一套摧毀殖民主義的表意系統，及揭開其沉默與壓抑受殖民主體的
運作方式，如：Homi Bhabha、G. C. Spivak 等人。〔註5〕其中，在《逆寫帝國
——後殖民文學的理論與實踐》一書中，更提示身處於後殖民環境的殖民地
文學研究者，該如何對文本進行閱讀實踐：

> 經典的顛覆不僅是把一組文本，徹換爲另一組而已。這將極端地簡
> 化暗示於經典性（canonicity）本身的意念。經典並非文本體本身而
> 已，反而是一套閱讀實踐。
>
> ……
>
> 因此經典的顛覆牽涉著這些實踐與建制的成爲自覺及表達，不獨導
> 致一些文本爲其他所取代，或一些在裡面的價值階級的再次展現，

〔註4〕　大友昌子，《帝國日本の社會事業政策研究——台灣・朝鮮——》（京都：ミ
　　　　ネルヴァ書房，2007 年 4 月）。

〔註5〕　Billashcroft、Gareth Griffiths & Helen Tiffin，劉自荃譯，《The Empire Writes
　　　　Back：Theory and Practice in Post-colonial Literature 逆寫帝國——後殖民文學
　　　　的理論與實踐》，頁 193。

透過另類的閱讀實踐而重新構設所謂經典文本。〔註6〕
後殖民理論學者 Boehmer Elleke 也在他的著作《殖民與後殖民文學》中，提示
了關於殖民地文學的「讀法」問題。他認為，在閱讀殖民地文學的過程中，
我需要的是，「對包含著的差異和矛盾的敏感能把文本反還到他們自己特定的
意義環境中。」〔註7〕他並且說明，這種殖民地文學的「故事的形式中已經暗
示了一種閱讀方式了。」〔註8〕而 E. W. Said 也在他的《文化與帝國主義》一
書中，也提供了我們在回歸到文學文本時，一種參照了社會情況與文化、文
本現象的對位式閱讀（contrapuntal reading）〔註9〕的方法論。

引用上述這些論者作為本論文的尾聲，無非是希望藉由前形研究者的智
慧，時刻提醒筆者，在現今傾向以理論作為的指導文學詮釋的風潮上，實際
上是否還存在著一條亟待回歸，可能回歸的研究路線，即是重新回到文學內
部進行思考與摸索。既要回到「文學」本身，更要藉由充分閱讀、援引各種
資料，藉由立體化的還原歷史、社會現場進行對文本的重新詮釋與思考。

梅家玲在〈身體政治與青春想像：日據時期的台灣小說〉一文中，歸結
傅柯、巴赫汀等學者的觀點，提到：「在肉身已然存在的前提下，各式各樣的
政治、經濟、軍事、思想、教育、公共衛生等力量，正透過不同管道，無恐
不如地介入了身體的建構工程，身體因此成為各方權力競逐角力的輻輳點，
可是另一方面，身體卻也可以藉由醜怪的扮妝表演、肢體踐行，彰顯其對既
有體制的嘲諷、抗衡、拒絕或顛覆；……」〔註10〕。在本論文中，以設計受
殖者的身體活動作為具政治性抵抗的方式，不再只是過去論者藉由理論經營
片面、概念式理論化的身體，而是被殖民地作家群通過文學創作，系統化、
集約化精神性地設計作為回應帝國統治的一種聚焦性極強的對話策略。以窮
民嘲諷社會事業（第三章）、以離散抗衡保甲（第四章）、以失業拒絕勞動力
收編（第五章），以無醫顛覆巡迴醫，種種與實際殖民政策發生的精神勝利，
逐一在文本中具象化為可視、可感的隱喻符號。

〔註 6〕 同註5，頁 205。
〔註 7〕 艾勒克・博埃默（Boehmer, Elleke）著、盛寧、韓敏中譯，《殖民與後殖民文
學》（瀋陽：遼寧教育，1998 年），頁 272。
〔註 8〕 同註7。
〔註 9〕 Edward W. Said 著，蔡源林譯，《文化與帝國主義 Culture and Imperialism》（台
北：立緒，2001 年 1 月），頁 138。
〔註10〕 梅家玲，〈身體政治與青春想像：日據時期的台灣小說〉，《漢學研究》第 23
卷第 1 期，2005 年 6 月，頁 36。

　　筆者加入「社會事業」這個既與殖民壓迫不同，又與殖民地式經濟體制相互補充的間接下壓力與視野，延伸出「貧困書寫」等兩種從不同層次、角度閱讀殖民地文學的方法，目的不外乎是希望尋求能在關照殖民地時期的社會發展、統治政策的複雜與多元多層的文化狀況時，提醒自己注意並深刻地闡發文學創作所承載的受殖者精神及話語能量，以及在殖民地時期的資料日漸豐富、開放的研究場域，以更爲臨場的研究資料，更爲謙卑的研究姿態，對殖民地文學進行更爲開放性、主體能動性的詮釋。

參考書目

戰前資料

日文

（一）專書

1. 台灣慣習研究會編，《台灣慣習紀事》（台北：台灣日日新報社，1891年）。

2. 竹越與三郎，《台灣統治志》（東京：東京博文館藏，1905 年 9 月）（台北：成文，1985 年）復刻。

3. 【アジア寫眞集 2】《南滿洲寫眞大觀》（東京：滿洲日日新聞社，1911年）（東京：大空社，2008 年 4 月）復刻。

4. 持地六三郎，《台灣殖民政策》（東京：富山房，1912 年）（台北：南天書局，1998 年）復刻。

5. 施乾，《乞食社會の生活》（台北：愛愛寮，1915 年）。

6. 東鄉實，《台灣植民發達史》（全一冊）（台北：晃文館，1916 年 4 月 5日）（台北：成文出版社，1985 年 4 月）復刻。

7. 大原社會問題研究所編，《日本社會事業年鑑》（東京：大原社會問題研究所，1919～1926 年）。

8. 大園市藏，《台灣事跡綜覽》（全二冊）（台北：台灣事跡研究會，1920年 5 月 18 日）（台北：成文出版社，1985 年 3 月）復刻。

9. 田中一二，《台灣事情之宣傳》（全一冊）（台北：台灣日日新報社，1921年 5 月）（台北：成文出版社，1985 年 3 月）復刻。

10. 田中一二，《台灣讀本》（全一冊）（台北：大日本台灣青年會，1923 年 5

月）（台北：成文出版社，1985 年 3 月）復刻。

11. 生江孝之，《社會事業綱要》（東京：嚴松堂，1923 年）。

12. 田子一民，《社會事業》（東京：帝國地方行政學會，1923 年 4 月）。

13. 幸田春義編，《台灣統治史》（台北：南國出版協會，1924 年）（台北：成文，1985 年 3 月）復刻。

14. 小河滋次郎著，《社會事業と方面委員制度》（東京：嚴松堂，1924 年）。

15. 施乾，《乞丐撲滅論》（台北：愛愛寮，1925 年）。

16. 台灣總督府，《社會事業關係法規》，1926～1928 年。

17. 矢内原忠雄，《植民政策の新基調》（京都：弘文堂，1927 年 6 月）。

18. 武内貞義，《台灣》（台北：台灣日日新報社，1928 年 10 月）（台北：南天，1996 年 8 月）復刻。

19. 淺見登郎著，《日本植民地統治論》（東京：嚴松堂書店，1928 年）。

20. 田中一二著、李朝熙譯，《台北市史：昭和六年》（台北：台灣通信社，1931 年）（台北市：北市文獻會，1998 年 6 月）復刻。

21. 日本合同通信社編，《台灣大觀》（東京：日本合同通信社，1932 年 12 月）（台北：成文，1985 年 3 月）。

22. 安井誠一郎著，《社會問題と社會事業》（東京：三省堂，1933 年）。

23. 毛利史郎，《東台灣展望》（台東市：東台灣曉聲會，1933 年）。

24. 大園市藏撰，《現代台灣史》（全四冊）（台北：日本殖民地批判社，1933 年 12 月 28 日）（台北：成文出版社，1985 年 3 月）復刻。

25. 台灣新聞社編，《台中市史》（台中：台灣新聞社，1934 年）。

26. 井東憲，《台灣案内》（全一冊）（東京：植民事情研究所，1935 年 9 月 1 日）（台北：成文出版社，1985 年 3 月）復刻。

27. 山本昌彥，《躍進台灣の現勢》（全一冊）（東京：改造日本社，1935 年 5 月 15 日）（台北：成文出版社，1985 年 7 月）復刻。

28. 東洋協會編，《台灣特輯號》（全一冊）（東京：東洋協會，1935 年 9 月 1 日）（台北：成文出版社，1985 年 3 月）復刻。

29. 大園市藏撰，《台灣始政四十年史》（全三冊）（台北：日本植民地批判社，1935 年 9 月 21 日）（台北：成文出版社，1985 年 3 月）復刻。

30. 大塚清賢編，《躍進台灣大觀》（全七冊）（東京：中外每日新聞社，1937 年）（台北：成文，1985 年）復刻。

31. 高橋龜吉，《現代台灣經濟論》（東京：千倉書房，1937 年）。

32. 台灣總督府文教局編，《台灣社會事業要覽》（台北：台灣總督府文教局，1939 年 11 月）。

33. 杵淵義房，《台灣社會事業史》（台北：德友會，1940 年 4 月）（台北：

南天書局，1991 年）復刻。

34. 台灣總督府情報部編，《新台灣》（全一冊）（台北：東亞旅行社台灣支部，1941 年 10 月 5 日）（台北：成文出版社，1985 年 4 月）復刻。

35. 【アジア寫眞集 6】《朝鮮寫眞帖》（東京：滿洲事情案內所，1942 年）（東京：大空社，2008 年 8 月）復刻。

36. 富田愛次郎，《日本社會事業の發達》（東京：嚴松堂，1943 年）。

37. 台灣總督府編，《台灣統治概要》（全二冊）（台北：台灣總督府，1945 年）（台北：成文出版社，1985 年 4 月）復刻。

38. 大藏省在外調查協會編，《日本人の海外活動に關する歷史的調查　第 6～9 卷　台灣篇》（東京：大藏省管理局，1946 年）（東京：ゆまに書房，2002 年 1 月）復刻。

39. 台灣總督府編，《詔敕・令旨・諭告・訓達類纂（一）》（台北：台灣總督府，1941 年）（台北：成文，1999 年）復刻。

40. 伊能嘉矩著，江慶林等譯，《台灣文化志》（東京：刀江書院，1928 年）（台中市：台灣省文獻委員會，1991 年）。

英文

1. HIDEO NAITO（內藤英夫）. "*TAIWAN - A UNIQUE COLONAIL RECORD 1937～38 EDITION*", TOKYO JAPAN, KOKUSAI NIPPON KYOKAI, 1937～38。

報紙、雜誌類（不分語文）

1. 蔡培火編，《台灣青年》（東京：台灣青年雜誌社，1920 年）（台北市：東方文化書局複刊，1973 年）。

2. 林呈祿編，《台灣》（東京：台灣雜誌社，1922 年）（台北市：東方文化書局複刊，1973 年）。

3. 台灣民報社，《台灣民報》大正 14 年～昭和 5 年。

4. 台灣新民報社，《台灣新民報》昭和 5 年～昭和 8 年。

5. 台灣大眾時報社，《新台灣大眾時報》（東京：台灣大眾時報社，1930 年）（台北：南天，1995 年 8 月）復刻。

6. 台灣日日新報社，《台灣日日新報》明治 31 年 1 月～昭和 19 年 3 月。

7. 東洋協會台中支部，《台灣時報》第 1～28 卷，大正 8 年 7 月～昭和 20 年 3 月。

8. 台灣社會事業協會，《社會事業の友》第 1～169 號，昭和 3 年～17 年。

9. 吳青霞編輯，《台南新報》（台南：台灣史博館，2009 年 6 月）復刻。

戰後資料

日文著作

（一）專書

1. 新渡户稻造，《殖民政策講義及論文集》（東京：教文館，1969 年三版）。

2. 春山明哲，若林正丈著，《日本殖民主義的政治的開展》（東京：アジア政經學會，1980 年 12 月）。

3. 後藤新平伯傳記編纂會編，《後藤新平文書》（東京：雄松堂書店，1980年）（微捲資料）。

4. 小山弘健、淺田光輝，《日本帝國主義史》（上下卷）（東京：新泉社，1985年 8 月）。

5. 川崎繁樹、野上矯介合著，《台灣史》（台北：武陵，1993 年）。

6. 三省堂編修所編，《コンサイス日本人名事典》（東京：三省堂，1993年）。

7. 沈潔，《「滿洲國」社會事業史》（京都：ミネルヴァ書房，1996 年 5月）。

8. 尹叚郁，《植民地朝鮮における社會事業政策》（大阪：アジア研究所，1996 年）。

9. 近現代資料刊行會企畫編集，永岡正己總合監修，大友昌子，沈潔監修，《殖民地社會事業關係資料集，台灣編 7》（東京都：近現代資料刊行會，2000～2001 年）。

10. 駒込武，《植民帝國日本の文化統合》（東京：岩波書店，2002 年 10月）。

11. 台灣史研究部會編，《台灣の近代と日本》（東京：中京大學社會科學研究所，2003 年 3 月 31 日）。

12. 「年報日本現代史」編集委員會編，《「帝國」と植民地——「大日本帝国」崩壞六○年》（東京：現代史料，2005 年）。

13. 伊藤隆（監修），百瀬孝（著），《事典——昭和戰前期の日本　制度と実態》（東京：吉川弘文館，2006 年第十刷）。

14. 末光欣也，《台灣の歷史——日本統治時代の台灣（1895～1945／46 年五十年の軌跡）》（台北：致良，2007 年 11 月）。

15. 大友昌子著，《帝國日本の社會事業政策研究——台灣・朝鮮——》（京都：ミネルヴァ書房，2007 年 4 月）。

中文著作

（一）專書

1. 〔清〕允陶編，《大清會典》（河南：黃山書社，愛如生數字化技術研究中心，2008年）。

2. 黃靜嘉，《日據時期之台灣殖民地法治與殖民統治》（台北：海天，1960年5月）。

3. 白秀雄，《社會工作》（台北：三民，1976年）。

4. 李南衡編，《賴和先生全集》（台北市：明潭，1979年3月）。

5. 丸山眞男著，林明德譯，《現代政治的思想與行動——兼論日本軍國主義》（台北市：聯經，1984年12月）。

6. 井上清著，宿久高譯，《日本帝國主義的形成》（台北市：華世，1986年12月）。

7. Terry Eagleton 著，文寶譯，《馬克思主義與文學批評》（台北：南方叢書，1987年）。

8. 吳三連、葉榮鐘等著，《台灣民族運動史》（台北：自立晚報，1987年1月）。

9. 警察沿革誌出版委員會編，《台灣社會運動史　第五編　勞動運動》（台北：創造，1989年）。

10. 《國史館現藏民國人物傳記史料彙編・第二輯》（台北縣新店市：國史館，1989年）。

11. 莊永明，《台灣紀事：台灣歷史上的今天》（台北市：時報，1992年）。

12. 吳文星，《日治時期台灣社會領導階層之研究》（台北：正中，1992年3月）。

13. 謝森展主編，《台灣回想　思い出の台灣写眞集》（台北：創意力文化，1993年1月）。

14. 施乾著，王昶雄編，李天贈譯，《孤苦人群錄》（台北：北縣文化中心，1994年）。

15. Frank Lentricchia & Thomas Mclaughlin 著，張京媛等譯，《文學批評術語 critical terms for literary study》（香港：牛津大學，1994年）。

16. 許俊雅，《日據時期台灣小說研究》（台北：文史哲，1995年2月）。

17. 中島利郎編，《日據時期台灣文學雜誌總目・人名索引》（台北：前衛，1995年3月）。

18. 《【台灣影像歷史系列】見證——台灣總督府1895～1945（下）》（台北：立虹，1996年6月）。

19. 楊川碧，《後藤新平傳：台灣現代化的奠基者》（台北：一橋，1996 年）。

20. 許丙丁原著，呂興昌編校，《南台灣文學作品集【二】——許丙丁作品集（下）》（台南市：南市文化，1996 年 5 月）。

21. 應大偉，《一百年前的台灣寫真》（台北：圓神，1995 年）。

22. 艾柯等著，柯里尼編，王宇根等譯，《詮釋與過度詮釋》（北京：三聯，1997 年）。

23. 許俊雅，《台灣文學論——從現代到當代》（台北：南天，1997 年 10 月）。

24. 葉石濤、鍾肇政主編，《光復前台灣文學全集——牛車》（台北：遠景，1997 年 7 月）。

25. 葉石濤、鍾肇政主編，《光復前台灣文學全集——豚》（台北：遠景，1979 年 7 月）。

26. 葉石濤、鍾肇政主編，《光復前台灣文學全集——一群失業的人》（台北：遠景，1979 年 7 月）。

27. 葉石濤、鍾肇政主編，《光復前台灣文學全集——一群失業的人》（台北：遠景，1979 年 7 月）。

28. 葉石濤、鍾肇政主編，《光復前台灣文學全集——送報伕》（台北：遠景，1979 年 7 月）。

29. 葉石濤、鍾肇政主編，《光復前台灣文學全集——一桿秤仔》（台北：遠景，1979 年 7 月）。

30. 葉石濤，《台灣文學史綱》（高雄：春暉，1998 年 2 月）。

31. Billashcroft、Gareth Griffiths & Helen Tiffin，劉自荃譯，《The Empire Writes Back：Theory and Practice in Post-colonial Literature 逆寫帝國——後殖民文學的理論與實踐》（台北：駱駝，1998 年 6 月）。

32. 艾勒克·博埃默（Boehmer, Elleke）著、盛寧、韓敏中譯，《殖民與後殖民文學》（瀋陽：遼寧教育，1998 年）。

33. 呂紹理，《水螺響起：日治時期台灣社會的生活作息》（台北：遠流，1998 年 3 月）。

34. 王泰升，《台灣日治時期的法律改革》（台北：聯經，1999 年）。

35. 向山寬夫著，楊鴻儒等譯，《日本統治下的台灣民族運動史》（台北：福祿壽，1999 年 12 月）。

36. 江自得主編，《殖民地經驗與台灣文學》（台北：遠流，2000 年）。

37. Edward W. Said 著，蔡源林譯，《文化與帝國主義 Culture and Imperialism》（台北：立緒，2001 年 1 月）。

38. 彭小妍主編，《楊逵全集》第 14 卷資料卷（台北：文化資產保存研究中

心，2001 年 12 月）。

39. 彭小妍主編，《楊逵全集——小說卷（1）》（台北：文化資產保存研究中心，2001 年 12 月）。

40. 張恆豪主編，《台灣作家全集——賴和集》（台北：前衛，2002 年 11 月）。

41. 矢內原忠雄，周憲文譯，《日本帝國主義下之台灣》（台北：海峽學術，2002 年 1 月）。

42. 柯志明，《米糖相剋／日本殖民主義下台灣的發展與從屬》（台北市：群學，2003 年）。

43. 中島利郎編，《1930 年代台灣鄉土文學論戰資料彙編》（高雄：春暉，2003 年 3 月）。

44. 國家圖書館特藏組編輯，《台灣歷史人物小傳——明清暨日據時期》（台北市：國家圖書館，2003 年 12 月）

45. Susan Sontag 著，程巍譯，《疾病的隱喻 illness as Metaphor and AIDS and Its Metaphors》（上海：上海譯文，2003 年 12 月）。

46. 林衡道主編，《台灣史》（台北：台灣省文獻委員會，2004 年 12 月）。

47. 北岡伸一著，魏建雄譯，《後藤新平傳——外交與卓見》（台北：商務，2005 年）。

48. 生安鋒，《霍米巴巴》（台北：揚智，2005 年）。

49. 劉健芝、許兆麟編選，張雲箏、林得山譯，《庶民研究 Subaltern Studies》（北京：中央編譯，2005 年 5 月）。

50. 梅家玲主編，《跨領域的視野：文化啟蒙與知識生產》（台北：麥田，2006 年 8 月）。

51. 陳培豐，《日治時期台灣的語言政策、近代化與認同——「同化」的同床異夢》（台北：麥田，2006 年）。

52. Robert J. C. Young，周素鳳，陳巨擘譯，《後殖民主義——歷史的導引》（台北：巨流，2006 年）。

53. Gayatri Chakravorty Spivak 著，國立編譯館主譯，張君玫譯，《後殖民理性批判——邁向消逝當下的歷史》（台北：群學，2006 年）。

54. 荊子馨著，鄭力軒譯，《成為日本人：殖民地台灣與認同政治》（台北：麥田，2006 年）。

55. 黃英哲主編，《日治時期台灣文藝評論集・雜誌篇》（台南市：國家台灣文學館籌備處，2006 年 10 月）。

56. 邱貴芬，柳書琴主編，《台灣文學與跨文化流動：東亞現代中文文國際學報》第三期・台灣號（台北市：文建會，2007 年 4 月）。

57. 黃哲永、吳福助主編，《全台文・三十四　崇文社文集三》（台中：文听

閣圖書，2007 年 8 月）。

58. G. C. Spivak 著，陳永國、賴立里、郭英劍譯，《從解構到全球化批判——斯皮瓦克讀本》（北京：北京大學，2007 年 11 月）。

59. 黃惠娟主編，《彰化文學大論述》（彰化：五南，2007 年 11 月）。

60. 齊格蒙·鮑曼（Zygmunt Bauman）著，歐陽景根譯，《共同體 Community：Seeking Safety in an insecure World》（南京：江蘇人民，2008 年 2 月）。

61. 石婉舜、柳書琴、許佩賢等合編《帝國裡的「地方文化」皇民化時期台灣文化狀況》（台北：播種者，2008 年 12 月）。

62. 蕭蕭、陳憲仁編，《翁鬧的世界》（台中市：晨星，2009 年 12 月）。

（二）期刊論文

1. 李騰嶽，〈台灣社會衛生救濟事業之演進〉，《文獻專利》，1952 年 12 月，頁 1～26。

2. 張炳楠，〈台灣社會福利簡史〉，《台灣文獻》（南投市：台灣省文獻委員會，1955 年），1970 年 3 月刊。

3. 柯志明，〈農民與資本主義：日治時代台灣的家庭小農與糖業資本〉，《中央研究院民族學研究所集刊》（台北市：中央研究院民族學研究所，1956～2001），第 66 期，1988 年秋季，頁 51～84。

4. 王世慶，〈皇民化運動前的台灣社會生活改善運動：以海山地區爲例（1914～1937）〉，《思與言》（台北市：思與言雜誌社，1963 年），1991 年 12 月刊，頁 5～63。

5. 陳明柔，〈前進！向著那不知到著處的道上……——由賴和小說中的人物悲歌談起〉，《問學集》第 2 期，1991 年 12 月，頁 71～79。

6. 姚人多，〈認識台湾：知識、權力與日本在台之殖民治理性〉，《台灣社會研究季刊》第 42 期（台北市：台灣社會研究季刊社，2001 年 6 月），頁 119～181。

7. 王永慈，〈「社會排除」：貧窮概念的再詮釋〉，《社區發展季刊》第 95 期（台北市：內政部社區發展雜誌社，2001 年 9 月），頁 72～84。

8. 林素味，〈日本の台湾統治前期における貧民救助の特質——貧民救助設施の設立を中心に〉，《東アジア近代史》（東京：ゆまに書房，2000 年），第 7 號，2004 年 3 月，頁 39～66。

9. 梅家玲，〈身體政治與青春想像：日據時期的台灣小說〉，《漢學研究》（台北市：漢學研究資料及服務中心，1983 年），第 23 卷第 1 期，2005 年 6 月，頁 35～62。

10. 邱雅芳，〈殖民地醫學與疾病敘事〉，《台灣文獻》（南投市：台灣省文獻委員會，1955 年），第 55 卷 4 期，2005 年 12 月，頁 275～309。

11. 傅大爲，〈對「亞細亞的新身體」的一種詮釋〉，《當代》（台北市：合志文化事業股份有限公司，1986 年），第 221 期，2006 年 1 月，頁 32～41。

12. 張隆志，〈知識建構、異己再現與統治宣導——《台灣統治志》（1905）和日本殖民論述的濫觴〉，收錄於梅家玲主編，《跨領域的視野：文化啓蒙與知識生產》（台北：麥田，2006 年 8 月），頁 233～259。

13. 游勝冠，〈啓蒙者？還是殖民主義的同路人？——論左翼啓蒙知識份子所刻板化的農民形象的問題〉，收錄於「跨領域的台灣文學研究學術研討會論文集」（台南：國家台灣文學館籌備處，2006 年 3 月），頁 371～394。

14. 陳萬益，〈論 1930 年代初期的新詩運動——以《台灣新民報》「曙光」欄爲主的討論〉，收錄於黃惠娟主編，《彰化文學大論述》（彰化：五南，2007 年 11 月），頁 166～174。

15. 柯志明，〈所謂的「米糖相剋」問題——日據台灣殖民發展研究的再思考〉，《台灣社會研究季刊》（台北市：台灣社會研究季刊社，1989 年 6 月），第 2 卷第 3、4 期，頁 75～126。

16. 潘維琴，〈從「貧窮線」的概念談福利國家之相關倫理議題〉，《應用倫理研究通訊》（桃園縣中壢市：中央大學哲學研究所應用倫理學研究室，1997～2008 年），第 42 期，2007 年 5 月，頁 56～62。

17. 星名宏修，〈一九三○年代之貧困描寫閱讀複數的現代性〉，《台灣文學學報》第 10 期，2007 年 6 月，頁 111～130。

18. 杉森藍，〈畸零的象徵，孤兒的救贖——以翁鬧新出土小說《有港口的街市》爲分析對象〉，收錄於蕭蕭、陳憲仁編，《翁鬧的世界》（台中市：晨星，2009 年 12 月），頁 25～51。

（三）學位論文

1. 翁佳音，〈台灣武裝抗日史研究（1895～1902）〉（台北：國立台灣大學歷史學研究所碩士論文，1986 年）。

2. 張簡昭慧，〈台灣殖民文學的社會背景研究——以吳濁流文學、楊逵文學爲研究中心〉（台北：中國文化大學日本研究所碩士論文，1988 年）。

3. 陳明娟，〈日治時期文學作品所呈現的台灣社會——賴和、楊逵、吳濁流的作品分析〉（台北：東吳大學社會學研究所碩士論文，1989 年 8 月）。

4. 戴文鋒，〈清代的台灣社會救濟事業〉（台南：國立成功大學歷史研究所碩士論文，1991 年 6 月）。

5. 洪秋芬，〈日據初期臺灣的保甲制度（1895～1903）〉，《中央研究院近代史研究所集刊》第 21 期（1992 年 6 月），頁 437～471。

6. 廖美，〈台灣農民運動的興盛與衰落——對二○年代與八○年代的觀察〉（台北：國立台灣大學社會學研究所碩士論文，1992 年 8 月）。

7. 容邵武,〈他者,認識暴力與後殖民想像——以 Michael Taussing 「Shamanism,Colonialism,and the Wild man」爲例看「土著觀點」的迷思〉(新竹:國立清華大學社會人類學研究所系碩士論文,1993 年)。

8. 廖偉程,〈日據台灣殖民發展中的工場工人〉(新竹:國立清華大學歷史研究所,1994 年)。

9. 洪秋芬,〈一九二〇年代台灣保甲制度和社會運動關係初探〉,《中國歷史學會史學集刊》第 26 期,1994 年 10 月,頁 163～175。

10. 石弘毅,〈台灣農民小說的歷史考察(二〇～八〇年代)〉(台南:成功大學歷史學研究所碩士論文,1995 年)。

11. 簡慧樺,〈國家權力與農民抗爭——以 1895～1988 年代台灣農民運動爲例〉(台北:台灣大學政治學研究所碩士論文,1998 年 6 月)。

12. 古文君,〈日據時期台灣的社會事業——以貧民救助爲中心的探討(1895～1938)〉(台北:國立政治大學歷史研究所碩士論文,1998 年 1 月)。

13. 曾蓮馨,〈台中州社會事業之研究(1920～1945)〉(中壢:國立中央大學歷史研究所碩士論文,1998 年 6 月)。

14. 李健鴻,〈邊陲統制與倫理教化:台灣社會救濟體制形成之研究〉(台北:國立台灣大學社會學研究所博士論文,1998 年 6 月)。

15. 游勝冠,〈殖民進步主義與日治時代台灣文學的文化抗爭〉(新竹:國立清華大學中文研究所博士論文,2000 年)。

16. 范燕秋,〈日本帝國發展下殖民地台灣的人種衛生〉(台北:國立政治大學歷史學博士論文,2001 年)。

17. 林秀蓉,〈日治時期台灣醫事作家及其作品研究——以蔣渭水、賴和、吳新榮、王昶雄、詹冰爲主〉(高雄:國立高雄師範大學國文學系博士論文,2001 年)。

18. 賴松輝,〈日據時期台灣小說思想與書寫模式之研究(1920～1937)〉(台南:成功大學中文研究所博士論文,2002 年 7 月)。

19. 嚴小實,〈楊守愚生平及其作品研究〉(台中:靜宜大學中文研究所碩士論文,2002 年 7 月)。

20. 陳修齊,〈研究台灣文學的史觀探討——以「寫實主義史觀」爲中心的檢討〉(台中:靜宜大學中國文學研究所碩士論文,2003 年)。

21. 潘俊英,〈台灣農民運動初探(1895～2005)〉(台北:國立台灣師範大學政治學研究所在職專班碩士論文,2004 年)。

22. 徐俊益,〈楊逵普羅小說研究——以日據時期爲範疇(1927～1945)〉(台中:靜宜大學中國文學研究所碩士論文,2004 年)。

23. 劉晏齊,〈從救恤到「社會事業」——台灣近代社會福利制度之建立〉(台北:國立台灣大學法律學研究所碩士,2005 年 1 月)。

24. 小金丸貴志，〈大日本帝國憲法和台灣〉（台北：淡江大學日本研究所博士論文，2006 年）。

25. 陳南宏，〈日治時期農民小說中的菁英主義與農民形象（1926～1937）〉（國立成功大學台灣文學研究所，2007 年 6 月）。

26. 楊順明，〈黑潮輓歌──楊華及其作品研究〉（台北：國立台灣師範大學台灣文化及語言文學研究所碩士論文，2007 年）。

27. 張惠琪，〈日治時期台灣農村小說研究〉（嘉義：國立中正大學台灣文學研究所碩士論文，2007 年）。

28. 沈德汶，〈日治時期台灣浮浪者取締制度研究〉（台北：國立政治大學台灣史研究所碩士論文，2008 年）。

29. 王幸華，〈日治時期台灣新文學之醫病書寫研究〉（台中：東海大學中文研究所博士論文，2008 年 1 月）。

30. 王靜禪，〈日治時期疾病書寫研究：以短篇小說爲主要分析範疇（1920～1945）〉（台南：國立成功大學台灣文學研究所碩士論文，2008 年 7 月）。

英文著作

1. Pierre Marcherey. *A Theory of Literary Production*, Translaterd from the French by Geoffrey Wall.（New York: Routledge, 2006）.

附　錄

一、殖民地身份建構與身份流動／作品貧困書寫示意圖表

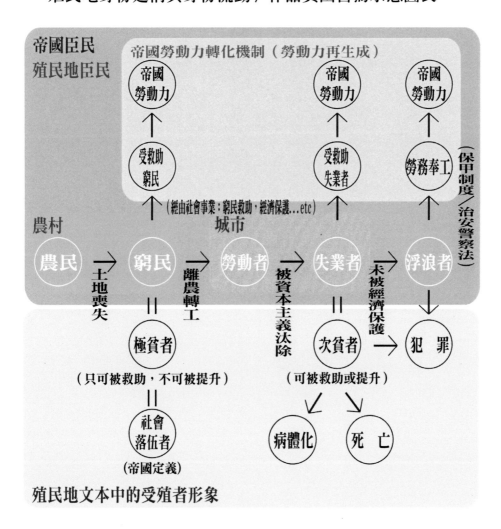

二、照　片

圖 1-1：於台北縣設立的台北仁濟院（1899 年 5 月）〔註 1〕

圖 1-2：台北失業救濟所：台北市御前町
（今台北中山區，中山北路二段附近）〔註 2〕

〔註 1〕　經典雜誌編著，《赤日炎炎：台灣一八九五～一九四五》（台北：經典雜誌，2005 年），頁 196。
〔註 2〕　謝森展主編，《台灣回想　思い出の台灣写眞集》（台北：創意力文化，1993 年 1 月），頁 80。

圖 1-3：高雄入船町（今鹽埕區）社會事業中的住宅供給事業〔註3〕

圖 1-4：嘉義鄰保館授產工作情形〔註4〕

〔註3〕 「日人於 1908 年起，陸續於各地興建公共住宅，緩和都市地區中下階層住
　　　房問題。圖爲位於高雄入船町（今鹽埕區）的市營公共住宅。」原圖註。參
　　　考經典雜誌編著，《台灣慈善四百年》（台北：經典雜誌，2006 年 5 月），頁
　　　140。
〔註4〕 圖中人物應正在進行紮竹掃把的工作。鄰保館，屬於社會事業下轄的「社會
　　　教化事業」中的一環，是針對特定的社會所開設的，以特殊教化爲主要項目
　　　的事業，參考杵淵義房，《台灣社會事業史》，頁 1219。本圖收錄於經典雜誌
　　　編著，《台灣慈善四百年》，頁 141。

圖 1-5：台中佛教會館附設「愛生院」〔註5〕

圖 1-6：〔台灣〕總督府殖產局推出的明信片（ポスター）──二百萬　夏帽子　此　織手　〔註6〕（譯註：這雙做了兩百萬頂夏帽子的織手啊）

圖說：

這張圖安插在總督府社會課課長佐藤正俊所撰的〈社會事業に就て〉，《台灣時報》1922 年 3 月，第 29 頁中，作為社會事業中授產事業效能的例證，突顯出帝國社會事業的殖民特質之一：通過授產事業，將殖民地非勞動力人口轉而為勞動力人口，以作為一種生產力資源來進行運用。

〔註 5〕「台中佛教會館」，由林德林（法號演滿）應台中林超英、林澄波等聘請舉辦佛教講習會，進而決定創立佈教道場，經台灣總督府與台中州廳許可，始於 1922 年時創建，於 1923 年成立台中佛教會，是日治時期推動台灣新佛教運動的重要根據地。「愛生院」為台中佛教會館附設的貧民收容所、幼稚園，也籌辦慈善會、佛教青年團等教化、慈善工作。參考「台灣大百科全書」：http://taiwanpedia.culture.tw/web/content?ID=4348。圖片出處：《【台灣影像歷史系列】見證──台灣總督府 1895～1945（下）》（台北：立虹，1996 年 6 月），頁 201。

〔註 6〕佐藤正俊，〈社會事業に就て〉，《台灣時報》1922 年 3 月，頁 29。

圖1-7：嘉義市方面委員會〔註7〕

嘉義市慈善機關，創設於昭和9年（西元1934年）5月11日，福臨寫方面委員團體的
事務所監察機關。
*Neighborhood Assistance Center of Chiayi City, founded on May 11,
1934 (9th year of Showa Era), was the agency promoting the busines-
ses of Chiayi City District Committee.*

〔註7〕 嘉義市方面委員，始於1925年6月17日時的始政紀念日，方面委員由包括
嘉義市長在內的日本人（15人）及地方上有名望的台灣人（21人）組成，並
成立方面委員助成會，協助方面委員推動各項社會救助、保護、醫療等事
業，以改善市民生活，增進社會福祉為目的。參考《【台灣影像歷史系列】見
證——台灣總督府1895～1945（下）》，頁198～199。

圖1-8：〔朝鮮〕社會事業中的恩給（授產）事業
——機業場〔京城〕（今首爾）〔註8〕

圖1-9：〔朝鮮〕社會事業中的恩給（授產）事業
——機械傳習〔江原道〕（今朝鮮半島東部）〔註9〕

〔註8〕 【アジア寫眞集6】《朝鮮寫眞帖》（東京：滿洲事情案内所，1942年）（東京：大空社，2008年8月）復刻，頁42。

〔註9〕 同註8，頁42。

圖 1-10：〔朝鮮〕社會事業中的恩給（授產）事業
　　　　——漁業傳習〔全羅南道〕（今朝鮮半島西南部）〔註10〕

＊附圖註記：

　　上述附圖，援引日本在朝鮮所實施的「社會事業」的原因，主要是由於（一）日本所實施的殖民地社會事業，幾乎是零時差地同樣於1920年中期，開始推行一連串如「窮民救助」、「醫療救助」等針對殖民地窮民實施的社會事業。（二）於1930年代初期，日本亦分別在兩殖民地皆實施了與失業問題相關的「經濟保護事業」等措施。除了部分事業細項有因地制宜的情形而產生些微的差異，以及手段及名目略有不同，基本上，帝國社會事業在台灣及朝鮮幾乎都依照日本的施策方向，逐步推展相同脈絡、性質的社會事業。〔註11〕

　　有鑑於此，在筆者尚未取得有關台灣社會事業相關方面的圖片之前，便先以朝鮮社會事業的圖片，作為了解當時社會事業內部情形的對照例證，主要是要藉此突顯，日本帝國在殖民地所實施的「社會事業」，實際上所可能具備的規模性和整備性，作為論文論述的憑證，說明殖民地社會事業在殖民地上，事實上是應該具有一定的「能見度」（visibility）與規模的。

　　當然必須要承認，這些被帝國以「写真」的方式所留下來的圖片，不免有可經過帝國特殊的設計，賦予了官方意識形態的可能，如同帝國當初拍攝台灣原住民的照片、留下都市建築的影像，多少具有「展示」帝國所帶來的「現代化」（modernity）、「進步」的意味。但是，閱讀這些畫面，還是能夠幫助我們理解當時社會事業的部份面向，助於建構對於殖民社會事業的立體輪廓。〔註12〕

〔註10〕同註8，頁43。

〔註11〕大友昌子著，《帝國日本の社會事業政策研究——台灣・朝鮮——》（京都：ミネルヴァ書房，2007年4月），頁137～326。

〔註12〕關於日據時期照片的「讀法」，參考賴志彰〈從老照片、地圖重建台灣地方史料〉，收錄於張炎憲、陳美蓉編，《台灣史與台灣史料：台灣史料評析講座紀錄》（台北：自立晚報，1993年），頁185～220。

三、文 件

圖 2-1

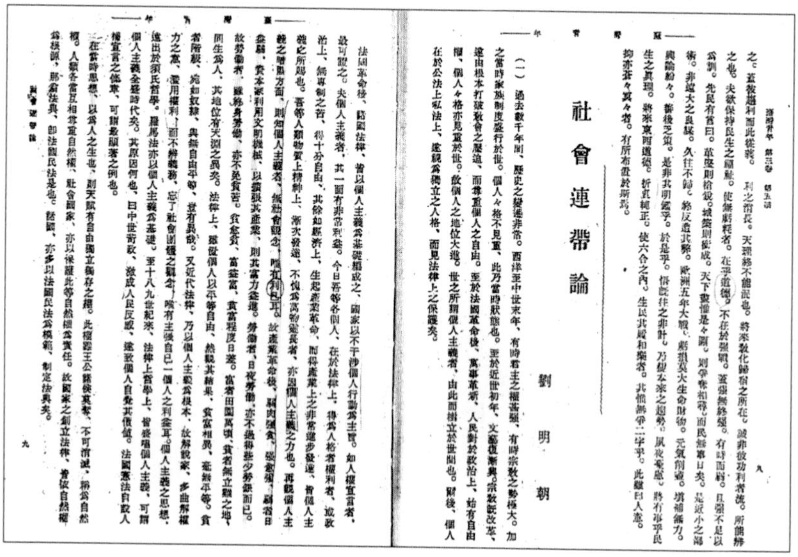

劉明朝，〈社會連帶論〉，《台灣青年》第 2 卷第 5 號、第 3 卷第 1、3、5 號，
1921 年 6 月 15 日、7 月 15 日、9 月 15 日、11 月 15 日。（節錄）

圖 2-2

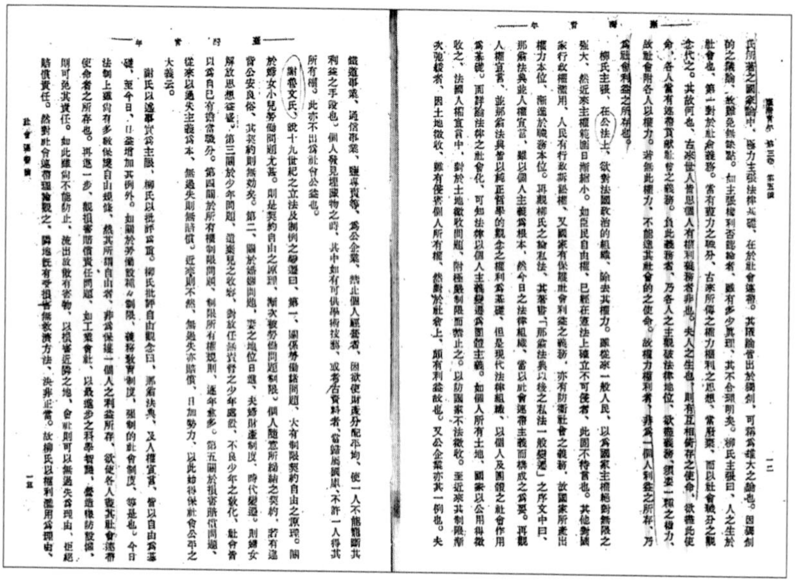

劉明朝，〈社會連帶論〉。

圖 2-3

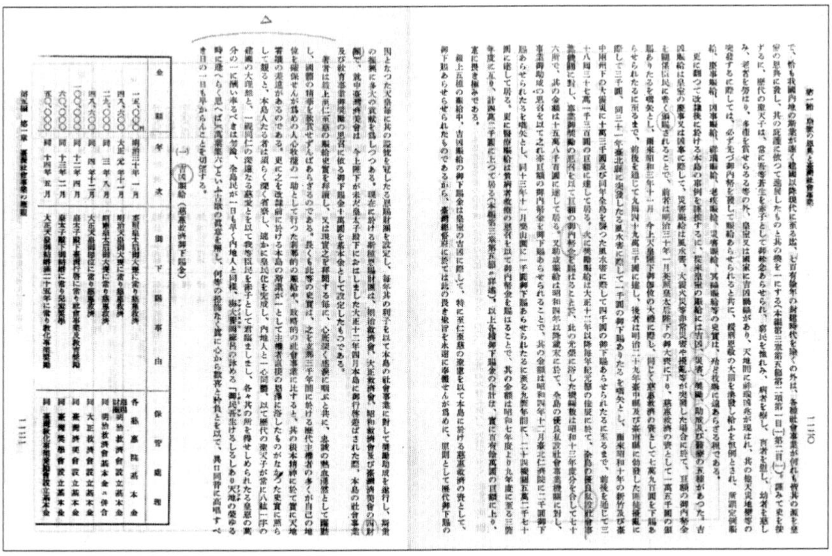

杵淵義房，《社會事業史》中關於社會事業實行目的的引文（節錄自杵淵義房，《台灣社會事業史》，頁 1120～1121）。

圖 2-4

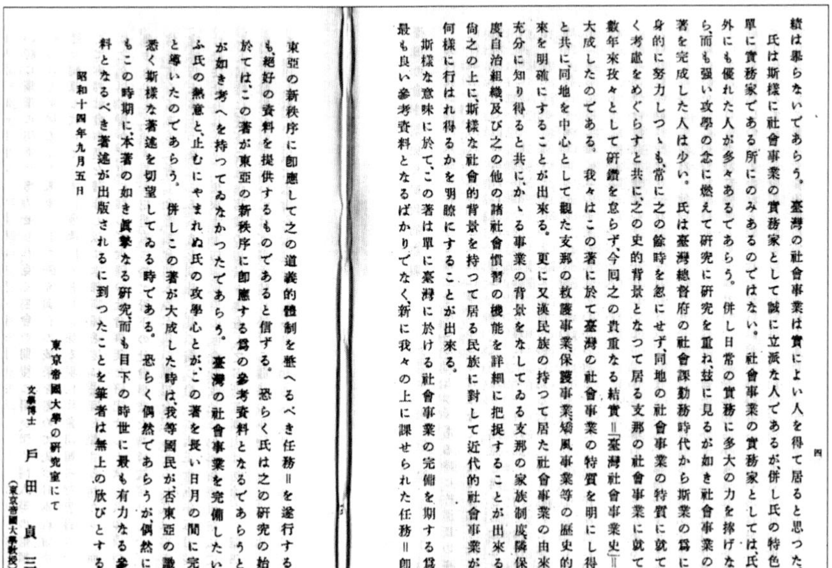

四

續は暴らないであらう。臺灣の社會事業は實によい人を得て居ると思つた。

氏は斯樣に社會事業の實務家として誠に立派な人であるが、併し氏の特色は單に實務家である所にのみあるのではない。社會事業の實務家としては、氏の外にも優れた人が多々あるであらう。併し日常の實務に多大の力を捧げながら、而も強い攻學の念に燃えて研究に研究を重ね、玆に見るが如き社會事業の大著を完成した人は少い。氏は臺灣總督府の社會課勤務時代から斯業の爲に獻身的に努力しつゝも、常に之の餘時を忽にせず、同地の社會事業の特質に就て深く考慮をめぐらすと共に、之の史的背景となつて居る支那の社會事業に就て、十數年來孜々として研鑽を怠らず、今回之の貴重なる結實＝『臺灣社會事業史』＝を大成したのである。我々はこの著に於て臺灣の社會事業の特質を明にし得ると共に、同地を中心として觀た支那の救護事業、保護事業、矯風事業等の歷史的由來を明確にすることが出來る。更に又漢民族の持つて居た社會事業の由來を充分に知り得ると共に、かゝる事業の背景をなしてゐる支那の家族制度、隣保制度、自治組織、及び之の他の諸社會慣習の機能を詳細に把捉することが出來る。尙之の上に、斯樣な社會的背景を持つて居る民族に對して近代的社會事業が如何樣に行はれ得るかを明瞭にすることが出來る。

斯樣な意味に於て、この著は單に臺灣に於ける社會事業の完備を期する爲に、最も良い參考資料となるばかりでなく、新に我々の上に課せられた任務＝卽ち東亞の新秩序に卽應して之の道義的體制を整へるべき任務＝を遂行する爲にも、絕好の資料を提供するものであると信ずる。恐らく氏は之の研究の始發に於ては、この書が東亞の新秩序に卽應する爲の參考資料となるであらうと言ふが如き考へを持つてゐなかつたであらう。臺灣の社會事業を完備したいと言ふ氏の熱意と、止むにやまれぬ氏の攻學心とが、この著を長い日月の間に完成へと導いたのであらう。併しこの著が大成した時は、我等國民が、否東亞の識者が悉く斯樣な著述を切望してゐる時である。恐らく偶然であらうが、偶然にしてもこの時期に、本書の如き眞摯なる研究、而も目下の時世に最も有力なる參考資料となるべき著述が出版さるるに到つたことを筆者は無上の欣びとする。

昭和十四年九月五日

東京帝國大學の研究室にて

文學博士　戸　田　貞　三

（東京帝國大學教授）

東京帝國大學研究室教授　文學博士　户田貞三，〈台灣社會事業的現代意義〉（節錄自杵淵義房，《台灣社會事業史》，頁 4～5）。

四、表　列

表1：《台灣（新）民報》中關於社會事業的批評（表列）

《台灣青年》

出處／年份	篇　　　名	備　註
第2卷5號 1921.06.15	〈社會連帶論（Solidarite sociale）（上）〉劉明朝	社會連帶
第3卷1號 1921.07.15	〈社會連帶論（下）〉劉明朝	社會連帶
第3卷5號 1921.11.15	〈社會連帶論〉劉明朝	社會連帶

《台灣民報》（1923.04.15～1932.04.05）

出處／年份	篇　　　名	備　註
第1卷5號 1923.08.01	〈文化運動（新舊思想的衝突）〉劍如	社會連帶
第67號 1925.08.26	〈乞丐底問題〉施乾	貧民救助
第72號 1925.09.27	〈餓人要怎麼拼／保護政策的醜態〉（小言）	社會事業
第74號 1925.10.11	〈不良少年少女研究〉	保護事業
第75號 1925.10.18	〈對於台北職業婦人的芻議〉	授產事業
	〈不良男少女研究（續）〉	保護事業
第85號 1925.12.27	〈小農民十大苦況〉	社會事業
第92號 1926.02.14	〈難得制富助貧的爲政者〉【小言】	社會事業
第98號 1926.03.28	〈無理的保護政策〉【評論】	社會事業
第101號 1926.04.18	〈浮浪者收容所的近狀〉【評論】	浮浪者收容
	〈一飯三嘆息的恩典〉【小言】	社會事業
第109號 1926.06.13	〈日糖的大暴橫（僞造鐵路爛侵入人家的土地）／乞食撲滅協會將成立〉【時事】	貧民救助
第126號 1926.10.10	〈對失業問題的考察〉【評論】	失　業
第127號 1926.10.17	〈宜速撤廢浮浪者取締法〉【社說】	浮浪者收容
	〈失業者和職業介紹所〉【評論】	職業介紹
第142號 1927.01.30	〈台灣的社會事業〉【論壇】菊仙	社會事業
第143號 1927.02.06	〈苑裡救恤會成立〉【時事】	私設事業

第 144 號 1927.02.13	〈新竹救濟會振興問題〉【雜錄】一記者	私設事業
第 146 號 1927.02.27	〈方面委員作什麼事〉【評論】	方面委員
第 150 號 1927.03.27	〈新竹慈惠院的復活〉【雜錄】	貧民救助
第 164 號 1927.07.03	〈失業者救助隊來竹〉【社說】	失業救助
第 168 號 1927.08.07	〈無賴漢由何而生〉	浮浪者收容
第 170 號 1927.08.21	〈失業者的救濟問題〉【和文】	失業救助
第 173 號 1927.09.11	〈當務之急的社會事業施設〉【和文】	社會事業
第 178 號 1927.10.16	〈羊頭狗肉的社會事業的好招牌〉	社會事業
第 180 號 1927.10.30	〈方面委員制度的運用〉	方面委員
第 195 號 1928.02.12	〈試驗地獄的緩和和救濟〉【和文】	失業救助
第 197 號 1928.02.26	〈無賴漢的救濟和滅絕〉【和文——一部削除】	貧民救助
第 199 號 1928.03.11	〈台灣人的失業問題（須就其原因和補救的方法）〉	失業救助
第 201 號 1928.03.25	〈貧農苛問題解決案〉【和文】	貧民救助
第 210 號 1928.05.27	〈請負者要不到無料宿泊處的建設金（如啞子吃黃連般的）〉	貧民救助
第 212 號 1928.06.10	〈貧困者救濟や期日延期は相談に応ずと片山州知事談る〉	貧民救助
第 213 號 1928.06.17	〈十二年乞食生活的體驗談（現身説法）〉	貧民救助
第 220 號 1928.08.05	〈貧民典賣家具繳納強制寄付（巡查暴虐民不聊生）〉	公設質舖
第 221 號 1928.08.12	〈新竹街有志計畫創設實費治療醫院（多數勇躍承認出資）〉	救療事業
第 228 號 1928.09.30	〈藉社會事業美名建築家收暴利（市民憤慨異常）〉	社會事業
第 235 號 1928.11.18	〈台灣的失業問題（宜講究救濟對策）〉	失業救助
第 237 號 1928.12.02	〈鹽埕乞丐何多（市當局不講對策　有必人要考慮救濟）〉	貧民救助
第 245 號 1929.01.27	〈廢止收受業料（爲貧民教育上庄當局大決斷）〉	貧民教育
第 246 號 1929.02.03	〈要設立解煙治療所（對全島方面委員大會提出一件緊急的要求）〉	方面委員
第 250 號 1929.03.03	〈方面委員大會雜觀〉	方面委員
第 254 號 1929.03.31	〈怪體な社會事業（名義を書換へても實質は同じ事だ）〉【和文】	社會事業

第 256 號 1929.04.14	〈慈惠院の土地の小作料入札には最高入札に落札せ（農民達其非を鳴らす）〉【和文】	貧民救助
第 259 號 1929.05.05	〈台南愛護會目的爲救護乞丐（市民贊成參加）〉	貧民救助
第 260 號 1929.05.12	〈名不符實的基隆博愛醫院（要價貴施療不往診）〉	救療事業
第 261 號 1929.05.19	〈台南慈惠院主任醫易入（市民不甚歡迎）〉	貧民救助
	〈不衛生極まる基隆博愛園〉【和文】	貧民救助
第 264 號 1929.06.09	〈嘉義慈惠院不善待遇病人（街民多抱不滿）〉	貧民救助
第 266 號 1929.06.23	〈刁難貧民折家屋（提出條件皆難承認　四百貧民徒呼負負）〉	住宅供給
第 270 號 1929.07.21	〈台南愛護會已收乞丐廿余名〉	貧民救助
第 272 號 1929.08.04	〈失業問題的對策（當局有無講究？）〉	失業救助
第 275 號 1929.08.25	〈官樣文章的方面委員機關（不打破差別觀念）〉	方面委員
	〈慈惠院何其宏壯？（是不是獎勵乞丐？結局是救濟乞丐頭！）〉	貧民救助
	〈官立醫院的患者差別待遇（台人生命果不值錢？）〉	救療事業
第 291 號 1929.12.15	〈博愛團悖了宗旨對借家人頗亂暴（多數貧民進退艱）〉	貧民救助
第 294 號 1930.01.01	〈台灣各界的職業婦人介紹〉 看護婦是什麼職業？ （是女子高貴的天職　是病者唯一的好伴侶） 作通話媒介的交換姬生活！（是個活機器□？） 採茶女□們做工的茶園 （熱鬧的和歌劇場一樣　採茶戲由此發源） 紅燈綠酒，洋菜館的女給 （漫道□嬌小可愛！　誰知已久歷沙場）	職業介紹
第 296 號 1930.01.18	〈方面委員要幹什麼？（嗅一嗅官氣就算了嗎？）〉	方面委員
	〈就職介紹料を稼ぐ某工場部長殿〉（辛辣なる方法で職工を新陳代謝）【和文】	職業介紹
第 297 號 1930.01.25	〈乞界消息。乞食也有愛鄉心出外的都回鄉了（何以處置嗎啡癮者　在高調創設乞食寮）〉	貧民救助
	〈房租下降運動中市營店舖將先實行（總督府命各地調查　借家人抱很多期待）〉	住宅供給
	〈台灣各界的職業婦人介紹四（家庭副業製造蓪草紙的女性）〉	職業介紹
第 300 號 1930.02.15	〈聘金改善。主張制限爲三百元（新竹方面委員的愚論）〉	方面委員

第 301 號 1930.02.22	〈社會事業大會雜觀〉【和文】	社會事業
第 305 號 1930.03.22	〈保護細民的事業助成會（委員需首先寄付　勿施療院故報)〉	貧民救助
第 309 號 1930.04.19	〈不給貧人證明街長態度可疑（街民現議論紛紛)〉	貧民救助
第 310 號 1930.04.29	〈動機不純的台南慈惠院的裁員（解雇台灣人新固內地人　市民頗懷疑問議論紛紛)〉	貧民救助
第 314 號 1930.05.24	〈新竹方委助成會（要講究實利方面並先合併救濟會)〉	貧民救助
第 315 號 1930.05.31	〈不景氣與失業（經濟界起恐慌　政府沒有對策)〉	失業救助
第 324 號 1930.08.02	〈醫乃仁術？醫藥依然不降價（景況日非貧人叫苦　降價運動將抬頭了)〉	救療事業
	〈就職戒告。當失業者做不良少年待遇（民眾黨幹部余桃園警察課長會見的一幕)〉	浮浪者收容
第 327 號 1930.08.23	〈釋放者保護的宗旨社會的人們要協同負責（於新竹更生社落成式　竹內檢察官長的講演)〉	釋放者保護
	〈房租爭議。快要成立的高雄借家人同盟會（擬二十日發會式　將運動房租減價)〉	住宅供給
	〈高雄也要創設乞丐收容所（乞丐事業的流行)〉	貧民救助
第 330 號 1930.09.13	〈內台人差別的細民救濟事業乞食也有優越權（新竹方面委員會　是清水的獨舞台)〉	貧民救助
	〈今日は釋放者の「保護デー」（憐れな者の保護は社會の連帶責任)〉	社會連帶
第 332 號 1930.09.27	〈台北更生院近狀（新設看護婦　對癮者嚴防弊)〉	貧民救助
第 336 號 1930.10.25	〈新竹方委無病呻吟的輕舉爲什麼要着平糶？（小賣在來米的　皆陷於經營難)〉	方面委員
第 340 號 1930.11.22	〈恐るべき慈善病院（患者はもモルモット代用　使用人を酷使虐待　此でも慈善事業か)〉	救療事業
第 341 號 1930.11.29	〈仁濟團の爲の病院か（看護婦は患者苛め　病院當局は知らね顏)〉	救療事業
第 342 號 1930.12.6	〈醫藥減價運動的副產物新竹博愛醫院開業（一切治療藥費　各僅徵收半額)〉	救療事業
第 343 號 1930.12.13	〈小農救濟になるか（二百万の低資運用　地主の救濟に終る)〉	貧民救助
第 351 號 1931.02.14	〈移做市立的台北女子職業學校（要尊重創立宗旨　收容多數台灣女子)〉	社會教化

第 354 號 1931.03.07	〈官民聯合劇？在新竹連演三天（喚不起民眾感興！説什麼社會事業？）〉	社會事業
	〈全島社會事業方面委員大會雜觀〉	社會事業
第 374 號 1931.07.25	〈有名無實的高雄慈惠院（社會的意義何在）〉	貧民救助
第 377 號 1931.08.15	〈細民受不到恩惠的新竹市社會事業（共榮舍事業經營難　共榮住宅乏人承租）〉	社會事業
第 387 號 1931.10.24	〈讀者公園・談談職業問題〉汀州　林樹人	失業救助
第 391 號 1931.11.21	〈毫無關心的台灣人方面委員？（高雄內地人的露店市役所將出爲救助）〉	方面委員
	〈讀者公園・失業問題〉鹿港　許存葉	失業救助
第 395 號 1931.12.19	〈宗教家的愛憐運動（方面委員　拒絕合作）〉	方面委員
第 396 號 1932.01.01	〈社會事業團體內幕物語（一）僞善團か暴力團か？美名に隱れて恣に搾取〉	社會事業
第 397 號 1932.01.09	〈社會事業團體內幕物語（二）慘めな階級層にも常に鬪爭がある〉	社會事業
第 399 號 1932.01.23	〈社會事業大會各團體要各自清算（俾免羊頭狗肉之譏）〉	社會事業
	〈社會事業團體內幕物語（三）新竹救濟會は有名無實に終らう（救濟金支払猶予　教育課監督不行屆）〉	社會事業
第 400 號 1932.01.30	〈台南州方委總會（協議事業計畫）〉	方面委員
第 403 號 1932.02.20	〈方面委每一名出席大會旅費廿五元（比之理事坐頭等車　相形見絀所以不平）〉	方面委員
第 404 號 1932.02.27	〈奉行故事的社會事業大會開會（提案雖多皆通過　能否實現還疑問）〉	社會事業
備　　　註	本表節錄中島利郎編《「台灣民報、台灣新民報」總合目錄》（東京都：綠蔭書房，2000 年）所載之目錄，故僅至 1932 年 2 月止，以後《台灣民報》改爲日刊後，亦有關於「社會事業」議題之相關報導及論說，然由於篇幅限制，本文僅列《台灣民報、台灣新民報」總合目錄》所載。	

表2：台灣新文學中小說主題表（依父母雙亡、鬻子、離鄉、犯罪、殖民農場、疾病及死亡等七類依序排列）

篇　　名	作　者	發表年	父母雙亡	鬻子	離鄉（離農轉工）	犯罪	殖民農場	疾病	死亡	備註
〈一桿「秤仔」〉	賴　和	1926	○		○	○		○		
〈女丐〉	楊守愚	1928	○							
〈凶年不免於死亡〉	楊守愚	1929	○	○	○					
〈醉〉	守　愚	1930			○					
〈沒有兒子的爸爸〉	瘦　鶴	1931		○						
〈可憐她死了〉	賴　和	1931		○						
〈阿枝的故事〉	克　夫（林金田）	1931			○	○				
〈一群失業的人〉	守　愚	1931			○					
〈新興的悲哀〉	蔡秋洞	1931			○					
〈升租〉	洋（楊守愚）	1931							○	
〈一個晚上〉	村　老（楊守愚）	1931						○	○	
〈其山哥〉	陳賜文	1932			○			○		
〈島都〉	朱點人	1932	○	○						
〈歸家〉	賴　和	1932			○					
〈曙光・洗衣婦〉	守　愚	1932			○					
〈龍〉	吳天賞	1933	○							
〈送報伕〉	楊　逵	1934			○					
〈善訟人的故事〉	賴　和	1934				○				
〈到城市去〉	林越峰	1934			○	○				
〈黑龍〉	巫永福	1934	○							

篇　　　名	作　　者	發表年	父母雙亡	賣子	離鄉（離農轉工）	犯罪	殖民農場	疾病	死亡	備註
〈赤土與鮮血〉	楊守愚	1935	○						○	
〈一個勞動者的死〉	楊　華	1935						○	○	
〈謀生〉	徐玉書	1935			○					
〈五谷王〉	謝萬安	1935			○					
〈殘雪〉	翁　鬧	1935			○					
〈羅漢腳〉	翁　鬧	1935			○		○			
〈憨伯仔〉	翁　鬧	1935	○		○		○			
〈鮮血〉	張慶堂	1935			○				○	
〈秋兒〉	吳慶堂	1935	○							
〈大姊婆〉	邱　富	1936	○							
〈鴛鴦〉	洋	1936	○					○		
〈轉途〉	柳　塘	1936		○	○					
〈榮生〉	徐玉書	1936			○					
〈稻熱病〉	賴賢穎	1936			○					
〈他是流眼淚了〉	張慶堂	1936			○					

＊ 本表分類，僅取與論題相關的「受殖者形象」標記之，有重複或不足之處，爲筆者之主觀取捨，請酌情參考增補。

索　引